KB268782

일본어와 한국어의 어휘비교연구

日本語と韓国語の語彙比較研究

申 玟 澈 著

어문학사

はしがき

　語彙の「彙」は「はりねずみ、たぐい・なかま、集める・集まる」という意味をもつ文字で、字義通りの語彙は「語の集まり(集合)」であり、それを対象とする学問分野が語彙論である。その歴史を見ると、20世紀に入ってから、読書教育に必要な語彙の選定や基本語彙の選定など教育を目的として、アメリカを始めとする色々な国で、聖書、文学作品、新聞、雑誌、教科書などの言語資料を対象とした大規模の語彙調査が行われるようになる。なお、辞書の編集や各種の言語情報処理(機械翻訳・自動抄録・情報検索など)に必要な語彙テーブル作成のためにも語彙調査が行われる。それにより、Zipfの法則に代表される、数量的な存在としての語彙の一般的特徴が明らかになっている。Zipfの法則は、使用率(または、使用頻度)と語数との相関関係を示すもので、どんな語彙も、使用率の極めて高い少数の語と多数の低頻語、それから、たった一回しか使われない相当数の最低頻度語から成る、ということである。その他に、語彙の品詞別構成と文体との関係や語種別構成からの外来要素の影響の度合いなどを探ろうとする試みがなされ、それなりの成果を上げている。しかし、これらの指標や観点からは、各々の語彙を区別し特徴付けるには限界がある。その原因は、従来の語彙研究では、語の集合としての語彙における意味が捨象されてきたからである。

　語彙の構成要素である個々の語は必ずある意味を示すことから、語彙にはその基本的性格として数量的側面と意味的側面が備わっていることが分かる。従って、語彙を詳細に記述するためには、この両方の側面を生かさなければならない。そのためには、意味を数量化する必要があるが、従来の語彙研究ではそのことに興味や必要性を感じなかったのであり、当然ながらその方法も開発されなかったのである。そのような中で、語彙の両側面を生かせる「意味分野別構造分析法」を主たる分析法とする「比較語彙論」が提唱され、停滞していた語彙研究に新たな突破口を開いたのである。

　言語は文化である。言語には文化が反映し、言語によって文化が形成される。言語の三部門、すなわち、音韻・文法・語彙、これらにはその言語が育み、また、その文化に育まれた形跡が色濃く刻印される。中でも、語彙には、その言語を育んだ文化が直接的に反映する。従って、語彙を比較することは、文化を比較することになる。それぞれの語彙に反映する文化は、その語彙を比較することにより、その共通点を知ると共に、相違するところも知ることが出来る。その比較によって、互いの文化の相違点・共通点を明らかにし、お互いを理解するよすがとすることが比較語彙論の究極の目的である。

　本書は、比較語彙論の方法を日本語と韓国語の「小学生基本語彙」という対象を選定した上で適用し、主としてそこに見られる相違点を検出し、その原因を追究した、筆者の学位論文に若干の修正を加え、資料を意味分野別分類表に改編したものである。しかし、比較語彙論が究極の目的としている、語彙に反映された文化の差の指摘は、その可能性を確認しただけで、未だ足りない点が多々あるかと思われる。その後の一連の研究においても同様である。それなのに、本書を敢えて出版する運びとなったのは、先学の方々のご意見、ご批判、ご指導を仰ぎ、比較語彙論のさらなる発展を図るためである。

　末筆ながら、本書の出版をご快諾下さった語文学社の尹錫田社長に深甚の謝意を表したい。また、本書出版の万端のお世話を賜った関係者の方々にも心から感謝申し上げる。

2009年7月

申　玟澈

目次

序章

1. 研究の目的

　語彙は、個々の語を指していうのではなく、「語の集まり(集合)」、つまり集合概念として用いられるべき用語である。個々の語は語彙の要素であって、決して語彙そのものではない。しかし、従来のその使われ方を見ると、「語彙＝語」という認識がいかに根強いことかが分かる。その代表的な例として「語彙的意味」がある。「語彙的意味」は、「Lexical Meaning」に対する訳語として用いられる場合が多いが、「Lexical」を「語彙的」に訳したところに問題がある。そこで、「語彙的意味」のような‘語彙’の誤用を訳し方の問題であると片付けてしまえば、ことは済むと思われるかもしれないが、その根本的な原因は、「語の集まり(集合)」を対象とする学問分野である「語彙論」の偏頗な発達にある(田島毓堂1995a)。

　言語学の三大部門である音韻論・文法論・語彙論のうち、語彙論は他の二部門に比べてかなり遅れている。その最大の原因は、語彙論が対象とする要素の膨大さにある。音韻や文法は、その単位となる要素の数がそれほど多くないため、体系的な把握が容易であり、しかも、これらは純粋に言語内事実として完結する性質のものである。一方、語彙の場合は、その要素の数が膨大であり、絶えず生成・変化・消滅する属性をもち、言語外事実とも関わりが深くて、その全体像をつかむことすら容易ではない。しかし、一口に語彙論といっても、それが扱う対象によって、個々の語を対象にする場合とその集合を対象にする場合とに分けることができる。田島毓堂(1992)は、前者を「語彙元素論」、後者を「語彙総体論」として区別することを提案している。そのうち、語彙元素論の中心は語誌と語構成論であるが、語構成論は語彙総体論としての側面も有する。語誌は、個々の語についての意味・用法の歴史的変遷を記述するものであり、それが結実したものが辞書である。なお、語の構成原理を究明しようとする語構成論も盛んに行われている。このように、語彙元素論の研究成果はかなり蓄積されているが、それに比べて、語彙を総体として扱う研究の歴史は浅い。その最大の原因は、先にも述べたように、語彙の膨大さにあるが、その他に、語彙を総体として扱うことの積極的な意義がなかったこと、また、それがあったとしても、その方法が確立されていなかったことが要因となって、語彙を文字どおり「語の集まり(集合)」として扱う分野の研究が相対的に遅れたのである。その後、国立国語研究所の設立とともに、大規模の語彙調査が行われ、ようやく語彙が総体的に扱われるようになるが、それは言語教育と言語政策のための補助手段として行われたものである。その結果、異なりと延べとの関係、使用率などのような語彙の一般的性質が明らかになったものの、これらは語の集合としての語彙がもつ数量的側面であり、ある語彙を他の語彙と区別する指標にはならないものである。

　語の集合として見た場合の語彙は確かに数量的な存在であるが、その要素である語が形態と意味の結合体であることを考えると、語彙における意味的側面も無視できないものである。しかし、今までの語彙研究においては、意味を体系的に捉えようとする試みが、親族名称・色彩語・指示語などのような部分体系を除いて、ほとんど省みられなかったのも事実である。語彙における意味の体系は、人間の事物に対する認識の体系ともいえるもので、それらが対立し統合する原理が多様であり、複雑であるため、それを体系化することは非常に困難ではあるが、だからといって、それを怠ってもいい理由にはならない。

　このような中で、語の集合としての語彙がもつ数量的側面と意味的側面の両方を活かし、ある語彙と他の語彙を区別し、それぞれを特徴付ける方法として、田島毓堂氏によって比較語彙論が提唱された。比較語彙論は、言語の背景にある文化の比較・理解をも視野に入れたものである。

　本研究は、次項に述べる対象と方法による比較語彙論的研究の一実践であり、語彙総体論の立場から、日本語と韓国語の語彙の相違点を明らかにし、その背後に潜んでいる原因を究明することを目的とする。それにより、語彙研究の新たな可能性としての比較語彙研究の有効性を示そうとするものである。

2. 比較の対象と方法

　比較語彙研究は、従来、語彙研究(特に、語の集合としての語彙の研究)において見過ごされてきた意味の観点を積極的に取り入れることによって、個々の語彙を詳細に特徴付けることを目指しており、その究極的な目的は、語彙の比較を通して言語を育んできた文化の差までを見ることである(田島毓堂1995b)。そのためには、比較の対象となる語彙の選定と比較の方法が何よりも重要である。

　現在、比較語彙研究の対象語彙としては、基幹語彙、語根的語基、基礎語彙、基礎語＝簡易言語、教育基本語彙などのようなものが提案されている。そのうち、どの語彙を比較の対象とするかはその目的によって異なってくる。しかし、その前に、取り上げようとする語彙が集団的規範としての語彙(「集団規範語彙」)か個別的実現としての語彙(「個別語彙」)かを明確にする必要がある(田島毓堂1992)。これは、それぞれ言語研究における重要な概念であるラングとパロールに当たり、両者を混同しないことが肝腎である。このように、語彙研究においてもラングとパロールを区別することによって、語彙を正確に記述することができるのである。

　本研究の比較対象語彙は、次章に述べる「小学生基本語彙」であるが、それは日韓両言語にとって最も基本的といえる語を選び出したもので、集団規範語彙の性格をもつ。そこで、本研究は集団規範語彙における日韓比較語彙研究になる。

　次に、比較の方法であるが、語彙を比較するためには、何らかの方針によって対象語彙を分類してみる必要がある。最初に考えられる分類の基準としては品詞と語種がある。品詞は個別語彙(個々の言語作品・言語資料の語彙)の文体的特徴を見るには有効な観点である。樺島忠夫(1954・1955)は、自立語のみを対象として現代文における品詞の割合を調査した結果から、文の種類によって各品詞の割合に差が見られ、名詞の百分率が分かれば、他品詞の百分率が算出できると述べている。なお、大野晋(1956)は、古語に対して、万葉集・枕草子・源氏物語・徒然草・土佐日記・竹取物語・紫式部日記・讃岐典侍日記・方丈記の古典九作品の語彙(助詞・助動詞は除外)の品詞別構成から、ジャンルによって名詞の比率が変わると述べている。一方、語彙の語種別構成からは、ある言語がどれくらいの外来要素を含んでいるかが分かる。しかし、品詞と語種は個々の語彙を詳細に特徴付ける観点としてはいずれも不十分である。その他に、意味という観点がある。しかし、語彙総体論において、この観点を活かすためには、意味を数量化することが必要である。意味は数量化に最も馴染まない存在であるが、日本語の意味の一覧表としての『分類語彙表』を用いることによって、それが可能である。つまり、『分類語彙表』における意味番号(以下、「コード」と称する)を語彙の要素である個々の語に付与し、それを集計すれば、語彙の意味分野別構成が見えてくるのである。なお、『分類語彙表』のコードが、日本語のみならず他言語の語彙にも適用できることは比較語彙研究の先行研究において実証されている。これは、意味というものがユニバーサルな存在であるからである。このようにして、語彙同士の意味分野別の構成を比較すれば、他の観点(品詞別・語種別)からは捉えられない語彙の種々相を浮かび上がらせることができるのであり、それにより、各々の語彙を詳細に特徴付けることが可能なわけである。

　比較語彙研究では、これを「意味分野別構造分析法」(The Structural

Analysis of Vocabulary with Special Reference to Semantic Categories)[1]と
称しており、それが語彙分析法として有効なことは阪倉篤義(1960)、浅
見徹(1971)、田島毓堂(1995c)などにより実証されている。なお、意味分
野別構造分析法を日本語と他の言語の語彙との比較研究に適用した研究
としては、ジョジョック・スパルジョ(1997)・申玟澈(1998)・王春(1999)・
ザイド・モハマド・ズイン(2000)があり、意味分野別構造分析法が異言語
間の語彙の比較研究にも有効なことが実証されている。また、同一言語
における語彙の歴史相に焦点を合わせたのが広瀬英史(2000)である。こ
の研究により、比較語彙研究の意味分野別構造分析法が語彙史の記述に
も役立つことが明らかにされている。

　本研究は、上記の先行研究を継承するものであるが、独自に意味分野
別構造分析をどのように行えば、差を細かく指摘できるかについての方
法も模索する。なお、意味分野別構造分析により文化の差も指摘できる
ことを実証する。それが可能なのは、言語の要素である音韻、語彙、文
法、文字のうち、語彙には言語の属する文化や自然環境、その言語集団
のものの見方・考え方などが強く反映され、それが語彙の意味分野別構
成に現われてくる性質のものであるからである。

---

1) 阪倉篤義(1960)により始まり、浅見徹(1971)によって継承された語彙分析法で、田島毓堂(1992)
において「意味構造分析法」と命名されるが、湯浅茂雄氏の提案により「意味分野別構造分析
法」と改められる。

第1章
比較対象語彙の選定

1. 基本語彙と小学生基本語彙

　本研究が日韓比較語彙研究の対象語彙として考えているのは「小学生
基本語彙」である。いうまでもなく、「小学生基本語彙」は基本語彙の一
種であるが、それがどんなものであるかを説明するためには、まず、本
研究の基本語彙に対する考えを明らかにしておく必要があると思われ
る。

　基本語彙とは、ある言語集団において正常な言語活動が行えるよう
に、基本的に身に付けておく必要のある語の集合である。そもそも、基
本語彙というものが考えられるようになったのは、語彙の一般的性質か
ら、重要度の高い語を提示することによって、言語教育・学習の効果を
高めるためであった。しかし、「基本語彙」ということだけでは、それが
何を指すのか明確でない。つまり、そこに「〜のための」という目的がな
いと意味を成さないのである。水谷静夫(1958)は、「基本」ということの
意味の取り方によって、色々な「基本語彙」が考えられると述べており、
それが備えているべき条件として次のようなものを挙げている。

【1】その語の使用を禁ずるとしたら，他の語では代用できず，した
　　　がって文章をつづることができないか，他の語で代用しにくく，
　　　しいて言い換えるとその語を使うよりかえって不便かである．

【2】それらの語を組み合わせて，他の複雑な概念や新しく命名が必要
　　　になった概念などをさす語が，作りやすい．また現に，そうして
　　　できた語が沢山ある．

【3】基本語彙に属しないような語の説明をする時，　結局は基本語彙の
　　　範囲の語でまかなうことが，大概はできる．

【4】そういう語の多くは，昔から使われてきたし，また将来も使われ
　　　るであろう．

【5】多方面の話題を通じてよく使われる.

　なお、林四郎(1971)では、基本語彙を「基礎語彙・基本語彙・基準語彙・基調語彙・基幹語彙」の五つに細かく分けて考え、それぞれ次のように定義している。

・基礎語彙—意味の論理的分析によって求められた
　　　　　半人工的な語彙
・基本語彙—特定目的のための「○○基本語彙」
・基準語彙—標準的社会人としての生活に必要な語彙
・基調語彙—特定作品の基調を作るのに働く語彙
・基幹語彙—ある語集団の基幹部として存在する語彙

　林四郎(1971)における「基本語彙」の定義は二重になっているが、本研究が考える基本語彙は「特定目的のための「○○基本語彙」」である。なお、本研究の基本語彙に対する考え方は、水谷静夫・林四郎両氏の定義にしたがう。

　上にも述べたように、基本語彙は、どういう意味での「基本」であるかによって、種々のものが考えられるのであるが、最も一般的なものとしては、外国語教育における基本語彙と母語教育における基本語彙とがある。両者の違いは、学習者が初めから、その言語によって、ある程度日常生活ができるようになっているか否かであり、そのため、同じ言語における基本語彙であっても、それぞれ量的にも質的にも違ったものが選定されるのである。しかし、基本語彙は必ずしも教育と関係付けてのみ考えられるものではない。林四郎氏は、基本語彙の限定条件はその目的と用途であると述べている。つまり、基本語彙は、ある目的と用途を定め、それに見合うようなものが選定されればいいわけである。その意味

　で、基本語彙というものは確定的な存在ではなく、流動的な存在であるといえよう。

　そこで、本研究では、次に述べる目的と用途に基づいて、基本語彙を選定することにする。

　本研究が基本語彙を選定するのは日韓比較語彙研究に用いるためである。なお、日韓比較語彙研究が目指すところは、語彙における日本語と韓国語の相違点を明らかにし、その背後に潜んでいる原因を究明することである。しかし、語彙は茫漠たる存在であるため、一言語の語彙をすべて網羅することは不可能である。そこで、本研究では、日韓両言語にとって最も基本的といえる語彙を比較の対象とし、その範囲を小学校6年生までに限定する。その理由は、言語発達段階において小学校6年生までにその言語の基本的な語彙はほとんど習得されると考えるからである。

　以上のような考えに基づき、本研究では、小学校6年生までの習得語彙のうち、さらに基本度の高いものを選定し、それを「小学生基本語彙」と呼ぶことにする。このように名付ける理由は、「小学校教育（または学習）基本語彙」には、小学校に入る前まで獲得されている語彙は含まれないのが一般的であるが、その中には、その言語の根幹を成すような語も存在し、言語間の語彙の比較研究において、そのような語は重要な意味をもつので、「小学生基本語彙」の対象範囲を就学前までに広げて考えたいと思うからである。なお、本研究の「小学生基本語彙」は集団的規範語彙として捉えるものであることを付け加えておく。

2. 資料の概観

　ここでは、「小学生基本語彙」を選定するために用いた資料について簡単に述べる。

〈日本語〉

Ⅰ．「段階別学習基本語彙表―梁田小学校版」(福沢周亮・岡本まさ子1983、『定
　　着をめざした学習基本語彙の指導』)

　この資料は、『学習基本語彙の基礎調査』(中央教育研究所、昭51・5)に
収録されている4,589語(国立国語研究所報告『現代雑誌九十種の用語用
字(１)』と同『電子計算機による新聞の語彙調査』の上位語のうち、二つ
の資料に共通する語に、教育的に重要な226語を補足したもの)から、小
学生の理解度の高いものとして3,790語を選定し、それを学年別(低学年
1,441語、中学年1,446語、高学年903語)に配当したものである。また、
この資料には二段階の評定法による各語の熟知度も示されている。ここ
でいう二段階評定法とは、「しっている」に二点を、「しらない」に一点を
与え、言葉ごとに調査対象児童全員の合計得点を出して、その合計点を
調査対象の児童数で除したものである。

Ⅱ．『児童生徒に対する日本語教育のための基本語彙調査』(工藤真由美1996)

　この調査の目的は、「外国人児童生徒が、日本の小中学校(特に、小学
校)での教育を受けるにあたって、はじめに学習すべき日本語の基本的
な語彙についての妥当な標準を得る」ことである。調査対象としている
資料および語数は次の表の通りである。

No	資料名	調査対象	語数
1	『日本語教育のための基本語彙調査』	「日本語教育基本語彙五十音順語彙表」の「基本語二千」	2,030語
2	『簡約日本語の創成と教材開発の研究』	「[暫定]簡約日本語語彙表」	2,000語
3	『にほんごをまなぼう(1)』	教師用指導書の「五十音順語彙インデックス」	約920語
4	『幼児のこくご絵じてん』	見出し語	1,350語
5	『はじめての国語じてん』	本文の見出し語と「ことばの広場」	約2,300語 +約300語
6	『こどもことばえじてん』	五十音順に配列された見出し語	約4,000語

うち、No. 3〜6は子供対象の資料である。

　調査は、上記の6種類の資料間における共通度を見るという観点から行われており、3種類以上の資料に共通する語を「基本語A」(1,757語)と呼んでいる。また、「基本語A」と成人対象の「基本語二千」(2,030語)と子供対象の資料(上記の表のNo.3〜6)のうち、2種類に共通する語(653語)との関係が示されている。

〈韓国語〉

Ⅰ. 「국민학교 학습용 기본어휘(国民学校学習用基本語彙)」(李應百、『국어교육(国語教育)』18−20、1972)

　この研究では、「学習用基本語彙」の条件として、①使用度の高い語、②使用範囲の広い語、③造語力の高い語、④基礎的な語を挙げており、具体的には、各種の教科書・雑誌・読み物などに広くかつ頻繁に出現する語、参考書・新聞・掲示・ラジオ・テレビなどでよく使われる語、学校・家庭・社会などの日常生活に必要な語などがその有力な候補であるという考えに基づいて、語彙の選定が行われている。

　語彙調査は、次のように、理解語彙(passive vocabulary)と使用語彙(speaking and writing vocabulary)に分けて行われている。一般に、理解語彙(または「獲得語彙」)は「見ればわかる、あるいは聞けばわかる単語群」のことであり、使用語彙(または「発表語彙」)は「自分で実際に話したり書いたりする単語群」のことである(田中章夫1978)が、李應百(1972)における理解語彙の定義はやや特殊である。理解語彙は、実際に各語に対する理解の程度を調べた結果から求められるものであるが、李應百(1972)では、実際に理解度を測ったのではなく、「大人が子供に読ませる目的で書いた文章に用いられている語彙」を「理解語彙」と見なしている。

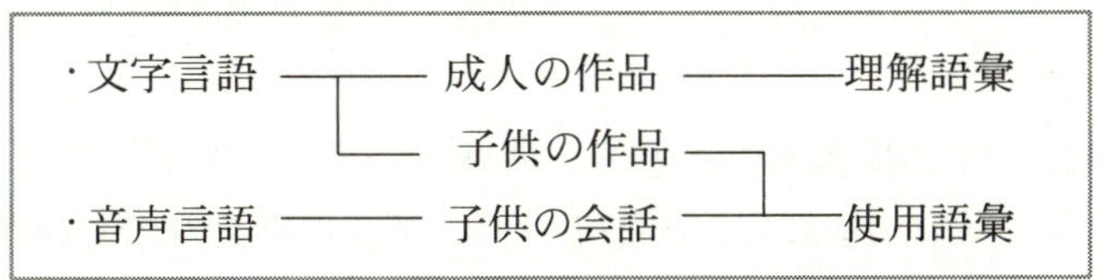

　文字言語は、作品により全数調査、または、抽出調査を行っており、音声言語としては、ソウルとその周辺の国・公・私立6個校の1〜6年生の自然な会話を各々10分ずつ録音して、それを文字化したものを用いている。次に、語彙調査に用いた資料の内訳と調査の結果を示す。

(1) 理解語彙 ── 283,681語(延べ)
　　① 成人の作品
　　　28種209編 ── 73,961語
　　② 子供新聞
　　　3種36日分 ── 48,195語
　　③ 子供雑誌
　　　6種12冊 ── 37,741語

④ 教科書

　　9種80冊 ― 128,784語

(2) 使用語彙 ― 45,442語(延べ)

　⑤ 子供の日常会話

　　6校1〜6学年 10分×6校×6年 ― 12,248語

　⑥ 子供の作品

　　13種172編 ― 33,194語

(1)理解語彙と(2)使用語彙の合計：異なり17,335語、延べ329,123語(た
　　　　　　　　　　　　　　　だし、固有名詞は除外している。)

　理解語彙と使用語彙の合計から、助詞(異なり231語、延べ77,638語)を
除外した17,104語(延べ251,485語)のうち、頻度10以上の2,713語が、李應
百(1972)のいう「国民学校学習用基本語彙」である。

Ⅱ．「국민학교 입문기 학습용 기본어휘 조사 연구(国民学校入門期学習用基本
　　語彙調査研究)」(李應百、『국어교육(国語教育)』32、1978)

　この研究は、①1学年教科書の語彙、②1学年の児童(6〜7歳)の音声言
語の語彙、③入学前の児童(5〜6歳)の音声言語の語彙を資料として、国
民学校1学年の各教科の教科書に用いるべき語彙の選定を目標として行
われたものである。

　語彙調査は分かち書きを基準にしているようであるが、分かち書きさ
れていても、‘여름 방학(夏休み)’のように、一つの概念を表わすものは
一単位として扱っている。また、音声言語に見られる非標準語形は標準
語形に直して処理している。

　調査の結果、得られたのは2,280語(延べ15,130語)であるが、次のよう
な手順を踏んで、1,480語を「国民学校入門期学習用基本語彙」の一次資

料として提出している。

① 2,280語から、頻度1の語のうち、李應百(1972)の低学年語彙に入っ
　ていない語と固有名詞とを除外する。— 1,402語
② この研究の語彙調査には見られないが、李應百(1972)の低学年語彙
　にある485語のうち、文教部(1956)の語彙調査の平均頻度(39)以内
　に入る329語を①の1,402語に合わせる。— 1,731語
③ ②の1,731語から、さらに執筆者の見解により入門期の基本語彙と
　しては無理があると思われる251語を除外する。— 1,480語
（ただし、この1,480語には助詞、補助語幹、語尾は反映されていな
い。）

Ⅲ．「국민학교 아동의 語彙力 조사 研究—低・中・高학년별 표준 語彙目録의
　작성—(国民学校児童の語彙力調査研究—低・中・高学年別標準語彙目録の
　作成—)」(李應百・李仁燮・金承烈、『국어교육(国語教育)』42・43、1982)

　この研究の目的は、国民学校教科書と児童向けの読み物などを広範囲
に調査、分析、査定し、信憑性の高い国民学校の低・中・高学年別の標
準語彙目録を作成することにある。
　資料としては、李應百(1972)が「国民学校学習用基本語彙」を選定する
時に用いた資料および1982年度に改編された国民学校1、2、3学年1学期
の全教科書の語彙を用いている。
　学年別の語彙の判定は国民学校の現職の教師8人(教育経歴10年以上)
に依頼して、水準1〜4の4段階の割り当てが行われている。その結果は
次の通りである。

段階	異語数
水準1(就学前)	1,600語
水準2(低学年)	4,389語
水準3(中学年)	5,840語
水準4(高学年)	3,176語
合計	15,005語

Ⅳ.『国民学校教育用語彙(1、2、3学年用)』、국어연구소(国語研究所)、1986

Ⅴ.『国民学校教育用語彙(4、5、6学年用)』、국어연구소(国語研究所)、1987

　この調査は、国民学校児童の理解語彙と使用語彙の実態を調査し、教育段階別に適合した教育用語彙を選定することを目的として行われたものである。

　語彙調査は、国民学校全教科の教科書(13科目70冊、1982・1983年度)、子供新聞2種(少年東亜、少年朝鮮)、子供雑誌2種(少年、少年京郷)、児童作品を対象として行っている。

　語彙調査の基準は次の通りである。

・助詞は除外し、用言は基本形に直して処理する。
・複合語と派生語は教科書および『国語大辞典』(李熙昇)を参考にする。
・方言は標準語に直して処理する。
・略語と本来の語とは両方とも認める。
・外来語はすべて収容する。
・人名、地名、国名、作品名、文化財名、数字、符号などはすべて除外する。[2]

　提出されている語彙目録は1、2、3学年用が目録Ⅰ〜Ⅲ、4、5、6学年
用が目録Ⅰ〜Ⅱ(Ⅱ−1、Ⅱ−2)であるが、そのうち、主要なものは目録
Ⅰで、それ以外は複合語を扱ったものであったり、教科書には見られな
い語を、先行研究をもとにして選定したりしたものである。目録Ⅰは教
科書語彙を見出し語に立て、先行研究における語彙および児童作品の語
彙と比較・対照できるようになっている。

　目録Ⅰの内訳は次の通りである。

1学年(1,449語)	2学年(1,929語)	3学年(2,819語)
4学年(4,417語)	5学年(3,864語)	6学年(3,577語)

3.　選定の方法および手順

　基本語彙の選定方法には、語の使用頻度や分布などによって統計的
(客観的)に選ぶ方法と、専門家の判断や経験によって主観的に選ぶ方
法、それに両者を組み合わせて行う方法とがある(田中章夫1978、窪田
富男1989、加藤彰彦1990)が、本研究では、上記の資料を客観的な立場
から捉えようと思う。ただし、資料の性格上、使用頻度よりは使用分布
に重点を置いて、基本語彙を選定することにする[3]。使用頻度や使用率
だけでなく、各語がどのように分布しているかということも単語の基本
度を測るのに重要な尺度となる、ということは田中章夫(1996)の述べる
ところである。そこで、本研究では、資料間の共通度を見て、「小学生
基本語彙」を選定しようと思うが、本研究が用いる各資料の作成者の判

---

2) 整合性を保つために、국어연구소(国語研究所1986・1987)以外の韓国語の語彙資料および日本
　語の語彙資料に収録されている固有名詞、数字、記号などは除外した。
3) 資料のうち、使用頻度が示されているのは국어연구소(国語研究所1986・1987)のみで、他は別
　の語彙資料を参考にして選定したものであるため、頻度が示されていない。

断に基づいて、「小学生基本語彙」として選定してもよいと思われるもの
はそのまま用いることにする。

　以下においては、どのような手順で語彙の選定を行ったかを示す。

　まず、日本語から見ていくことにする。

　前述したように、工藤真由美(1996)では、6種類の資料のうち、3種類
以上の資料に共通する語を「基本語A」(1,757語)と呼んでいる。工藤氏
は、この「基本語A」と成人対象の「基本語二千」(2,030語)との共通度か
ら、両者に共通する1,559語は、「成人、児童生徒を問わず、言語生活上
必要不可欠な基本語彙であ」り、「基本語A」にのみ現われ、「基本語二千」
には現われない語(198語)は、「留学生等成人の日本語学習者が、専門領
域や職業訓練に入るためにはじめに学習すべき基本的な語彙としては必
要ないが、学校生活を送る児童生徒にとっては必要な語である」と述べ
ている。このことを考えると、「基本語A」(以下Aと称する)を「小学生基本
語彙」として選定しても差し支えないと思われる。さらに、4種類の子供
対象の資料が、それぞれ『にほんごをまなぼう(1)』が「日本語を母語とし
ない小学校高学年の外国人児童」を、『幼児のこくご絵じてん』が「幼児」
を、『はじめての国語じてん』が「小学校低学年」を、『こどもことばえじ
てん』が「幼児から小学校低学年」を対象として選定されたものであることを
考えると、子供対象の資料のうち、2種類以上の資料に共通する語(814
語)も小学生にとって基本的な語であると見なすことができると思われ
る。よって、この814語(以下Bと称する)も「小学生基本語彙」に加える。

　次に、福沢周亮・岡本まさ子(1983)の「段階別学習基本語彙表－梁田小
学校版」に収録されている3,790語は、小学生の理解度の高いものとして
選定されたものであるが、その中から、さらに理解度の高いものとし
て、熟知度1.900以上のもの(以下Cと称する)を取り出し、それをも「小学
生基本語彙」に含める。その語数は2,893語である。

　以上、本研究が日本語の「小学生基本語彙」と考えるものであるが、そ

れぞれの見出し語の中には、「あの(副・感)」、「あれ(指・感)」などのように同一の語形で品詞の違うもの、「あした・あす[明日]」、「あちら・あっち」などのように同じ意味で語形の違うもの、「あたたか什[暖]」、「やわらか什[柔]」などのように語幹を共有しながら品詞を異にするもの、「つとめる[勤・努]」、「もの[者・物]」、「やぶれる[破・敗]」などのような同音異義語が一つの見出し語として立てられているものがある。そこで、本研究では、そのような見出し語に対して、次に示すように、それぞれ別の見出し語として扱うことにする。

・工藤真由美(1996)における「基本語A」(91語 → 188語)

　ああ(副・感)→ああ(副詞)／ああ(感動詞)、あう[合・会・逢]→あう[合う]／あう[会う]、あける[明・開]→あける[明ける]／あける[開ける]、あした・あす[明日]→あした[明日]／あす[明日]、あたたか什[暖]→あたたかい[暖かい](形容詞)／あたたかだ[暖かだ](形容動詞)、あちら・あっち→あちら／あっち、あの(ね)(指・感)→あの(連体詞)／あのね(感動詞)、あぶら[油・脂]→あぶら[油]／あぶら[脂]、あまり[余](名・副)→あまり[余り](名詞)／あまり(副詞)、あらわす[表・現・著]→あらわす[表わす]／あらわす[現わす]／あらわす[著わす]、あれ(指・感)→あれ(代名詞)／あれ(感動詞)、いい・よい[良]→いい[良い]／よい[良い]、いう・ゆう[言] → いう[言う]／ゆう[言う]、いく・ゆく[行]→いく[行く]／ゆく[行く]、いまこ[今](名・副)→いま[今](名詞)／いまに[今に](副詞)、いや[否](形動・感)→いやだ[嫌だ](形容動詞)／いや[否](感動詞)、うち[内・家]→うち[内]／うち[家]、うつ[打・討・撃・射]→うつ[打つ]／うつ[討つ]／うつ[撃つ]、うつす[写・映]→うつす[写す]／うつす[映す]、うんどうじょう・うんどうば[運動場]→うんどうじょう[運動場]／うんどうば[運動場]、お・おん[御]→お[御]／おん[御]、おおき什[大]→おおきい[大きい](形容詞)／おおきな[大きな](連体詞)、おくる[送・贈]→おくる[送る]／おくる[贈る]、かえす[返・帰]→かえす[返す]／かえす[帰す]、かえる[変・換・代]→かえる[変える]／かえる[換える・代える]、かえる[帰・返]→かえる[帰る]／かえる[返る]、かげ[影・陰]→かげ[影]／かげ[陰]、かわ[皮・革]→かわ[皮]／かわ[革]、かわく[乾・渇]→かわく[乾く]／かわく[渇く]、かわる[代・変]→かわる[代わる]／かわる[変わる]、こうじょう・こうば[工場]→こうじょう[工場]／こうば[工場]、こちら・こっち→こちら／こっち、こな・こ[粉]→こな[粉]／こ[粉]、こまか付[細]→こまかい[細かい](形容詞)／こまかだ[細かだ](形容動詞)、こむ[込・混]→こむ[込む]／こむ[混む]、さす[刺・指・射]→さす[刺す]／さす[指す]／さす[射す]、さま・さん[様]→さま[様]／さん[様]、しぜんに[自然](名・副)→しぜん[自然](名詞)／しぜんに[自然に](副詞)、しまる[締・閉]→しまる[締まる]／しまる[閉まる]、しめる[締・閉]→しめる[締める]／しめる[閉める]、ぜったいに[絶対](名・副)→ぜったい[絶対](名詞)／ぜったいに[絶対に](副詞)、ぜひ[是非](名・副)→ぜひ[是非](名詞)／ぜひ(副詞)、せめる[攻・責]→せめる[攻める]／せめる[責める]、そう(副・感)→そう(副詞)／そう(感動詞)、そちら・そっち→そちら／そっち、だいぶ・だいぶん[大分]→だいぶ[大分]／だいぶん[大分]、たく[焚・炊]→たく[焚く]／たく[炊く]、たずねる[尋・訪]→たずねる[尋ねる]／たずねる[訪ねる]、ただいま[只今](副・感)→ただいま[只今](副詞)／ただいま[只今](感動詞)、たつ[立・建]→たつ[立つ]／たつ[建つ]、たてる[立・建]→たてる[立てる]／たてる[建てる]、ちいさ付[小]→ちいさい[小さい](形容詞)／ちいさな[小さな](連体詞)、つく[付・着・就・点]→つく[付く]／つく[着く]／つく[就く]／つく[点く]、つける[付・着]→つける[付ける]／つける[着ける]、つとめる[勤・努]→つとめる[勤める]／つとめる[努める]、つらい・づらい(形・接尾)→つらい[辛い](形容詞)／づらい(接尾語)、つる[釣・吊]→つる[釣る]／つる[吊る]、とおりに[通](名・接尾)→とおり[通り](名詞)／とおり[通り](接尾語)、とかす[解・梳]→とかす[解かす]／とかす[梳かす]、とける[溶・解]→とける[溶ける]／とける[解ける]、どちら・どっち→どちら／どっち、とまる[止・

泊]→とまる[止まる]／とまる[泊まる]、とめる[止・泊]→とめる[止める]／とめる[泊める]、とる[取・採・撮]→とる[取る]／とる[採る]／とる[撮る]、なおす[直・治]→なおす[直す]／なおす[治す]、なおる[直・治]→なおる[直る]／なおる[治る]、なに・なん[何]→なに[何]／なん[何]、ならう[習・倣]→ならう[習う]／ならう[倣う]、なる[成・生]→なる[成る]／なる[生る]、にくい[憎・難]→にくい[憎い]／にくい[難い]、のばす[延・伸]→のばす[延ばす]／のばす[伸ばす]、のびる[延・伸]→のびる[延びる]／のびる[伸びる]、はなす[離・放]→はなす[離す]／はなす[放す]、はなれる[離・放]→はなれる[離れる]／はなれる[放れる]、はやい[早・速]→はやい[早い]／はやい[速い]、はる[張・貼]→はる[張る]／はる[貼る]、ひ[火・灯]→ひ[火]／ひ[灯]、まく[蒔・撒]→まく[蒔く]／まく[撒く]、みな・みんな→みな[皆]／みんな[皆]、みる[見・診]→みる[見る]／みる[診る]、もじ・もんじ[文字]→もじ[文字]／もんじ[文字]、もと[元](名・他)→もと[元](名詞)／もと[元](連体詞)、もの[物・者]→もの[物]／もの[者]、やすい[安・易]→やすい[安い]／やすい[易い]、やはり・やっぱり→やはり／やっぱり、やぶれる[破・敗]→やぶれる[破れる]／やぶれる[敗れる]、やわらか付[柔]→やわらかい[柔らかい](形容詞)／やわらかだ[柔らかだ](形容動詞)、わかれる[別・分]→わかれる[別れる]／わかれる[分かれる]、わく[沸・湧]→わく[沸く]／わく[湧く]、わたくし・わたし[私]→わたくし[私]／わたし[私]、わりあいこ[割合](名・副)→わりあい[割合](名詞)／わりあいに[割合に](副詞)

・工藤真由美(1996)において子供対象の資料2種類以上に共通する語（5語 → 10語）

うつる[写・映]→うつる[写る]／うつる[映る]、する[刷・擦]→する[刷る]／する[擦る]、つる[釣・吊]→つる[釣る]／つる[吊る]、とかす[解・梳]→とかす[解かす]／とかす[梳かす]、はげる[剥・禿]→はげる[剥げる]／はげる[禿げる]

・福沢周亮・岡本まさ子(1983)の「段階別学習基本語彙表－梁田小学校版」におい
て熟知度1.900以上のもの(13語 → 26語)

　あらわす[表す・現す]→あらわす[表わす]／あらわす[現わす]、いし[意
思・意志]→いし[意思]／いし[意志]、こたえる[答える・応える]→こたえる
[答える]／こたえる[応える]、こむ[込む・混む]→こむ[込む]／こむ[混む]、
さす[差す・指す]→さす[差す]／さす[指す]、たてる[立てる・建てる]→たて
る[立てる]／たてる[建てる]、つく[付く・点く]→つく[付く]／つく[点く]、
なおす[直す・治す]→なおす[直す]／なおす[治す]、なおる[直る・治る]→な
おる[直る]／なおる[治る]、のばす[延ばす・伸ばす]→のばす[延ばす]／の
ばす[伸ばす]、のびる[延びる・伸びる]→のびる[延びる]／のびる[伸び
る]、はなす[放す・離す]→はなす[放す]／はなす[離す]、はなれる[放れる・
離れる]→はなれる[放れる]／はなれる[離れる]

　なお、韓国語の資料のうち、국어연구소(国語研究所1986・1987)が人
名、地名などの固有名詞を除外することにしているので、ここでも、固
有名詞としてBから「サンタクロース」を除外すると、Aは1,854語、Bは
818語、Cは2,906語になる。
　次に、資料間における共通度を示す。

[表 1] 日本語の「小学生基本語彙」の資料間における共通度

区分	語数
Aにのみ	671語
Bにのみ	393語
Cにのみ	1,547語
AとBで共通	84語
AとCで共通	1,018語
BとCで共通	260語
AとBとCで共通	81語

　上記の表に見られるように、資料間で共通する語を重ねると、最終的に4,054語が得られる。これを日本語の「小学生基本語彙」として選定したいと思う。ただし、形容動詞のうち、「穏やか・頑丈・気軽・爽やか・静か・丈夫・確か・和やか・下手・豊か」のように、語幹のみが見出し語となっているものには、形容動詞の語尾「だ」を付けることにする。

　続いて、韓国語の方を見てみることにする。

　韓国語の「小学生基本語彙」としてまず考えられるのは、李應百(1978)の「国民学校入門期学習用基本語彙」(1,480語)(以下A'と称する)である。この資料が調査対象としている児童の年齢(5〜7才)から見て、この1,480語は、工藤真由美(1996)の「子供対象の資料2種類以上に共通する語」と似たような性格をもつ。次に、李應百(1972)、李應百・李仁燮・金承烈(1982)、국어연구소(国語研究所1986・1987)の三資料に共通する2,475語(以下B'と称する)は、資料間において時間的な隔たりがあっても共通することから、「基本語彙」の条件は備えていると思われる。よって、この2,475語も「小学生基本語彙」に加える。

　上記のA'から二回収録されている「다섯(五)、삼(三)、열(十)、일(一)」は一つだけを残して、A'とB'とで重複する語を重ねると2,816語になる。これを直ちに韓国語の「小学生基本語彙」として選定するには、日本語の「小学生基本語彙」として選定されている4,054語とかなりの開きがあるので、無理があると思われる。つまり、言語間の語彙の比較研究はなるべくなら語数の面においてさほど開いていないことが望まれる。その理由は、あまりにも語数が違っていると、何らかの方針や基準による言語間の語彙の比較において生じた差が、各々の言語の語彙が有する特徴によるものであるか、それとも、単に語数の違いによる差なのかを見極めるのが非常に困難であるからである。

　そこで、韓国語の資料のうち、現在に近い方の資料である국어연구소(国語研究所1986・1987)を用いて、日本語の「小学生基本語彙」と調和が取れるように、客観的な方法による語数の調整をしてみたいと思う。その方法としては、林四郎(1971)が新聞の基幹語彙を求めた時に考案した方法を用いる。林氏は、語の基幹度を測るための指標として、ある語集団を分野によって分割し、その分割された各分野を層(新聞であれば「政治」、「経済」、「社会」、「文化」など)と考えた場合、語がいくつの層にわたって出現するかを「広さ」で、各層の中での出現頻度の高低を「深さ」で表わし、「極めて広くて深い／中位／浅い」と「かなり広くて深い／中位」までを基幹度の高い語であると見なすことができる、と述べている。本研究は決して基幹語彙を選定しようとするものではないが、국어연구소(国語研究所1986・1987)において、林四郎氏のいう基幹度の高い語の条件を満たすような語は、小学生にとってもやはり重要度の高い語であると見なせるので、そのような語を「小学生基本語彙」にも加えたいと思うのである。ただし、국어연구소(国語研究所1986・1987)には各語の度数は示されているが、どの教科に何回出現したかということは明記されていない。そのため、語が出現する層の「広さ」は正確に捉えることができな

いが、1ないし2教科に偏って出現する語(全体で9,839語)については、その教科名が記されているので、そのような語を除外することにより、ある程度語の使用範囲の広さも考慮に入れることができると思う。

　국어연구소(国語研究所1986・1987)における語彙表は学年別に分けられているが、それを一つの語彙表にまとめて度数統計表を作成してみた結果、度数12までの異なり語3,980語は異なり語全体のわずか2割強に過ぎないが、それが延べ語全体で占める割合は9割であった。これは、この3,980語を知っていれば、국어연구소(国語研究所1986・1987)が調査対象としている教科書の内容を完璧にまではいかなくとも、ほとんど理解することができる、ということを意味する。その意味で、국어연구소(国語研究所1986・1987)における頻度12以上の語は、小学生にとって重要度の高い語であるといえよう。そこで、頻度12〜15以上の見出し語のうち、1ないし2教科にのみ出現する語(頻度12以上－346語、頻度13以上－312語、頻度14以上－281語、頻度15以上－248語)を除外すると、頻度12以上は3,634語、頻度13以上は3,458語、頻度14以上は3,277語、頻度15以上は3,129語となる。しかし、국어연구소(国語研究所1986・1987)が語彙調査の際、固有名詞の除外に徹底していなかったせいか、その中には「아리랑(アリラン：民謡の名．度数－36)、단군(檀君：人名．度数－31)」のような語も含まれている。そこで、さらにこの2語を除外し、二重に収録されている「그리하다(度数63と58)、보호하다(度数99と49)、아니(度数244と16)」は一つだけ残して、上記の2,816語との重複語を調整すると次の[表2]のようになる。

[表2]

区分	調整前	調整後
頻度12以上語3,629＋2,816語	6,445語	4,287語
頻度13以上3,453語＋2,816語	6,269語	4,143語
頻度14以上3,272語＋2,816語	6,088語	4,007語
頻度15以上3,124語＋2,816語	5,940語	3,916語

　[表2]を見ると、日本語の「小学生基本語彙」の語数に合わせるのに、ちょうど折り合いの付くところは頻度14以上であることが分かる。よって、頻度14以上の語から偏った分布を見せる語(281語)と上記の5語(아리랑、단군、그리하다、보호하다、아니)を除外し、2,816語と重複する語を調整して得られた4,007語を韓国語の「小学生基本語彙」として選定したいと思う。

　次に、頻度14以上の語をC'として資料間における共通度を示す。

[表3] 韓国語の「小学生基本語彙」の資料間における共通度

区分	語数
A'にのみ	233語
B'にのみ	389語
C'にのみ	1,192語
A'とB'で共通	113語
A'とC'で共通	107語
B'とC'で共通	950語
A'とB'とC'で共通	1,023語

　以上のように、日韓比較語彙研究の対象語彙として選定した両言語の「小学生基本語彙」には、「お・おん・ご(御)－、おお(大)－、こ(小)－、－さま・さん(様)、－たち(達)、－감(材料)、－들(達・等)、－씨(氏)」などのような接辞は含まれているが、日本語の助詞・助動詞、韓国語の助詞・語尾といった付属語は含まれていない。その原因は、本研究が用いた語彙資料に付属語が採用されていないことにある。従来の多くの語彙調査や語彙選定においては、ほとんど付属語を除外しているが、それは便宜のためであった。つまり、いくら大規模の語彙調査を行っても、付属語の数は知れているからである。しかし、日本語や韓国語による言語活動が正常に行われるためには、日本語の助詞・助動詞、韓国語の助詞・語尾といった付属語は欠かすことのできない、重要な要素であるので、日韓両言語におけるその役割を考えると、語彙の比較においても、それを見逃すわけにはいかない。そこで、それぞれの「小学生基本語彙」にも付属語を加えたいと思う。これは、語彙論の立場から見た場合の言語のすべての要素を語彙論の対象とすべきであると考える比較語彙研究の考え方にも合致する。

　付属語は小学校6年生の国語教科書から取り出すことにする。そのために用いたテキストは次の通りである。

(日本語)

『国語6上』(教育出版、1997年発行)
『国語6下』(教育出版、1999年発行)

(韓国語)

『국어 읽기(国語・読み)6－1』(教育部、1997年発行)
『국어 읽기(国語・読み)6－2』(教育部、1997年発行)

　上記のテキストにおいて、付属語を取り出す対象は本文、練習問題を問わずすべての文にするが、日本語のテキストにある‘いろはうた、短歌、俳句’のような古語は対象外にする。このようにして拾い上げられた付属語は下記の通りである。そこで、上記の日本語4,054語と韓国語4,007語にそれぞれ付属語(日本語79語、韓国語152語)を加えて、最終的に日本語4,133語、韓国語4,159語を各々の「小学生基本語彙」として選定する。

・日本語の付属語(79語)

の(格助)-1706、て(接助)-1261、を(格助)-1215、に(格助)-1140、た(助動)-1059、は(副助)-963、が(格助)-699、と(格助)-464、ます(助動)-397、だ(助動)-336、も(副助)-306、で(格助)-254、の(準体)-240、ようだ(助動)-200、れる/られる(助動)-197、う／よう(助動)-184、です(助動)-180、ない(助動)-169、や(並助)-161、から(格助)-109、と(並助))-108、と(接助)-92、へ(格助)-80、ながら(接助)-70、か(終助)-62、か(副助)-62、が(接助)-59、など(副助)-55、ぬ(助動)-43、ば(接助)-42、たり(並助)-41、だけ(副助)-39、まで(格助)-38、でも(副助)-37、から(接助)-36、たい(助動)-36、ても(接助)-31、せる／させる(助動)-25、として(格助)-24、ては(接助)-23、そうだ(助動)-22、よ(終助)-18、ほど(副助)-16、ね(終助)-14、ので(接助)-12、しか(副助)-10、の(終助)-10、のに(接助)-10、より(格助)-10、くらい(副助)-8、な(終助)-8、なんか(副助)-8、し(接助)-7、ずつ(副助)-7、けど／けれど(接助)-6、こそ(副助)-5、さえ(副助)-5、ぞ(終助)-5、ばかり(副助)-5、べき(助動)-5、なあ(終助)-4、きり(副助)-3、か(並助)-2、かな(終助)-2、つつ(接助)-2、どころか(接助)-2、なんて(副助)-2、もの(終助)-2、い(終助)-1、かい(終助)-1、さ(終助)-1、だって(副助)-1、ところで(接助)-1、とも(副助)-1、に(並助)-1、ほか(副助)-1、まい(助動)-1、ものの(接助)-1、わ(終助)-1

-은/는/ㄴ(語尾)-3302、을/를(格助)-3080、이/가(格助)-2107、은/는(補助)-1984、-았/었/였-(語尾)-1743、-는다/ㄴ다/다(語尾)-1605、-고(語尾)-1471、-아/어/여(語尾)-1458、에(格助)-1251、의(格助)-1234、이다(格助)-1100、으로/로(格助)-667、-(으)ㄹ(語尾)-627、-게(語尾)-532、도(補助)-513、에서/서(格助)-428、-습니다/ㅂ니다(語尾)-418、-(으)며(語尾)-364、-자(語尾)-357、와/과(接助)-332、-기(語尾)-307、-은가/는가/ㄴ가(語尾)-274、-(으)면(語尾)-273、-지(語尾)-262、-라(語尾)-250、-아서/어서/여서(語尾)-224、에게/게(格助)-198、요(補助)-184、-아/어/여(語尾)-174、-(으)시-(語尾)-173、이나/나(補助)-171、만(補助)-164、이/가(格助)-164、-던(語尾)-162、-아야/어야/여야/라야(語尾)-155、와/과(格助)-153、-을까/ㄹ까(語尾)-140、-지(語尾)-135、-겠-(語尾)-118、-은데/는데/ㄴ데(語尾)-111、-(으)면서(語尾)-96、-는지/ㄴ지(語尾)-91、처럼(格助)-88、까지(補助)-78、-음/ㅁ(語尾)-76、-으려(고)/려(고)(語尾)-74、-지만(語尾)-74、-다(가)(語尾)-67、-(으)니(語尾)-66、-(으)라(語尾)-56、아/야(格助)-54、-자(語尾)-51、-아도/어도/여도/라도(語尾)-45、-오(語尾)-44、부터(補助)-40、-도록(語尾)-38、-니(語尾)-35、마다(補助)-34、보다(格助)-33、께서(格助)-33、-네(語尾)-33、-거나(語尾)-31、-습니까/ㅂ니까(語尾)-31、-(으)세요(語尾)-30、-구나(語尾)-28、-(으)나(語尾)-27、씩(補助)-26、-ㄴ다면/다면/라면(語尾)-25、-소(語尾)-25、-아라/어라/여라(語尾)-25、-더니(語尾)-22、대로(格助)-21、-듯(이)(語尾)-20、이라도/라도(補助)-20、뿐(補助)-19、-을지/ㄹ지(語尾)-17、-군(語尾)-16、-으냐/느냐/냐(語尾)-16、-(으)니까(語尾)-15、으로부터/로부터(格助)-15、으로서/로서(格助)-15、-을수록/ㄹ수록(語尾)-14、께(格助)-14、-ㅂ시오(語尾)-14、밖에(補助)-13、-읍시다/ㅂ시다(語尾)-13、만큼(格助)-12、-(으)려면(語尾)-11、-느라(고)(語尾)-11、-고자(語尾)-10、-곤(語尾)-10、(이)야(補助)-10、-나(語尾)-10、-ㄹ게(語尾)-10、-고(語尾)-9、-거든(語尾)-8、-더라

도(語尾)-8、으로써(格助)-8、-거라(語尾)-8、-는구나/로구나(語尾)-8、-든(지)(語尾)-7、-(으)러(語尾)-6、-더구나(語尾)-6、-(으)므로(語尾)-5、에다(格助)-5、서(格助)-5、-(으)려무나/(으)렴(語尾)-5、-구먼(語尾)-5、-으니라/느니라/니라(語尾)-5、-세(語尾)-5、-거니(語尾)-4、(이)야말로(補助)-4、이든(지)/든(지)(補助)-4、조차(補助)-4、같이(格助)-4、에게서(格助)-4、하고(格助)-4、한테(格助)-4、-게(語尾)-4、-더라면(語尾)-3、-자마자(語尾)-3、이니(接助)-3、이며(接助)-3、-더라(語尾)-3、-리(라)(語尾)-3、-으리라(語尾)-3、-거늘(語尾)-2、-던데(語尾)-2、-되(語尾)-2、-어다가(語尾)-2、서(補助)-2、하고(接助)-2、-라니까(語尾)-2、-고서(語尾)-1、-다니(語尾)-1、-던지(語尾)-1、그려(補助)-1、은커녕/는커녕(補助)-1、이나마(補助)-1、에게로(格助)-1、랑(接助)-1、-구려(語尾)-1、-너라(語尾)-1、-는군(語尾)-1、-다니(語尾)-1、-담(語尾)-1、-더냐(語尾)-1、-랴(語尾)-1、-렷다(語尾)-1、-마(語尾)-1、-을걸(語尾)-1、-ㄹ꼬(語尾)-1

(数字は頻度を表わす。)

第2章

コード付けの基準について

―日韓比較語彙研究のために―

1. コード付け基準の変遷と現状

　意味分野別構造分析法が語彙分析法として有効なことは阪倉篤義 (1960)、浅見徹(1971)、田島毓堂(1995)などにより実証済みであるが、そのためには、語彙を構成する個々の語にコードを与えなければならない。ここでいうコードとは、カテゴリー化した、意味分野に当てはめたコードであり、日本語の『分類語彙表』のコードが正にそれに当たる。しかし、『分類語彙表』がβ単位[4]を基本にしているため、それと異なった調査単位から得られた語彙には、当然、そこには収録されていない語もある。そのため、そのような語に対するコード付けをどのようにするかが問題になってくる。特に、比較語彙研究では、文節を基準にし、その中をさらに自立語と付属語に分け、それぞれを一単位と考えるので、『分類語彙表』にはない語が多いのである。なお、語のどの部分までをコード化するかも重要な問題である。このような理由で、比較語彙研究ではコード付けの基準を色々と工夫してきたのである。その変遷過程を田島毓堂(2000)から引用して示すと、次の通りである。

1) 「語彙論的語の単位試論－意味単位と分類単位と－」(『日本語論究2古典日本語と辞書』1992)では、

　　イ．複合語は一語と認める(分類単位＝基準単位)。その中を意味要素ごとに分け(＝意味単位)、その意味単位ごとにコードを与える。

　　ロ．ただし、分割した要素の意味の合算と全体の意味とがかけ離れるものは、複合語として残す。(例、浅見氏のいう「あさきた」や「北の方」)

---

4) 総合雑誌と、現代雑誌九十種の語彙調査に採用された単位で、和語の一次結合を除き、複合語は原則として単独語に分割し、付属語については「れる・られる・せる・させる」の類の助動詞のみを調査単位に含めたものである。

2) 「源氏物語と絵詞の語彙－比較語彙論的考察試案－」(『日本語論究 4 言語の変
　容』1995)では、

　　イはそのまま踏襲した。ロについては、複合語はコード付けに際して
すべて意味単位に分割してコード付けする。その結果、分割したもの
と、出来上がった複合語との間に意味上差ができることが問題として残
された。単語コードとの併用について言及はしたが、そこでは実施して
いない。

3) 「語素コードに関する提案－比較語彙論のために(その2)－」(『語彙研究の可能
　性』1997)では、

　　他言語の語彙を念頭に、コード付けの対象を、文法機能語(付属語・
接辞等)に拡大した。イ・ロはそのまま。
　　ハ．「単語コード」(『分類語彙表』に沿ったコード、1語1コード)を併
　　　用。複合語のコード付け方は、大体は、後部要素に付ければいい
　　　が、接尾語等の場合どうするか。細かな語素コード付けの基準と
　　　方針を確定することが残されている。

　　上に引用したように、比較語彙研究におけるコード付けに対する考え
はかなりの変遷を経てきたが、田島毓堂(2000)では、上記の3)のコード
付けの方針を大前提として、新たに「①語源についての問題、②サ変動
詞の扱い、③形容動詞・〜的だの扱い、④造語成分について、⑤補助動
詞・補助形容詞・形式動詞について、⑥複合動詞のコード、⑦動詞化接
辞のコード7.002、⑧可能動詞について、⑨自他の対応について、⑩連
語縮約形・融合形のコード、⑪そうだ(様態)・そうだ(伝聞)の「そう」の扱
い、⑫転成語のコード・元に付ける、⑬「ぴったりと」の「っ」「り」「と」の
扱い、⑭助動詞敬語のコード、⑮多義語は多義語のままで、⑯宛字の問
題、⑰名詞接辞について、⑱品詞コードについて、⑲コードの修正、

⑳その他」の20項目にわたる細かなコード付けの基準が確定されている。言ってみれば、田島毓堂(2000)は、現段階における比較語彙研究のコード付けに対する基準と基本方針の集約である。

2. コード付けに対する基本方針とその付け方

本研究のコード付けに対する基本方針は田島毓堂(2000)にしたがう。それは、単語コードは、『分類語彙表』に沿ってコード付けをするが、造語成分・接尾辞を伴った語、複合サ変動詞、アスペクトを示す動詞を伴った複合動詞などに対する単語コードはそれぞれの主要部分によって付け、語素コードは、語の成立過程を考慮して、その語を構成する要素ごとにコードを与えることである。

これを踏まえ、以下においては、田島毓堂(2000)で新たに細かな基準が設けられた20項目のうち、本研究の「小学生基本語彙」と直接関係のあるものについて述べる。ただし、若干の修正と限定を加えてみることにする。

2.１単語コード

2.１.１自立語の単語コード

『分類語彙表』にしたがって単語コードを付ける際、日本語の「小学生基本語彙」には問題になるような語はないが、韓国語の「小学生基本語彙」には'경험(経験)하다(ーする)、대표(代表)하다(ーする)'のような日本語のサ変動詞に相当する「動詞」が非常に多く、しかも、それが『分類語彙表』に載っていないだけに、そのような語に対する単語コード付けはかなり困難である。なお、造語成分を伴った語のうち、『分類語彙表』にある'具体的〈3.1800〉、経済的〈3.3700〉、積極的〈3.1500〉、徹底的

〈3.1990〉、比較的〈3.1993〉、歴史的〈3.3300〉'のような語にはそのコードを与えればよいが、そこに収録されていない'音楽家、科学的、技術者、警察官、芸術品、効果的、消防署、身体的、世界的、創造的、代表的、誕生日、注射器、平和的、保健室、民主的'などのような語には、どのように単語コードを付けるかが問題である。そこで、そのような語に対して、第一にコード付けの客観性と容易さを考え、次のような基準で単語コードを与えることにする。

韓国語の「名詞＋하다」の構成をもつ語の中には、'계속(継続)하다(続ける)、노래하다(歌う)、대답(対答)하다(答える)、말하다(言う)'のように、対応する日本語を考えると、割合簡単に単語コードが付けられる語もあるが、すべての語がこのようにうまくいくとは限らない。特に、「二字漢語＋하다」構成の語の多くは、単語コードとして〈2.****〉を付けるのは不可能ではないが、それに最も適切なコードを見付け出すのは極めて難しい。そこで、本研究では「名詞＋하다」の構成をもつ語に対しては、その語幹部分に当たるコードを探し出し、そのコードの整数部分〈1.〉(体の類)を〈2.〉(用の類)に変えることにする。なお、「名詞＋하다」と類似した構成である「名詞＋되다・시키다(される・させる)」にも同様の基準で単語コードを与えることにする。

次に、実際のコード付け例を示す。

語例	LcO
감사(感謝)하다(-する)	1.3021→2.3021
개발(開発)하다(-する)	1.3822→2.3822
고생(苦生)하다(苦労する)	1.3040→2.3040
기억(記憶)하다(-する)	1.3051→2.3051
노래하다(歌う)	1.3210→2.3210
대답(対答)하다(答える)	1.3132→2.3132

語例	LcO
대신(代身)하다(代わる)	1.1040→2.1040
도착(到着)하다(-する)	1.1521→2.1521
마련하다(用意する)	1.3083→2.3083
말하다(言う)	1.3130→2.3130
명령(命令)하다(-する)	1.3670→2.3670
발달(発達)하다(-する)	1.1584→2.1584
변화(変化)하다(-する)	1.1501→2.1501
부탁(付託)하다(願う)	1.3043→2.3043
사랑하다(愛する)	1.3020→2.3020
생각하다(思う)	1.3061→2.3061
수영(水泳)하다(-する)	1.3374→2.3374
시작(始作)하다(始める)	1.1505→2.1505
연습(練習)하다(-する)	1.3050→2.3050
예금(預金)하다(-する)	1.3701→2.3701
작곡(作曲)하다(-する)	1.3200→2.3200
재배(栽培)하다(-する)	1.3810→2.3810
절약(節約)하다(-する)	1.3790→2.3790
조사(調査)하다(-する)	1.3065→2.3065
존경(尊敬)하다(-する)	1.3021→2.3021
참여(参与)하다(-する)	1.3540→2.3540
청소(清掃)하다(-する)	1.3844→2.3844
통과(通過)하다(-する)	1.1524→2.1524
판단(判断)하다(-する)	1.3066→2.3066
활용(活用)하다(-する)	1.3852→2.3852

　上記の例のLc0のうち、網掛けが施されているものは、実際に『分類語彙表』にあるコードで、その分類項目も各語の意味に相応しいものである。それ以外は『分類語彙表』に存在しないコードではあるが、대신(代身)하다(代わる)'の〈2.1040〉を除き、次のように、小数2桁または3桁まで関連する項目を見付けることができる。

2.3021 → 2.302(対人感情)	2.3210 → 2.32(創作)
2.3051 → 2.305(まね・学習・慣れ)	2.3083 → 2.308(計画)
2.3132 → 2.313(談話・問答)	2.3043 → 2.3041(志望・反省)
2.1584 → 2.1583(強め・衰えなど)	2.1505 → 2.1502(開始・終了)
2.3374 → 2.337~8(遊び・騒ぎ)	2.3065 → 2.3062(試験・計量・探求・発見)
2.3701 → 2.370(所有・取得)	
2.3540 → 2.350~1(交わり・応接)	2.3844 → 2.384(裁縫・炊事・洗濯・掃除など)
2.3066 → 2.3063(推測・判断)	
2.3822 → 2.382(工業)	

　これは、『分類語彙表』が、品詞論的な4類(〈1.〉体の類、〈2.〉用の類、〈3.〉相の類、〈4.〉その他)の間で、意味上関係のある項目の小数部分が相互に関連するように、なるべく同じコードを(少なくとも小数点以下第2位まで)与えているから、当然のことである。この点は、そのコードを用いる比較語彙研究にとっても好都合である。しかし、〈2.1040〉のように、関連する項目がないのは若干問題ではあるが、上記の基準にしたがう以上、『分類語彙表』がそのようになっているので、やむを得ないことである。『分類語彙表』のまま、「名詞＋하다・되다・시키다(する・される・させる)」の語幹に対するコード〈1.****〉を単語コード(Lc0)とし、それを単独の名詞に対する単語コードと区別するために、語素コードのところで、「ー하다・되다・시키다(する・される・させる)」の語幹として用いられたものであるという印を付けておく方法も考えられるが、あえて

〈1.〉（体の類）を〈2.〉（用の類）に変える理由は、「漢字一字＋する」や「漢字一字＋하다」、韓国語の「名詞＋하다」構成の形容詞、日本語の形容動詞に対する単語コードも考慮に入れたからである。

　仮に、「名詞＋하다・되다・시키다（する・される・させる）」の単語コードとして〈1.＊＊＊＊〉を与えるとすると、整合性を保つためには「漢字一字＋する」や「漢字一字＋하다」、韓国語の「名詞＋하다」構成の形容詞、日本語の形容動詞にも単語コードはその語幹を基準にして〈1.＊＊＊＊〉を付ける必要がある。しかし、「漢字一字＋する」の中には、'愛する'のように、'愛'と'する'を分割しやすいものもあるが、その大部分は'関する、信じる、接する、対する、達する'などのように分割しにくいものであり、それらが『分類語彙表』にも収録されていることを見ると、その結合度が高いことが窺われる。この点は、韓国語の「漢字一字＋하다」の構成をもつ語にも当てはまることであり、'구(救)하다(救う)、망(亡)하다(亡びる)、변(変)하다(変わる)'のように、その漢字の訓を考えれば、「二字漢語＋하다」の場合よりは簡単に単語コードが付けられると思う。なお、韓国語の「名詞＋하다」構成の形容詞と日本語の形容動詞には、その語幹に対して、名詞としてのコードを与えるにはかなりの無理がある。つまり、韓国語の'건강(健康)하다(ーだ)、근면(勤勉)하다(ーだ)、당연(当然)하다(ーだ)'などのような、「名詞＋하다」構成の形容詞の語幹になれる語はすべて性質や状態の意味を表わすものに限られており、『分類語彙表』でも、そのような語を見出しにして、「相の類」のコード〈3.〉を与えているので、「サ変動詞」や「하다動詞」とは事情が異なる。なお、日本語の形容動詞も、『分類語彙表』では、その語幹が見出しになっていて、'嫌い'のように、名詞としてのコード〈1.3020〉と形容動詞としてのコード〈3.302〉の両方が付いている一部のものを除き、その大部分は形容動詞としてのコード〈3.＊＊＊＊〉のみが与えられている。そのため、日本語の形容動詞にも、〈1.〉（体の類）よりは〈3.〉（相の類）のコードを与えるのが簡単

である。

　以上のことを考え合わせると、「名詞＋하다・되다・시키다(する・される・させる)」の語幹に対するコードの整数部分を〈2.〉(用の類)に変えて、それを単語コードとするのが最も簡単かつ容易な方法であり、意味の面においても、掛け離れることはほとんどないので、コード付けの客観性も保たれると思われる。

　次に、造語成分を伴った語に対する単語コードであるが、そのうち、‘的’以外の造語成分を伴った‘音楽家、技術者、警察官、芸術品、消防署、誕生日、注射器、保健室’のような語に対しては、意味の中心が下線部の造語成分にあるので、単語コードは主要部分によって付けるという基本方針にしたがい、次のように、造語成分によって単語コードを与えることにする。

音楽家 － Lc0〈1.2410〉	技術者 － Lc0〈1.2410〉
警察官 － Lc0〈1.2417〉	芸術品 － Lc0〈1.4000〉
消防署 － Lc0〈1.2720〉	誕生日 － Lc0〈1.1634〉
注射器 － Lc0〈1.4500〉	保健室 － Lc0〈1.4430〉

　一方、‘的’という造語成分は、意味を付加するものではないが、語全体の文法性(品詞)を規定するので、それを単語コードにも反映させる必要があると思われる。そこで、『分類語彙表』にない‘的’を伴った語に対しては、上記の「名詞＋하다・되다・시키다(する・される・させる)」の場合と同様に、‘的’を除いた部分に対するコードの整数部分を〈3.〉(相の類)に変え、それを単語コードとすることにする。

次はその例である。

科学的 － 〈1.3074〉 → Lc0〈3.3074〉

効果的 － 〈1.1112〉 → Lc0〈3.1112〉

身体的 － 〈1.5700〉 → Lc0〈3.5700〉

世界的 － 〈1.2610〉 → Lc0〈3.2610〉

創造的 － 〈1.3200〉 → Lc0〈3.3200〉

代表的 － 〈1.1040〉 → Lc0〈3.1040〉

平和的 － 〈1.3550〉 → Lc0〈3.3550〉

民主的 － 〈1.3080〉 → Lc0〈3.3080〉

2．1．2 付属語の単語コード

付属語に対するコードは、田島毓堂・広瀬英史(1997)において新設され、田島毓堂(2000)では、それに若干の項目を新たに加えている。現段階で比較語彙研究が考える付属語のコードは以下の通りである。

5. 接頭辞 - 5.001 名詞化接頭辞、5.002 動詞化接頭辞、5.003 形容詞化頭辞、5.004　形容動詞化接頭辞、5.005　副詞化接頭辞、5.006 その他

6. 接中辞 - 6.001 名詞化接中辞、6.002 動詞化接中辞、6.003 形容詞化接中辞、6.004　形容動詞化接中辞、6.005　副詞化接中辞、6.006 その他

7. 接尾辞 - 7.001 名詞化接尾辞、7.002 動詞化接尾辞、7.003 形容詞化接尾辞、7.004　形容動詞化接尾辞、7.005　副詞化接尾辞、7.006 その他

8. 助詞・助辞 - 8.001 格助詞、8.002　並列助詞、8.003　係助詞、8.004 接続助詞、8.005　終助詞・間投助詞、8.006　準体助

詞、8.007 副助詞、8.008 その他

9. 助動詞 - 9.001 第四類、9.002 第三類、9.003 第二類、9.004 第一
　　類、9.005 別類、9.006 その他

10. 補助動詞・補助形容詞・形式動詞・アスペクト動詞

11. 関係詞

12. 語尾 - 12.001 格語尾、12.002 人称語尾、12.003 性数語尾、12.004
　　時制語尾、12.005 先語末語尾、12.006 終結語尾、12.007 連
　　結語尾、12.008 転成語尾（冠形詞・名詞）、12.009 用言語尾

13. 前置詞・介詞　　　　　14. 意味不明

15. 固有名詞　　　　　　　16. 記号

17. 漢字語素　　　　　　　18. （予備）

19. （予備）　　　　　　　20. 連語

　本研究でも、付属語に対しては、上記の新設コードを用いるが、その
うち、『分類語彙表』においてコード化されている付属語には、「ほか
〈8.1000〉、ずつ〈8.1980〉、ばかり〈8.1990〉、たい〈9.3012〉、れる／られ
る〈9.1110〉」のように、小数部分にそのコードを付ける。なお、「お・お
ん（御）－、－(으)시－（尊敬の先語末語尾）」のように、敬意が含まれてい
る付属語には、小数部分に敬意に対するコード〈.3590〉を付けることに
する。

　また、以前、申玟澈（1997）では、韓国語の助詞のうち、日本語の助詞
と用語が違うだけで、意味・機能が同じと見なせるものには、日本語と
同じコードを与えたが、今回は、各言語の助詞の分類にしたがってコー
ドを付けることにする。その理由は、互いの対応関係を明らかにするこ
とにより、両言語の助詞分類上の特徴を考えてみるためである。ただ
し、上記の新設コードには、韓国語の補助詞に対するコードがないの
で、予備の〈8.008〉を補助詞のコードとして用いることにする。

2．2 語素コード

　先にも述べたように、語素コードは語の構成要素ごとに与えるものであるから、漢語に対しても、それを構成する要素、つまり漢字一字一字にコードを付ける必要があるが、漢語に対する語素コード付けの基準は、その語構成の側面から考えてみたいと思う。そこで、漢語に対しては、次項で「漢字語素コード」という項目を立てて述べることにし、ここでは、それ以外の語素コードの基準について、項目別に述べてみることにする。

（1）語源の問題

　語素コードは、語の成立過程を考慮して与えるコードであるので、それに語源が反映できれば、それに超したことはない。しかし、どこまで語源に溯ってコード化するかが問題である。なお、日韓両言語とも語源研究が十分でない現在では、語によって語源が分かるものと不明のものとがあり、分かるものだけをコード化すると却って不均衡が生じることになる。そこで、語源については「語形上、容易に判断できて、特別に語源の説明の要らないものは、そこまで溯って、コード付けすることとし、それ以外については、特別に語源を問題にする場合以外は、コード付けの対象にしない」ことにする。つまり、「語形上ほとんど説明も要らないほどの、いわば、語構成上の問題として扱える範囲」までをコード化することである。

　動詞出自の形容詞を例に取れば、「勇ましい〈勇む、忙しい〈急ぐ、羨ましい〈羨む、騒がしい〈騒ぐ、凄まじい〈荒む、懐かしい〈懐く」などは、形態の面から、その元になった動詞を容易に抽出することができる。したがって、このような形容詞には、次のように、語素コードを付けることが可能である。

仮名見出し	決定見出し	Lc1	Lc2	Lc0
いさましい	勇ましい	2.3040	7.003	3.345
いそがしい	忙しい	2.16	7.003	3.332
うらやましい	羨ましい	2.302	7.003	3.302
さわがしい	騒がしい	2.338	7.003	3.503
すさまじい	凄まじい	2.132	7.003	3.14
なつかしい	懐かしい	2.302	7.003	3.302

　このように、現代語の観点から、その派生関係が容易に判断できるものには、その元になった要素に溯ってコードを付けることにより、語彙の現在相をより明確に描き出すことができると思われる。このような考えに基づくと、すべての転成語にも、その元にコードを付けることが整合性は取れる。したがって、動詞出自の名詞や、自立語から転成した付属語などにも、語素コードはその元に付けることにする。これに関連して、形容動詞の語尾「だ」には今まで〈7.004〉（形容動詞化接尾辞）のコードを与えていたが、元来「だ」は断定の助動詞であり、それが形容動詞の語尾として用いられたのであるから、助動詞としてのコード〈9.005〉を付けることにする。

(2) 動詞化接辞

　田島毓堂・広瀬英史(1997)では、動詞化接尾辞のコードとして〈7.002〉を新設し、当初は、語構成要素として特定できる「－ぶ・－ぶる・－がる・－めく」や、「哀れむ・悲しむ・憎む・黒む」などの「－む」、「デモる・サボる・事故る」などの「－る」に限って与えることにしていたが、その後、適用範囲を広げて、すべての動詞に付け、動詞であることを表示するコードとしても用いることになった。しかし、そうすると、動詞化接尾辞のうち、「−ぶ<u>る</u>・−が<u>る</u>・−め<u>く</u>」の下線部も動詞表示の機能をもっているので、これらには〈7.002〉を二重に付ける必要が生じる。そこで、田島毓堂(2000)では、用言語尾に対するコードとして〈12.009〉を新設し、〈7.002〉を付ける対象は上記のような接尾辞に限定したのである。この基準によるコード付け例を次に示す。

仮名見出し	決定見出し	Lc1	Lc2	Lc3	Lc0
あたた<u>める</u>	暖める	3.515	7.002	12.00902	2.517
いた<u>む</u>	痛む	3.300	7.002	12.00902	2.300
かた<u>まる</u>	固まる	3.506	7.002	12.00902	2.506
かなし<u>む</u>	悲しむ	3.3011	7.002	12.00902	2.301
かわい<u>がる</u>	可愛がる	3.302	7.302	12.00902	2.302
きら<u>めく</u>	煌めく	3.501	7.112	12.00902	2.501
サボ<u>る</u>	サボる	1.332	7.002	12.00902	2.332
たしか<u>める</u>	確める	3.306	7.002	12.00902	2.3062
ひろ<u>げる</u>	広げる	3.1920	7.002	12.00902	2.1582
ふと<u>る</u>	太る	3.1921	7.002	12.00902	2.581

　上記の例のうち、「痛む・悲しむ」の「−む」や「サボる・太る」の「−る」は動詞化接尾辞であると同時に、それが動詞表示も兼ねるので、語素コードは〈7.002〉(動詞化接尾辞)と〈12.00902〉(用言語尾)の両方が付いているのである。なお、〈7.302〉と〈7.112〉の小数点以下は、「−がる」や「−めく」に対する『分類語彙表』のコードである。また、〈12.00902〉の小

数第5桁目の数字「2」は動詞であることを表わすものである。これは、田島毓堂(2000)において提案されたもので、小数第5桁目の数字はそれぞれ「1…名詞、2…動詞、3…形容詞・形容動詞、4…副詞、5…連体詞、6…感動詞、7…接続詞、8…助詞、9…助動詞」を表わす。本研究でも、この数字を必要に応じて用いることにする。

　次に、韓国語の動詞化接尾辞について述べる。

　韓国語の動詞化接尾辞として最も頻繁に用いられるものは「ー하다(する)」であり、それに類するものとして「ー되다・ー시키다(される・させる)」がある。これらはそれぞれ意味をもっているので、小数点以下にその意味に対するコードを付け、「ー하다(する)」〈7.34202〉、「ー되다(される)」〈7.11202〉(「되다」の本来の意味は「成る」である)、「ー시키다(させる)」〈7.367〉のようにする。「ー하다(する)」〈7.34202〉と「ー되다(される)」〈7.11202〉の小数第5桁目に「2」を付けたのは、同形の形容詞化接尾辞と区別するためである。また、韓国語には、'끄덕이다(肯く)、두근거리다(どきどきする)、망설이다(ためらう)、속삭이다(囁く)、펄럭이다(はためく)'などのように、副詞(主に擬音語・擬態語)を動詞化する接尾辞「ー이다」や「ー거리다」があり、そこには動作性が感じられるので、コードは〈7.342〉を与えることにする。なお、韓国語には、用言を表示する語尾は「ー다」しかなく、それが動詞と形容詞の両方に用いられるので、それぞれ動詞表示語尾には〈12.00902〉を、形容詞表示語尾には〈12.00903〉を付けることにする。

(3) 韓国語の形容詞化接辞

　韓国語の形容詞化接尾辞のうち、'경쾌(輕快)하다(ーだ)、강(強)하다(強い)、단단하다(堅い)、성실(誠実)하다(ーだ)'などの「ー하다」と'참되다(誠実だ)'の「ー되다」は前述の動詞化接尾辞と同形である。これらが単独

で用いられると動詞であることを考えると、その動詞が形容詞化接尾辞に転用された可能性が高いと思われる。そこで、形容詞化接尾辞「－하다」と「－되다」にも、意味に対するコードは動詞化接尾辞と同一のコードを付け、小数第5桁目で品詞を区別することとする。つまり、「－하다」〈7.34203〉、「－되다」〈7.11203〉のようにする。

　その他に、韓国語には、'자랑스럽다(誇らしい)、자연(自然)스럽다(－だ)'などの「－스럽다」、'정(情)답다(睦まじい)、참답다(真だ)'などの「－답다」、'평화(平和)롭다(－だ)、해(害)롭다(有害だ)'などの「－롭다」、'기름지다(油っこい)、값지다(貴重だ)'などの「－지다」のような形容詞化接尾辞があり、ちょうど日本語の'ようだ、みたいだ、らしい'に近い意味をもつ。したがって、これらには語素コードとして〈7.114〉(〈.114〉は『分類語彙表』上のコード)を付けることにする。

(4) 自他の対応と可能動詞

　田島毓堂(2000)では、動詞に備わっている自動性と他動性もコード化する必要があると述べ、そのコードとしては、「関係性」ということで、〈7.111〉を提案し、「開く－開ける」「済む－済ます」「立つ－立てる」「続く－続ける」「退く－退かす」のように、現代語において、語尾の増加している部分に与えることにしている。

　しかし、本研究では、'現われる－現わす、叶う－叶える、隠れる－隠す、裂ける－裂く、育つ－育てる、流れる－流す、含む－含める、汚れる－汚す'などのような自他対応は対象外にしたいと思う。その理由は、これらのペアの語尾が増加している方は、他方の語に何らかの要素が加わって形成されたのではなく、日本語の文法史上における二段活用の一段化に伴った活用形式の変化によるものであるからである。

　このように考えると、'当たる－当てる(あたる四－あつ下二)、変わる－変える(かはる四－かふ下二)、決まる－決める(きまる四－きむ下

二）、逸れる－逸らす（そる下二－そらす四）、始まる－始める（はじまる
四－はじむ下二）’などのようなペアは、その古語形を見ると、派生関係
が明らかであるので、古語において語尾が増加している方に〈7.111〉を
付けたい気はする。しかし、現代語の語形からはその判断が難しいの
で、これらも対象から除外する。

　そこで、‘合う〉合わせる、動く〉動かす、生む〉生まれる、驚く〉驚か
す’などのように、現代語の活用規則などにより、その派生関係が十分
に説明できる自他対応と、‘繋がる－繋ぐ、挟まる－挟む、塞がる－塞
ぐ’などのように、現代語において、語尾の増加が容易に判断できる自
他対応に限って、語尾が増加している部分に〈7.111〉を付けることにす
る。

　これに関連して、‘書ける、行ける’のような、現代語の活用規則によ
る可能動詞に対象を限定して、「可能」の意味に対するコードとして
〈.123〉を付けることにする。

(5) 韓国語の被動・使動・強調の接辞

　韓国語には、‘높다（高い）－높이다（高める）、굽다（曲がる）－굽히다（曲げ
る）、날다（飛ぶ）－날리다（飛ばす）、남다（残る）－남기다（残す）、피다（咲
く）－피우다（咲かせる）、낮다（低い）－낮추다（低める）’のように、動詞や形
容詞から使動詞を派生させる使動接辞「－이・－히・－리・－기・－우・－
추」と、‘놓다（置く）－놓이다（置かれる）、먹다（食べる）－먹히다（食べられ
る）、물다（噛む）－물리다（噛まれる）、쫓다（追う）－쫓기다（追われる）’のよ
うに、動詞から被動詞を派生させる被動接辞「－이・－히・－리・－기」が
あり、使動接辞は「せる／させる」と、被動接辞は「れる／られる」と意味
がほぼ同じである。したがって、語素コードとしては、使動接辞には
〈7.367〉を、被動接辞には〈7.111〉を与えることにする。〈.367〉と〈.111〉
は、それぞれ「せる／させる」「れる／られる」に対する『分類語彙表』の

コード〈2.367〉と〈2.111〉の小数点以下の部分である。

　また、'드높이다(高める)、깨뜨리다(打ち砕く)、넘치다(溢れる)'のような語に見られる「드-・ー뜨리・ー치」は語の意味を強める接辞である。そこで、このような接辞に対するコードは、〈1.199〉(程度・限度)の小数点以下の部分を用いて、強調の接頭辞〈5.199〉、強調の接尾辞〈7.199〉とする。

(6) 連体詞語尾のコード

　'大きな、小さな、こんな、そんな、あんな、どんな'のような連体詞に対しては、下線部を連体詞であることを表わす要素として抽出することができるので、これらもコード化することが可能であると思われる。そこで、〈7.006〉を連体詞語尾に対するコードとして用いることにする。

(7) 挿入音に対するコード

　日本語の'あっち、こっち、にっこり、びっくり、真っ暗、真ん中、みっつ(三つ)、やっぱり、みんな(皆)'などは明らかに音が挿入されており、それによって、強調の意味が加わるものとそうでないものとがある。しかし、その差は微妙である。

　一方、韓国語にも、それに似たようなものとして'나뭇가지(木の枝)←나무(木)＋ㅅ＋가지(枝)、나뭇잎(木の葉)←나무(木)＋ㅅ＋잎(葉)、바닷물(海水)←바다(海)＋ㅅ＋물(水)、빗물(雨水)←비(雨)＋ㅅ＋물(水)'などに見られる「ㅅ」がある。この「ㅅ」は、主に「名詞＋名詞」の複合語に現われるもので、音韻論的環境によって挿入される音である。

　語素コードに対する比較語彙研究の立場は、文字として固定できる要素はコード化することであるので、上記のような挿入音に対しても何らかのコードを与える必要があると思われる。しかし、どんなコードを与えるかが問題である。言語によっては接中辞が認められるものもあるが、日本語と韓国語には接中辞はないと考えられている。『言語学大辞典』(第6巻〔術語編〕、三省堂)には、「接中辞の例として有名なのは, フィリピンのタガログ語などにみられるものである. たとえば, タガログ語の動詞káin「食う」でいうと, その行為の行為者に焦点*(focus)を合わせるときには, 接中辞-um-を語幹の内部に挿入して, k-*um*-áin「〜が食べる」となる. 同じ動詞が, 目的語に焦点をあてるときは, 接中辞-in-を挿入して, k-*in*-áin「〜を食べる」となる. 」(p.836「接中辞」項)のような記述がある。日本語の挿入音も語の内部に挿入されている点においては、タガログ語の接中辞と変わりがない。一方、韓国語の「ㅅ」は、日本語の挿入音のように語の内部に挿入されるものではないが、複合語形成時に語と語の中間に挿入されることを考慮すると、接中辞のようなものであるといえるのではないかと思われる。

　そこで、上記の日本語と韓国語の挿入音を接中辞のようなものとして位置づけてみたいと思う。ただし、音が挿入されることによって付加される意味は捨象し、新設の接中辞に対するコードのうち、予備として残されている〈6.006〉を挿入音に対するコードとして用いることにする。

(8) 敬意に対するコード〈.3590〉の付け方

　〈.3590〉は、田島毓堂(1995)において、敬意に対するコードとして新設された〈1.199〉・〈2.199〉と『分類語彙表』にある〈4.35〉(待遇)の小数点以下を合わせたコートである。そこで、本研究では、「敬意」と「待遇」の面から、〈.3590〉を与える対象は尊敬語、丁寧語、謙譲語、軽蔑語とし、次に述べる基準にしたがって、コードを付けることにする。

　まず、「お・おん(御)－、です／ます、－(으)시－(尊敬の先語末語尾)、－ㅂ니다／습니다(です／ます：終結語尾)」のように、それ自体には形式的な意味しかなく、それに尊敬や丁寧の意味が含まれているものに

は、次のように、〈.3590〉を小数点以下に付ける。

お・おん(御)―	〈5.3590〉
です／ます	〈9.3590〉
―(으)시―	〈12.3590〉
―ㅂ니다／습니다	〈12.3590〉

　次に、「いらっしゃる、드시다(召し上がる)、―さん・さま(様)、―님(様)、놈(奴)」などは、それぞれ本来の意味をもっていて、それに尊敬や軽蔑の意味が加わっているので、これらには次のように〈.3590〉を別途に付ける。

・いらっしゃる	Lc1〈2.120〉　Lc2〈.3590〉　Lc3〈12.00902〉
・드시다	Lc1〈2.333〉　Lc2〈.3590〉　Lc3〈12.00902〉
・―さん・さま	Lc1〈7.202〉　Lc2〈.3590〉
・―님	Lc1〈7.202〉　Lc2〈.3590〉
・놈	Lc1〈1.202〉　Lc2〈.3590〉

　〈7.202〉の〈.202〉も『分類語彙表』のコードである。
　以上の語素コードの例では、説明の便宜上、整数部分もそのまま示しておいたが、語素コードはその重点を意味に据えるので、実際の語彙表では、品詞を表わす〈1.〉～〈4.〉は削られる。ただし、〈5.〉～〈20.〉は語素コードとして設定されたものであるから、整数部分もそのまま表示される。

3. 漢字語素コード

3．1 漢字語素コードの必要性

　現在、比較語彙研究の意味分野別構造分析では、「単語コード」と「語素コード」の両者を用いている。ここまで至った経緯をもう一度確認してみることにする。

　コードを与える単位として最初に提案されたのは、田島毓堂(1992)における「意味単位」(意味コード)である。「意味単位」では、複合語に対して、それを構成する要素ごとにコードを与えていた。しかし、そうすると、複合語の構成要素の意味の合算と全体の意味とが掛け離れる場合があるので、それを補うものとして「単語コード」(一語コード)を考えるに至った。その後、田島毓堂(1997)と田島毓堂・広瀬英史(1997)では、具体的な文字として一定の語形のあるものは全て語彙の要素であるという考えに基づき、実質的な意味のない付属語までもコード付けの対象に含めるようになり、「意味コード」と称するのが相応しくなくなったため、名称を、「語彙要素」という意味で、「語素コード」に改めたのである。「単語コード」と「語素コード」は、意味における互いの欠陥を相補う関係にあり、前者からは語彙の現在ある姿が、後者からはその成立の経緯が捉えられる。よって、意味分野別構造分析でも、「単語コード」と「語素コード」の両者を用いるようになったのである。それにより、語彙の意味的側面をかなりな程度に過不足なく把握することができるといえよう。

　さて、田島毓堂・広瀬英史(1997)も指摘しているように、上記のような「単語コード」と「語素コード」の背景から考えると、漢語に対しても、それを構成する漢字一字一字にコードを与えることが、語素コードとしての整合性は保たれる。しかし、漢語(特に二字漢語)の構成力の強さ故に、漢字一字一字に対するコード付けを見送ってきたのも事実である。

実際に、申玟澈(1998)の聖書語彙を用いた日本語と韓国語の比較研究において、漢語に対しては、二字漢語を基本にして、コードを与えている。しかし、そうすると、漢字を使わない言語の語彙との比較において、意味の欠落が生じることになる。その例としては、ジョジョック・スパルジョ(1997)における

「朝食」〈1.332〉makan pagi(*食べる 朝)〈2.333〉〈1.1635〉

「寝室」〈1.443〉kamar tidur(*部屋 寝る)〈1.443〉〈2.1513〉

がある。インドネシア語の「makan pagi」「kamar tidur」が独立できる要素から成る複合語であるのに対して、「朝食」「寝室」は要素間の結び付きが非常に強固なため、常に一語と見なされる点が異なる。しかし、「朝」「食」「寝」「室」にもそれぞれ意味があることは確かである。それを無視して、上記の例のまま、意味分野別構造分析を行うと、一方の意味が見落とされる結果になる。そのため、比較語彙研究では、漢字一字一字にコードを与える必要に応えるべく、日本語の常用漢字を対象とした『漢字語素コード』を公表したのである。

　日韓両言語の語彙における漢語の位置からすると、「漢字語素コード」は必要であると考える。日韓両言語とも、早い時期に漢字を受け入れ、それを独自に発達させてきたのであり、その過程において、固有語と漢語との競合が繰り返され、現在に至ったのである。そのため、漢語の定着度が高く、現代語においては、それが外来の要素であるという意識もかなり薄れてはいるが、日本語と韓国語の語彙の実態を把握する上で、漢語はなくてはならない存在である。この点を考慮に入れると、漢語に対して漢字一字一字にコードを与えることにより、日韓両言語の語彙において、固有語が占める意味分野と漢語が占める意味分野が明らかになり、各言語におけるその両者の関係と背景、また、言語間におけるその

異同と原因を考える材料を提供してくれると思われる。

3．2 漢語の構成とコード付けの基準

　比較語彙研究において、漢字語素コードを実践したのは、王春(1999)が最初である。そこでは、中国語の語素理論[5]を適用して、漢字語素コードを与えている。一方、『漢字語素コード』では、日本語の常用漢字を対象として、『旺文社　漢和辞典〔第五版〕』における意味記述をそのままコード化している。これは、いわば「ラング的なもの」にコードを与えたものであるが、実際のコード付けにおいては、次のような漢字語の構成に基づいて、その構成要素ごとにコードを与えることを提案している。

①「日没・地震」のように主語述語の関係にあるもの
②「親友・海水」のように修飾の関係にあるもの
③「読書・登山」のように目的や対象を示す関係にあるもの
④「通行・絵画」のように同義の関係にあるもの
⑤「善悪・美醜」のように対義の関係にあるもの
⑥「不明・無知」のように否定や打ち消しの付いたもの
⑦「私的・美化」のように接辞の付いたもの
⑧「高校・経済」のように短縮されたもの(高等学校・経世済民)
⑨「躊躇・挨拶」のように関係がはっきりとしないもの

　そこで、これらの先行研究を参考にしつつ、「漢字語素コード」を与えてみることにする。ただし、日韓比較語彙研究における「漢字語素コード」の実践という意味で、「小学生基本語彙」に含まれている漢語のみを

---

5) 中国語の語素理論における「語素」はほぼ形態素に相当するもので、「語彙要素」の意味として用いている比較語彙研究の「語素」とは異なる。

対象とした、コード付け基準の設定を行うことにする。これは当面の必要に応じるためである。なお、本研究でいう漢語には、いわゆる一字漢語も含まれていることを断っておく。なお、『漢字語素コード』では、小数3桁までコードを与えているが、固有語や外来語に対するコードに合わせるために、小数4桁まで用いることにする。

　それでは、以下、一字漢語、二字漢語、三字以上の漢語の順に見ていくことにする。

(1) 一字漢語

　一字漢語を、その性質によって概略的に分類してみると、次のようになる。

・自立するもの

日本語でも、韓国語でも、「愛・絵・菊・客・図・象・肉」「강(江)・겁(怯)・굴(窟)・묘(墓)・방(房)・벽(壁)・신(神)」のような名詞と「一・二・三」のような数詞が大半を占めるが、韓国語には「즉(即)」のような副詞もある。

・自立しないもの

　この中はさらに、次のように分けることができる。
　a. 依存名詞・助数詞…간(間)・리(理)(以上、依存名詞)、回・個・冊・隻・匹・秒(以上、助数詞)
　b. 連体修飾成分…各・全・단(単)・만(満)
　c. 接頭辞…第－・御－
　d. 接尾辞…－氏・－君

合図・威張る・彼女・感じる・子(救)하다(救う)・대(対)하다(ーする)・변(変)하다(変わる)

　以上のような一字漢語に対しては、各言語において、それぞれどんな意味で用いられているかを基準にコードを与えることにする。中には、'要領'の意味として用いられる「こつ(骨)」、'市(いち)'の意味として用いられる「장(場)」のように、本来の漢字にはない意味の語もあるが、そのまま、各語の意味によってコードを付けることにする。その理由は、各言語における漢語の使用状況を見るためである。

(2) 二字漢語

　二字漢語は漢語の典型的な形式であり、日韓両言語の漢語において圧倒的多数を占める。これをその構成の方式によって分類すると、大体は『漢字語素コード』に示されている①〜⑦(上記参照)に分けられる。しかし、漢字が基本的に多義であることを考えると、それだけでは、二字漢語の構成要素の意味を的確に捉えるにはやや不足の感がある。つまり、漢字一字一字がそれぞれどんな成分として結合し、二字漢語を形成しているかを考えることにより、二字漢語におけるそれらの意味がより正確に捉えられると思うわけである。そのためには、二字漢語の構成要素の品詞性も考慮に入れる必要があると思われる。そこには、コード付けの正確さを期するという意味も込められている。つまり、「習慣(名詞＋名詞：ナラワシ・ナラワシ)ー習字(動詞＋名詞：ナラウ・ジ)、報道(動詞＋動詞：シラセル・イウ)ー道路(名詞＋名詞：ミチ・ミチ)」のように、漢語の構成方式と各語における漢字の品詞によって、同一の漢字であっても、それぞれ意味が違ってくるので、それを「習ーナラワシ〈1.3300〉／ナラウ〈2.3050〉、道ーイウ〈2.3120〉／ミチ〈1.4710〉」のように正確にコード化するということである。

　構成要素の品詞性も考えて、二字漢語の構成方式を細かく分類してい
るものとして、日本語では野村雅昭(1988)、韓国語では朴英燮(1995)が
あり、両者の分類の仕方は似通っている。そこで、以下においては、こ
れらの研究を参考にしながら、二字漢語をその構成方式によって分類
し、それらにどのような基準で語素コードを与えるかについて述べてみ
ることにする。以下、〈N〉は体言類のもの、〈V〉は用言類のもの、〈A〉
は相言類のもの、〈Ad〉は副言類のものを表わす。

・並列方式による二字漢語

　a. 同義または類義の関係にあるもの
　　ⅰ）〈N〉・〈N〉…衣服・宇宙・価値・海洋・規則・技術・犠牲・災害・子
　　　　息・図画・皮膚・利益
　　ⅱ）〈V〉・〈V〉…飲食・開拓・学習・感想・祈祷・休息・競争・決定・検
　　　　査・使用・治療・称讃・製造・貯蓄・比較
　　ⅲ）〈A〉・〈A〉…安寧・永久・危険・健康・喧嘩・清潔・早速・愉快
　b. 対義の関係にあるもの
　　ⅰ）〈N〉↔〈N〉…兄弟・左右・始末・子女・上下・男女・南北・父母
　　ⅱ）〈V〉↔〈V〉…往来
　　ⅲ）〈A〉↔〈A〉…長短
　c. 同音字の重複…九九・段々・蝶々・悠々・각각(各各)・점점(漸漸)・차차
　　（次次）

・統辞的方法による二字漢語

　a. 主述関係にあるもの
　　ⅰ）〈N〉＋〈V〉…国立・事変・人生・地震
　　ⅱ）〈N〉＋〈A〉…民主

　　ｂ.修飾関係にあるもの

　　　ⅰ）〈A〉＋〈V〉…広告・新聞・清書・早退・短縮

　　　ⅱ）〈V〉＋〈V〉…感謝・掲示・見学・招待・信頼

　　　ⅲ）〈Ad〉＋〈V〉…自動・全滅・必要・復習・予想

　　　ⅳ）〈Ad〉＋〈A〉…偶然・最近・全然

　　　ⅴ）〈A〉＋〈N〉…怪獣・少年・新年・親友・長所

　　　ⅵ）〈V〉＋〈N〉…観客・住所・食器・売店・歩道

　　　ⅶ）〈N〉＋〈N〉…花壇・校庭・山脈・鉄道・友人

　　ｃ.補足関係にあるもの

　　　ⅰ）〈A〉＋〈N〉…少数・無数

　　　ⅱ）〈N〉＋〈V〉…国防・自信・水産・独立・南侵

　　　ⅲ）〈V〉＋〈N〉…愛国・競技・決心・作曲・進学・成功・貯金・通学・投
　　　　　票・読書

・<u>派生的方法による二字漢語</u>

　　ａ.接頭辞の付いたもの…第一・御飯・非常・不安・未満・無断

　　ｂ.接尾辞の付いたもの…椅子・菓子・帽子

　　二字漢語の構成はだいたい上記のように分類することができる。このように分類される二字漢語に対しては、漢字一字一字がそれぞれどんな成分として結合しているかを考慮に入れて、語素コードを与えることにする。実際のコード付け例を構成方式別に一語ずつ示すと、次の通りである。

見出し語	Lc1	Lc2
衣服	1.4210	1.4210
飲食	2.3394	2.3330
安寧	3.1340	3.1340
兄弟	1.2140	1.2140
往来	2.1527	2.1527
長短	3.1920	3.1920
各各	3.1000	3.1000
国立	1.2530	2.1513
民主	1.2310	3.1000
広告	3.1920	2.3130
感謝	2.3000	2.3020
自動	3.1500	2.1510
偶然	3.1650	3.1000
怪獣	3.3060	1.5610
観客	2.3090	1.2220
花壇	1.5530	1.4450
少数	3.1950	1.1910
国防	1.2530	2.1565
愛国	2.3020	1.2530
第一	5.1960	1.1950
椅子	1.4470	7.0010

　このように、二字漢語に対する語素コードは、その語構成を考えるこ
とにより、客観性を保ちながら、コードを付けることができると思われ

る。しかし、『漢字語素コード』にも述べられているように、二字漢語の
中には、「高校〈高等学校〉」「高速〈高速度〉」「経済〈経世済民〉」のように、短
縮法によって形成されたものがあり、これらは上記のようにはいかな
い。したがって、このような語に対するコード付けの基準は別に考える
必要がある。そこで、語素コードの基本方針に基づき、短縮法によって
形成された二字漢語に対しては、「高校〈3.1920／1.2630〉・高速〈3.1920／
3.1940〉・経済〈2.3600／2.3650〉」のように、本来の語における漢字の意味
にコードを与えることにする。なお、「葡萄・喇叭」のような連綿詞に対
しても、その一字一字にコードを与えることにする。王春(1999)では、
これらは常に二字で一語を成し、それぞれの漢字が他の漢字と結合する
ことがないという理由から、語素コードは一つしか与えていない。しか
し、音訳外来語や固有名詞に用いられる漢字とは違って、連綿詞におけ
る漢字一字一字は、その字形から考えると、全体の意味と同じ意味を有
すると見なすことも可能ではないかと思われる。そこで、ここでは、金
圭哲(1980)に倣い、上記のような連綿詞を同意反復と考え、「葡萄
〈1.5520／1.5520〉・喇叭〈1.4560／1.4560〉」のようにコードを付けること
にする。

(3) 三字以上の漢語

　三字以上の漢語の語構成は野村雅昭(1974a・b)、黒田晃代(1981)など
に詳しく述べられているが、だいたいは二字漢語の構成が適用できるの
で、それにしたがってコードを付ける。ただし、「가야금(伽倻琴)・고려
자기(高麗磁器)」のような語に見られる固有名詞には、二字で1コードを
与えることにする。

　以上が漢字語素コードに対する基準であるが、ここでも、説明の便
宜上、整数部分(〈1.〉～〈4.〉、〈5.〉、〈7.〉)が付けてある。実際の語彙表

では、漢字語素コードであることを表示するために、整数部分は〈17.〉
に変えられる。しかし、'椅子、菓子、帽子'のような漢語に見られる漢
字「子」は実質的な意味をもたない接尾辞であるので、コードとしては
〈7.0010〉（名詞化接尾辞）が付けられるのであるが、その整数部分を
〈17.〉に変えて〈17.0010〉にすると、それが接尾辞であることが分からな
くなる。そこで、このような漢字語素に対しては、整数部分は〈17.〉と
し、接尾辞であることを表わすために、小数3桁目に〈7〉を付けて、
〈17.0070〉のコードを与えることにする。こうすることにより、両方を
満足させることができると思われる。ただし、「第一」〈5.1960〉、「御一」
〈5.3590〉のような接辞にはそれぞれ意味が備わっているので、その意味
に重点を置くために、整数部分のみを〈17.〉に変えることにする。

第 3 章

意味分野別構造分析

1. 意味分野別構造分析の方法について

　意味分野別構造分析では、「第2章」で述べたコード付けの基準にした
がって個々の語に与えたコード(「単語コード」と「語素コード」)を集計
し、どのような意味分野の語が、どんな割合で語彙が構成されているか
を手掛かりにして、語彙同士を比較する。その結果、差が生じている意
味分野に対して、その原因を考察する。

　以上が意味分野別構造分析のあらましであるが、集計の対象である
コードがほぼ『分類語彙表』に依拠していることを考えると、『分類語彙
表』ではどのような原理で項目を分類・配列しているかを考慮に入れ、分
析法を色々と工夫してみる必要があると思われる。これは『分類語彙表』
のコードを十分に活かすという意味もある。

　まず、『分類語彙表』における項目の分類・配列の原理であるが、『分類
語彙表』のコードは整数部分(1〜4)と小数部分(2〜4桁)から成っており、
整数部分は大分類として品詞論的な分類(〈1.〉体の類、〈2.〉用の類、〈3.〉
相の類、〈4.〉その他)を表わし、小数点以下の第1位は意味範囲の5部門
(〈.1〉抽象的関係(人間や自然のあり方のわく組み)、〈.2〉人間活動の主
体、〈.3〉人間活動－精神および行為－、〈.4〉人間活動の生産物－結果お
よび用具－、〈.5〉自然－自然物および自然現象－)、第2位以下はその細
分である。なお、小数点以下は、〈1.1501〉(変化)、〈2.1501〉(改新・変
換)、〈3.15〉(変化・動き)のように、品詞論的な4類の間で少なくとも小
数点以下第2位まで相互に関係付けられている(『分類語彙表』の「まえが
き」参照)。このように、『分類語彙表』のコードは小数点以下の桁数が増
えるにつれ、分類が細分化されていく。このことを考えると、どこまで
細かな分析を目指すかによって、小数点以下何桁まで用いるかは調節可
能であるといえよう。

　実際に、『分類語彙表』のコードを用いた先行研究を見ても、その目的
によって色々なコードの用い方をしている。広瀬英史(2000)では、先行

研究における意味分野別構造分析法をコードの用い方を基準に、「部門別意味分野別構造分析法」(小数第1位まで)、「グループ別意味分野別構造分析法」(浅見徹1971の表による分類)、「中項目別意味分野別構造分析法」(小数第2位まで)、「コード別意味分野別構造分析法」(小数第4位まで)、「拡大意味分野別構造分析法」(語素コードによる分析)の5類に分け、各分析法の特徴を明らかにしている。広瀬氏は、比較語彙研究に最も適した分析法は「拡大意味分野別構造分析法」であると述べている。なお、全体的傾向を捉えるのに適した分析法は「部門別意味分野別構造分析法」、「グループ別意味分野別構造分析法」、「中項目別意味分野別構造分析法」であるが、中でも、「中項目別意味分野別構造分析法」が他よりは詳細に語彙の特徴をつかむことのできる分析法であり、「コード別意味分野別構造分析法」は分類が細かいため、全体的傾向を見るには不向きであるが、差の原因である語を探るという点においては最も優れた分析法であると述べている。

　上記のように、意味分野別構造分析法には幾つかの方法があるが、『分類語彙表』のコードの性格を考えると、最初に、小数点以下第1位まで使った分析により全体的傾向を捉え、次に、小数点以下の桁数を順に増やして分析を行うことにより、差が生じている意味分野を狭めていき、最後に、差の原因である語にまで迫るという方法が、差を細かく指摘するためには最も適切かと思われる。なお、意味分野別構造分析に語種の観点を導入すると、意味分野別の構成比のみによる分析からは指摘できない差を新たに指摘することも可能ではないかと思われる。

　そこで、ここでは、実際に単語コードを用いて、意味分野別の構成比のみによる分析、それに語種の観点を取り入れた分析をそれぞれ行い、どのような方法を取れば、差を細かく指摘できるかを総合的に考える。なお、客観的に差を指摘できる統計技法であるx^2検定をどのように行うのが適切であるかを考える。

1. 1 意味分野別の構成比による分析

1. 1. 1 x^2検定について

　分析に入る前に、『統計学入門』を参考にして、x^2検定について述べてみることにする。

　x^2検定は、規模の異なるA、B二つの標本において、特定性質をもつものがA標本ではa例、B標本ではb例あり、特定性質のないものがA標本ではc例、B標本ではd例あったとした場合、それぞれの標本の規模を考慮に入れても、aとbとで差が認められるかどうかを検定する統計技法である。そのためには、x^2値を求めなければならないが、その計算は次のように行う。

　上記のことを表にまとめると[表4]のようになる。統計学では、これを2×2分割表という。

[表4] 2×2分割表

	特定性質あり	特定性質なし	計
A	a	c	a+c
B	b	d	b+d
計	a+b	c+d	a+b+c+d

『統計学入門』, p. 93から引用.

[表4]からx^2値を求める式は次の(1)の通りである。

$$\chi^2 = \frac{(ad-bc)^2(a+b+c+d)}{(a+b)(c+d)(a+c)(b+d)} \quad (1)$$

　式(1)で求められるx^2値をもとに、有意差があるかどうかを判定するのは、x^2値の分布表を用いて行う。標本が二つである場合の自由度は1であるので、そのx^2値の分布表を示すと次の通りである。

[表5] x^2値の分布表　　　　　　　　Pは求めたx^2が表の値より大きい確立.vは自由度

v \ P	.995	.99	.975	.95	.90	.10	.05	.025	.02	.01	.005	.001
1	.0000	.0001	.001	.004	.016	2.706	3.841	5.024	5.412	6.635	7.9	10.8

　[表5]は『教育と心理のための推計学』(pp.432－433)から抄出したものである。

　もし、式(1)で求められたx^2値が3.841以上であれば、5%以下の危険率で有意の差があると認められるのである。

　しかし、式(1)は2×2分割表における例数が多い時は問題ないが、例数が5以下の場合は、式(1)で求めたx^2の値では正しく評価できなくなる。その時は、式(1)の分子の(　)^{2}の値に1/2(a＋b＋c＋d)を加えるか減ずるかして、(　)^{2}内の値が小さくなるように修正し、x^2の値が正しい値に近づくようにする必要があると述べられている。すなわち、ad－bcが正数の時は1/2(a＋b＋c＋d)を引き、負数の時は1/2(a＋b＋c＋d)を加えるということである。この修正を「Yates(イェーツ)の修正」という(『統計学入門』,p.98)。

　そこで、「Yates(イェーツ)の修正」を加えたx^2値の計算式を示すと次の通りである。

$$\chi^2 = \frac{\{(ad-bc) \pm 1/2(a+b+c+d)\}^2(a+b+c+d)}{(a+b)(c+d)(a+c)(b+d)} \qquad (2)$$

　次に、意味分野別構造分析ではどのようにx^2検定を行うかについて述べる。

　[表6]の小数点以下第1位までの意味分野別構造を例に取ると、日本語と韓国語の「小学生基本語彙」全体はそれぞれ標本A(日本語－4133語)、標本B(韓国語－4159語)に当たり、意味分野別の単位数、つまり、その所属語数は「特定性質をもつもの」と考えることができる。そこで、それぞれの意味分野において有意差が認められるかどうかを見るためには、意味分野ごとに2×2分割表を作成し、それをもとにx^2の値を求めるのである。〈1.1〉(抽象的関係)の意味分野を[表4]の2×2分割表に当てはめてみると、この意味分野に所属する日本語と韓国語の語数は「特定性質をもつもの」としてそれぞれa(660語)とb(627語)に当たり、「小学生基本語彙」全体からこの語数を引くと、「特定性質のないもの」としてc(日本語：4133語－660語＝3473語)とd(韓国語：4159語－627語＝3532語)が求められる。なお、当然のことではあるが、[表6]におけるa+cとb+dはそれぞれ日韓両言語の「小学生基本語彙」全体になる。次に、〈1.2〉(人間活動の主体)の意味分野の場合は、aは234語、bは356語、cは3899語、dは3803語である。このように、各意味分野を2×2分割表に当てはめ、その数値を上記の式(1)か(2)に代入して、x^2の値を求めるのであるが、意味分野別構造分析では、小数点以下の桁数を増やして分類すると、2×2分割表における例数、つまり、各意味分野に所属する語数が5以下になる場合が多いので(特に小数点以下第3位、第4位まで使った分類において)、式(2)が適切かと思われる。そこで、〈1.1〉(抽象的関係)と〈1.2〉(人間活動

の主体)の意味分野に対する2×2分割表の数値を式（2）に代入して、x^2の値を求めてみた結果、〈1.1〉は1.194、〈1.2〉は25.9であった。次に、[表5]x^2値の分布表を用いて、どれくらいの有意水準で差が認められるかを見ると、〈1.1〉（抽象的関係）の意味分野のx^2値は10%以下の危険率のx^2値2.706よりも小さいので、有意の差がないと判定されるのであるが、〈1.2〉（人間活動の主体）の意味分野のx^2値は10.8より大きいので、0.1%以下の危険率で有意の差があると認められるのである。

　意味分野別構造分析では、上記のような手順でx^2検定を行う。ただし、心理学や医学の分野では、5%以下の危険率までを有意の差と認めるのであるが、言語研究においては、10%以下の危険率、言い換えれば90%以上の確率で有意差が認められるものは、差として捉えても差し支えないと思われるので、以下の分析においては、10%以下の危険率までを有意の差と認めることにする。

　それでは、以下の小数点以下第1位～第4位までの意味分野別構造分析においては、上に述べた理由から、上記の式（2）を使ってx^2検定を行い、10%以下の危険率で有意の差が認められる意味分野を指摘してみることにする。

1．1．2 小数点以下第1位までの分析

　次の[表6]が小数点以下第1位までの意味分野別の構造である。ただし、分類の際、付属語に対するコードは整数部分によって分類してある（小数点以下第2位、第3位まで使った分析においても同様）。

[表6] 小数点以下第1位までの意味分野別構造

分類	日本語		韓国語	
	単位数	割合	単位数	割合
1.1	660	15.97	627	15.08
1.2	234	5.66	356	8.56
1.3	698	16.89	531	12.77
1.4	456	11.03	411	9.88
1.5	411	9.94	458	11.01
2.1	482	11.66	474	11.40
2.3	386	9.34	425	10.22
2.5	91	2.20	81	1.95
3.1	287	6.94	382	9.18
3.2	0	0	1	0.02
3.3	177	4.28	115	2.77
3.5	77	1.86	73	1.76
4.1	22	0.53	22	0.53
4.3	54	1.31	37	0.89
5	9	0.22	1	0.02
7	10	0.24	6	0.14
8	65	1.57	52	1.25
9	14	0.34	0	0
10	0	0	7	0.17
12	0	0	100	2.40
合計	4133	100	4159	100

[表6]において、網掛けが施されている項目は、x^2検定を行った結果、10%以下の危険率でその出現に有意差があると認められる項目で、〈1.3〉、〈1.4〉、〈3.3〉、〈4.3〉、〈5〉、〈9〉の意味分野は日本語が有意に大で、〈1.2〉、〈3.1〉、〈10〉、〈12〉の意味分野は韓国語が有意に大である。

　有意差が生じている項目のうち、〈9〉（助動詞）は日本語にしかないものであり、〈12〉（語尾）は、語素コードでは日本語の方にも動詞表示語尾〈12.00902〉があるが、単語コードでは韓国語にしかないものであるから、そこで差が生じることは最初から分かっていた。しかし、それ以外の項目における差は意味分野別構造分析を行ってみてはじめて分かったのである。ここから、語彙分析法としての意味分野別構造分析法の有効性を見ることができる。

　次に、有意差が生じている項目の有意水準を示すと、〈1.2〉（人間活動の主体）、〈1.3〉（人間活動－精神および行為－）、〈3.1〉（抽象的関係）、〈3.3〉（精神および行為）、〈9〉（助動詞）、〈12〉（語尾）の項目は0.1%以下の危険率、〈5〉（接頭辞）、〈10〉（補助用言）の項目は5%以下の危険率、〈1.4〉（生産物および用具）、〈4.3〉（感動・間投）の項目は10%以下の危険率である。

　[表6]を見ると、日韓両言語とも〈1.〉（体の類）の語が一番多く、その次は〈2.〉（用の類）、〈3.〉（相の類）、〈4.〉（その他）の順になっていることが分かる。このように、日本語と韓国語の「小学生基本語彙」の品詞別構成は類似しているが、その内部においては若干の差が見られる。つまり、〈2.〉（用の類）、〈3.〉（相の類）、〈4.〉（その他）はそれぞれの内部における構成も日本語と韓国語は似通っているが、〈1.〉（体の類）の場合は、日本語では〈.3〉（人間活動）の語が一番多いの対して、韓国語では〈.1〉（抽象的関係）の語が一番多い。なお、〈1.4〉（生産物および用具）と〈1.5〉（自然物および自然現象）においても、日本語と韓国語は異なった様相を呈している。

　それでは、有意差が生じた項目を対象として、どのような原因で差が生じているかを述べてみることにする。

　〈1.2〉（人間活動の主体）の項目は韓国語が有意に大であるが、この項

目に属する韓国語に軍や軍事に関する語が多いのが特徴である。次に、
その例を示す。

간첩(間諜)、왜구(倭寇)、왜적(倭敵)、군사(軍士)、군인(軍人)、대장(大
将)、병사(兵士)、왜병(倭兵)、의병(義兵)、장군(将軍)、장병(将兵)、장수
(将帥)、공군(空軍)、공비(共匪)、공산군(共産軍)、군(軍)、군대(軍隊)、
부대(部隊)、소련군(蘇連軍)、연합군(連合軍)、왜군(倭軍)、적군(敵軍)、
중공군(中共軍)、해군(海軍)、국군(国軍)、수군(水軍)

　このような語が韓国語の「小学生基本語彙」に含まれているのは、韓国
の歴史的背景と北朝鮮と対峙している政治的状況を表わしているのでは
ないかと考えられる。なお、‘공산주의자(共産主義者)、애국자(愛国者)、
용사(勇士)、의사(義士)、열사(烈士)’も同様の脈絡で考えることができ
る。

　〈1.3〉(人間活動－精神および行為－)の項目に所属する日本語には、
‘度胸、勘、感心、機嫌、退屈、臆病、迷惑、心配、遠慮、意地、我
慢、苦労、強情、辛抱、勉強、夢中、稽古、上達、油断、用心、勘
定、理屈、見当、支度、用意、見物、留守番、挨拶、冗談、返事、皮
肉、書物、本、絵本、遠足、行儀、急用、用、用事、喧嘩、介抱、世
話、褒美、頂戴、贅沢、貧乏’などのような漢語があるが、これらの漢
語は韓国語にはないものであるか、あってもあまり使わない語である。
そのうち、韓国語にもある漢語で、意味も日本語と同じものは‘感心、
稽古、理屈、用意、遠足、急用、貧乏’である。しかし、‘迷惑、遠慮、
我慢、夢中、上達、用心、皮肉、本’は韓国語では日本語と違う意味と
して用いられる漢語である。すなわち、韓国語では‘迷惑’は‘惑い・眩
惑’、‘遠慮’は‘遠い将来まで考えること’、‘我慢’は‘自慢して他人を軽ん

ずる心’（仏教用語）、‘夢中’は‘夢の中’、‘上達’は‘言文で目上の人に伝えること’、‘用心’は‘真心を使うこと’、‘皮肉’は‘皮と肉’、‘本’は‘手本’の意味として使われる。しかし、いずれにしても、これらの漢語は韓国語では基本度の低い語である。それ以外の漢語は日本語にしかないものである。このように、〈1.3〉（人間活動－精神および行為－）の項目に属する日本語には日本語特有の漢語が多い。これがこの項目における有意差の原因であると考えられる。

〈1.4〉（生産物および用具）の項目では日本語が有意に大であるが、その原因はこの項目に属する日本語に外来語が多く含まれているからである。日本語は456語中126語が外来語であるのに対して、韓国語は411語中34語が外来語である。それを示すと次の通りである。

・日本語（126語）

ガラス、コンクリート、マッチ、ゴム、タイヤ、ピン、ボタン、ハンドル、スイッチ、コード、テープ、タオル、パジャマ、オーバー、コート、シャツ、ジャンパー、スカート、ズボン、セーター、ワイシャツ、ポケット、エプロン、グローブ、ネクタイ、ベルト、スリッパ、ハンカチ、リボン、コロッケ、サンドイッチ、スープ、スパゲッティー、パン、ソーセージ、ハム、チーズ、バター、アイスクリーム、カステラ、ガム、キャラメル、ケーキ、チョコレート、コーヒー、ジュース、タバコ、クリーム、ビル、トイレ、ベッド、カーテン、テント、ドア、マット、ストーブ、ソファー、ヒーター、ベンチ、バケツ、ケース、ランドセル、コップ、ストロー、スプーン、フォーク、フライパン、インク、クレヨン、コンパス、スタンプ、チョーク、ペン、ボールペン、アイロン、シャベル、ジョウロ、スコップ、ブラシ、ナイフ、ミルク、オルガン、カスタネット、サイレン、タンバリン、チャイム、トライアングル、ハーモニカ、バイオリン、ピアノ、ベル、レコード、カルタ、バット、ボール、ダイヤル、カード、ノート、ランプ、カメラ、フィルム、レンズ、アンテナ、テレビ、マイク、ラジオ、エンジン、ポンプ、ミシン、モーター、ロボット、エスカレーター、エレベーター、オートバイ、ケーブルカー、タクシー、トラック、バス、ボート、ヨット、ヘリコプター、ロケット、グラウンド、プール、トンネル、ダム

・韓国語(34語)

비닐(ビニール)、시멘트(セメント)、고무(ゴム)、핀(ピン)、스위치(スイッチ)、테이프(テープ)、빵(パン)、비닐-하우스(ビニールハウス)、비이커(ビーカー)、컵(コップ)、크레용(クレヨン)、크레파스(クレパス)、펜(ペン)、실로폰(シロフォン)、오르간(オルガン)、탬버린(タンバリン)、피아노(ピアノ)、후우프(フープ)、배턴(バトン)、포스터(ポスター)、노우트(ノート)、카아드(カード)、렌즈(レンズ)、라디오(ラジオ)、텔레비젼(テレビ)、엔진(エンジン)、피스톤(ピストン)、버스(バス)、택시(タクシー)、탱크(タンク)、트럭(トラック)、보트(ボート)、헬리콥터(ヘリコプター)、댐(ダム)

　上に示した韓国語の外来語は日本語でも使われる語であるが、日本語の外来語のうち'ガラス、マッチ、パジャマ、ズボン、ポケット、エプロン、ハンカチ、タバコ、ビル、トイレ、ドア、バケツ、ランドセル、ストロー、アイロン、シャベル、ジョウロ、スコップ、カルタ'などのような語は韓国語ではあまり用いられず、一般にそれに対応する固有語、漢語、または、固有語と漢語の混種語が使われている。なお、'カルタ'は日本語特有の外来語である。

　〈3.1〉(抽象的関係)の項目では韓国語が有意に大である。その原因と

してまず考えられるのは、この項目に所属する韓国語に形容詞から派生した副詞が多いことである。その例としては‘이렇다(こうだ)〉이렇게(こう)、그렇다(そうだ)〉그렇게(そう)、저렇다(ああだ)〉저렇게(ああ)、어떻다(どうだ)〉어떻게(どう)、똑같다(同じだ)〉똑같이(同じく)、간단하다(簡単だ)〉간단히(簡単に)、특별하다(特別だ)〉특별히(特別に)、안녕하다(安寧だ)〉안녕히(安寧に)、가깝다(近い)〉가까이(近く)、높다(高い)〉높이(高く)、멀다(遠い)〉멀리(遠く)、빠르다(速い)〉빨리(速く)’などのような語が挙げられる。しかし、日本語には形容詞や形容動詞から派生した副詞はあまり含まれていない。日本語の場合は、形容詞や形容動詞から副詞を派生させる方法は割合簡単である。つまり、その語尾を「く」や「に」に変えれば簡単に副詞を派生させることができ、それは一定している。そのため、そのような副詞を一々提示する必要はなかったと思われる。一方、韓国語の場合は、上記の例を見れば分かるように、副詞の語尾が一定していないので、形容詞から派生した副詞も提示する必要があるわけである。また、指示語においても若干の差が見られる。日本語では「ど」系列の指示語が性質や状態のほかに不定の意味も表わせるのに対して、韓国語ではそれを語によって区別している。韓国語の指示語‘어떻다’と‘아무렇다’はともに日本語の‘どうだ’に対応するが、‘어떻다’は性質や状態の意味を表わすのに、‘아무렇다’は不定の意味を表わすのにそれぞれ用いられる。その派生形‘어떻게(どう)’と‘아무리(どんなに)’も同様である。なお、韓国語に‘내(僕の)、네(君の)、제(私の)’のような冠形詞(日本語の連体詞に相当)や‘한(一の)、한두(一二の)、두(二の)、세(三の)、석(三の)、서너(三四の)、네(四の)、열두(十二の)’のような数冠形詞があることが特徴である。

〈3.3〉(精神および行為)の項目に属する日本語には‘うっかり、うっとり、ぞっと、ふと、へとへと、ぼんやり、うきうき、そわそわ、のびの

び、のんびり、びっくり、ほっと、わくわく、がっかり、どきどき、び
くびく、いらいら、くすくす、しくしく、にこにこ、にっこり、めそめ
そ、きょろきょろ、じろじろ、がやがや、ぶつぶつ、べちゃくちゃ、わ
いわい、てくてく、とぼとぼ、むしゃむしゃ、よちよち、うろうろ、ま
ごまご、もじもじ、ぐずぐず’36語の擬音語・擬態語があるのに対して、
韓国語には‘문득(ふと)、깜짝(びっくり)、빙그레(にっこり)、꾹(ぎゅっ
と)、엉금엉금(のっそりのっそり)、조심조심(恐る恐る)’6語しかない。こ
れを見ると、日本語が韓国語より擬音語・擬態語を多く用いる傾向にあ
るのではないかと思われる。

　〈4.3〉(感動・間投)の項目で日本語が有意に大であるのは、この項目に
属する日本語に‘ありがとうございます、いただきます、いっていらっ
しゃい、いってきます、いらっしゃいませ、おかえりなさい、おはよう
ございます、おめでとうございます、おやすみなさい、ごくろうさま、
ごちそうさまでした、ごめんなさい、こんにちは、こんばんは、さよう
なら、すみません、ただいま’などのようなあいさつ言葉が多く含まれて
いるからである。これは、「小学生基本語彙」を選定するために用いた日
本語の語彙資料にあいさつ言葉が多く採用されているためであるが、韓
国語と比較した場合、日本語のあいさつ言葉に、‘おはよう、こんにち
は、こんばんは’のように、時間帯による区別があることが特徴である。

　〈5〉(接頭辞)の項目では、日本語には‘ぶ(不・無)－、ふ(不)－、なが
(長)－、おお(大)－、こ(小)－、だい(第)－、お(御)－、おん(御)－、ご
(御)－’9語の接頭辞があるのに対して、韓国語には‘제(第)－’1語しかな
い。日本語の接頭辞の中には‘お・おん・ご(御)－’のような尊敬や丁寧の
意味を表わすものがあるが、韓国語にはない形式である。韓国語にも、
文語には‘어전(御前：王の前)、어명(御命：王の命令)’のように尊敬の意

味を表わす接頭辞‘어(御)－’があるが、現代語ではほとんど用いられない用法である。

　〈10〉(補助用言)の項目に属する韓国語は‘듯하다(～ようだ)、않다(～しない)、못하다(～できない)、만하다(～に値する)、대다(～し立てる)、싶다(～たい)、체하다(～ぶる)’7語あるのに対して、日本語は1語もない。この7語のうち‘못하다’のみが本用言としての用法も有し、それ以外は補助用言専用の形式である。このように、補助用言専用の語があることは韓国語の特徴であるといえよう。

　〈9〉(助動詞)、〈12〉(語尾)において有意差が生じた原因は先に述べた通りである。

　以上、小数点以下第1位までの分析において有意差が生じている項目に対して、その原因を考えてみたが、各項目に含まれる語が非常に多いため、上記のように、だいたいの原因しか指摘することができない。しかし、小数点以下第1位まで使った分析は全体的傾向を捉えるには有効な分析法である。さらに細かな差を指摘するためには、小数点以下の桁数を増やして分析を行ってみる必要があるが、そうすると逆に全体的傾向は分からなくなってくる。語彙を記述する上で、全体的に眺めてみた場合の特徴を記述することも大事であるので、小数点以下第1位までの分析も併行して行う必要がある。

1．1．3 小数点以下第2位までの分析

　小数点以下第2位までの意味分野別構造分析を行った結果、x^2検定により10％以下の危険率でその出現に有意差があると認められた項目を示すと、次の[表7]の通りである。

[表7] 小数点以下第2位までの分析において有意差の生じた項目(25項目)

危険率	日本語が有意に大	韓国語が有意に大
0.1%以下	〈1.15〉〈1.30〉〈4.33〉〈9〉	〈2.34〉〈12〉
1%以下	〈1.31〉〈3.30〉	〈1.23〉〈1.27〉〈3.16〉
5%以下	〈1.42〉〈2.13〉〈3.31〉〈3.34〉〈5〉	〈1.20〉〈1.24〉〈1.25〉〈3.10〉〈3.11〉〈3.19〉〈10〉
10%以下	〈1.35〉	〈1.52〉

有意差の生じた各項目について以下に述べる。

〈1.15〉(作用・変化)の項目に属する語のうち、日本語と韓国語の両方に入っている語は'作用、変化、移動、出発、行進、合同、統一、予防、発達、発展'である。なお、'始まり・始め : 시작(始作)、続き : 계속(継続)、動き : 움직임、逆立ち : 물구나무서기、転校 : 전학(転学)、引越し : 이사(移徙)、流れ : 흐름'のような語においては意味の対応が見られる。それ以外に、一方の言語にしか入っていない語を見ると、韓国語にのみある語は'과정(過程)、궤도(軌道)、회로(回路)、교류(交流)、미끄럼(滑ること)、약진(躍進)、왕래(往来 : 行き来)、나들이(外出)、올림(上げ)、연합(連合)、종합(綜合)、문지르기(擦ること)、장애물(障碍物)、향상(向上)'14語であるのに対して、日本語にのみある語は'安定、一定、交換、交替、乗り換え、引き換え、回復、改良、開始、中止、連続、運転、自動、振動、停電、起立、着席、コース、近道、成り行き、寄り道、スタート、速達、到着、発、発車、航海、通行、遠回り、通過、進行、御出で、下り、下校、往復、通勤、早退、退院、出入、入院、入場、カバー、上下、墜落、沈没、集合、集中、組み合わせ、公開、戸締

まり、衝突、摩擦、障害、邪魔、ブレーキ、妨害、防止、破壊、追加、
満員、延期、延長、拡大、短縮、進歩'65語である。全体的に日本語に
のみある語が多いが、そこに外来語が含まれていることが注目される。
日本語にのみある語のうち、'一定、到着、通過、進行'は、韓国語の
「小学生基本語彙」では、'일정(一定)하다(一定している)、도착(到着)하다
(－する)、통과(通過)하다(－する)、진행(進行)되다(－される)'のような形
容詞や動詞の語幹に見られる。

〈1.20〉(人間)の項目で韓国語が有意に大であるのは、主に韓国語の人
称代名詞が原因である。韓国語の一人称代名詞には、'나(僕)、저(私)'
のほかに主格助詞「가(が)」の前にしか現われない'내(僕)、제(私)'があ
る。また、人称代名詞の複数形'너희(君たち)、우리(我々)、저희(私た
ち)'があるが、'우리'は日本語の'我々'と違って単純語であり、'너희、
저희'の「－희」はこの2語にしか見られない接辞である。この'너희、저희'
は、さらに複数表示接尾辞「－들(たち)」を伴って'너희들、저희들'のよう
に使われる場合もある。この点は日本語の'子供－子供たち'に似てい
る。そのため、'너희、우리、저희'は常に1語として認識され、語彙目録
にもそのまま登載される。なお、二人称代名詞には'당신(あなた)、너
(君)'のほかに'자네'があるが、待遇性の面から見ると'당신'と'너'の中間
に位置する。したがって、'당신－자네－너'のように等級を付けることが
できる。それから、韓国語の三人称代名詞で未知と不定を区別する語形
があることが特徴である。'누구'と'아무'はともに日本語の'誰'に対応す
るが、'누구'は未知の場合に、'아무'は不定の場合にそれぞれ用いられ
る。なお、韓国語の人称代名詞には'이 아이(この子)、그 아이(その子)'が
縮約された'애、걔'もある。
　次に、韓国語に同じ意味を表わす語が多いのが特徴である。'꼬마・아
이・애・어린이・어린애(子供)、아가・아기(赤ちゃん)'がそれであるが、そ

のうち、単純語は‘꼬마・아이・아가・아기’で、‘애’は‘아이’の縮約形である。‘어린이’と‘어린애’はともに複合語であるが、語構成を異にする。‘어린이’は形容詞‘어리다(幼い)’の冠形詞形‘어린’に接尾辞「ー이」が結合して形成された語であり、‘어린애’は‘어린’に‘아이’の縮約形「애」が結合して形成された語である。

〈1.23〉(人物)の項目に属する韓国語のうち、特に注目されるのは‘오랑캐(蛮夷)、교포(僑胞)、동포(同胞)、피난민(避難民)、공산주의자(共産主義者)、애국자(愛国者)、열사(烈士)、용사(勇士)、의사(義士)’のような語である。このような語は日本語には入っていない。

〈1.24〉(職業)の項目では、全体的に韓国語にのみある語が多いのであるが、そこに「軍人」を表わす語が多く含まれているのが特徴である。この項目に属する日本語には「軍人」を表わす語が‘兵隊’1語しか入っていないのに対して、韓国語の方は‘군사(軍士)、군인(軍人)、대장(大将)、병사(兵士)、왜병(倭兵)、의병(義兵)、장군(将軍)、장병(将兵)、장수(将帥)’9語入っている。

〈1.25〉(区画)の項目では、韓国語に語種を異にする‘고을・마을(村；固有語)：동네(洞네；混種語)、산골(山골；混種語)：산촌(山村；漢語)、고장(固有語)：지방(地方；漢語)、서울(固有語)：수도(首都；漢語)’のような同義語または類義語があることと、韓国の行政区分を表わす‘시(市)、남도(南道)、북도(北道)、도(道)、동(洞)’のような語があることが有意差の生じた原因である。日本語には行政区分を表わす語として‘県、市’はあるが、‘都、道、府’は入っていない。なお、韓国語に‘고국(故国)、조국(祖国)、일제(日帝)’のような語があることが注目される。

〈1.27〉（機関）の項目では、韓国語に「軍」に関する語が多いのが特徴である。日本語は'軍隊'1語であるのに対して、韓国語は'공군(空軍)、공비(共匪)、공산군(共産軍)、국군(国軍)、군(軍)、군대(軍隊)、부대(部隊)、소련군(蘇連軍)、수군(水軍)、연합군(連合軍)、왜군(倭軍)、음악대(音楽隊)、적군(敵軍)、중공군(中共軍)、해군(海軍)'15語である。

〈1.30〉（心・意識）と〈1.31〉（言動・ことば）の項目に属する日本語には、小数点以下第1位までの分析で述べた日本語特有の漢語以外にも韓国語には入っていない漢語がかなり多い。そのうち、'尊敬・尊重・記憶・解決・確認・理解・区別・発明・想像・判断・発見・指定(以上、〈1.30〉)、発表・朗読(以上、〈1.31〉)'のような漢語は韓国語では'漢語＋하다・되다'の構成をもつ動詞の語幹に見られるが、それを除いても日本語にのみある漢語は多い。なお、これらの項目における日本語に同義・類義の関係にある語が多いのが特徴である。〈1.30〉（心・意識）の項目では'気分・気持ち、気掛かり・心配・不安、信用・信頼、尊敬・尊重、我慢・辛抱、自慢・誇り、希望・望み、心掛け・心構え、御浚い・復習、経験・体験、注意・用心、勘定・計算、仕方・遣り方・方法、仕度・準備・用意'のような語が同義・類義の関係にある。これらの語に対応する韓国語は'기분(気分)、걱정(心配)、염려(念慮：心配)、자랑(自慢)、희망(希望)、복습(復習)、경험(経験)、조심(操心：用心)、주의(注意)、계산(計算)、셈(勘定)、방법(方法)、마련(用意)、준비(準備)'14語である。次に、〈1.31〉（言動・ことば）の項目では、日本語には「名前」を表わす語が'名、名前、氏名、姓名'4語あるのに対して、韓国語には'이름(名前)'1語しかない。韓国語の'이름(名前)'は固有語であるが、日本語に入っている漢語'氏名、姓名'のうち、'氏名'は韓国語ではあまり用いられない語である。なお、'音譜・楽譜、知らせ・通知、書物・図書・本、カレンダー・暦、辞書・辞典、番組・プログラム'のような語は同義・類義の関係にある語である。韓国語

には、'本'に対応する語として'책(冊)'、'カレンダー'に対応する語として'달력(ー暦)'それぞれ1語ずつあるが、それ以外の語は含まれていない。なお、'音譜'と'辞書'は韓国語ではあまり使わない漢語である。この項目に属する日本語'弁解'も同様である。それ以外の語で注目されるのは、日本語の文字を表わす'平仮名、片仮名'と、同じ表記でありながら読みが異なる'文字(もじ)、文字(もんじ)'である。

〈1.35〉(交わり)の項目に属する日韓両言語の固有語を見ると、日本語は'仲直り、見舞い、出迎え、迎え、別れ、頼み、試合、戦い、勝ち、負け、引き分け'11語であるが、韓国語は'어울림(交わり)、싸움(喧嘩)、모임(集い)'3語である。両方とも動詞からの派生語であるが、日本語の'仲直り、見舞い'に対応する韓国語は'화해(和解)、문안(問安)・문병(問病)'のような漢語である。なお、'시합(試合)'は韓国語では漢語扱いされる。ただし、これらの語はこの項目の韓国語には含まれていない。それ以外の語のうち、日本語と韓国語の両方にあるのは'運動会、オリンピック、学芸会、大会、招待、約束、協同、協力、平和、競争、戦争、攻撃、勝利'13語であり、日本語にのみある語は'交際、喧嘩、会、解散、展覧会、欠席、出席、案内、家庭訪問、面会、歓迎、紹介、予約、相談、許可、賛成、犠牲、サービス、決勝、守備、勝負、優勝'22語、韓国語にのみある語は'외교(外交)、투쟁(闘争)、발표회(発表会)、웅변대회(雄弁大会)、총회(総会)、의지(依支：頼り)、용서(容恕：許し)、봉사(奉仕)、안녕(安寧)、국방(国防)、군사(軍事)、남침(南侵)、침략(侵略)'13語である。

〈1.42〉(衣服)の項目に所属する日本語と韓国語を意味の上で対応させ、一方の言語にのみ入っている語を挙げてみると、次の通りである。

・日本語にのみ

毛糸、毛布、タオル、寝巻き、水着、背広、パジャマ、下着、オーバー、コート、シャツ、ジャンパー、スカート、セーター、ワイシャツ、袖、鉢巻、防災頭巾、帯、エプロン、グローブ、ネクタイ、ベルト、上履き、下駄、スリッパ、枕、座布団、風呂敷、財布、包帯、リボン(32語)

・韓国語にのみ

연줄(凧糸)、비단(絹)、한복(韓服)、갑옷(鎧)、옷자락(裾)、왕관(王冠)、털신(防寒靴)、목걸이(ネックレス)(8語)

　日本語に外来語が多く含まれているのが特徴である。

　〈1.52〉(天地)の項目では、韓国語に漢語が多いのが目立つ。日本語は47語中20語が漢語であるのに対して、韓国語は68語中38語が漢語である。そのうち、日本語にのみ見られるのが9語、韓国語にのみ見られるのが27語である。それを示すと、次の通りである。

・日本語にのみ(9語)

天、山脈、陸、温泉、森林、名所、南極、情景、景色

・韓国語にのみ(27語)

위성(衛星)、행성(行星)、지층(地層)、내륙(内陸)、강산(江山)、고지(高地)、굴(窟)、산(山)、산지(山地)、육지(陸地)、지형(地形)、평야(平野)、강(江)、호수(湖水)、남해(南海)、유역(流域)、해양(海洋)、동해(東海)、광산(鉱山)、국토(国土)、산간(山間)、산림(山林)、열대(熱帯)、온대(温

帶)、경치(景致)、광경(光景)、배경(背景)

　上記の日本語9語のうち、'天'と'陸'は韓国語では一語としてはめった
に使わない語であり、'景色'は日本語特有の漢語である。一方、韓国語
27語のうち、'강산(江山)、굴(窟)、산(山)、강(江)、호수(湖水)'は、日本
語では'やまかわ、ほらあな、やま、かわ、みずうみ'のような和語で表
わされる。韓国語にも'강(江)、산(山)'に当たる固有語'가람(江)、뫼(山)'
があることはあるが、ほとんど死語に等しい。なお、'경치(景致)'は日本
語の'景色'とほぼ同じ意味で用いられる漢語であり、'남해(南海)、동해
(東海)'は国土に面している海をその位置によって呼び分けるための語で
ある。その意味で、'경치(景致)、남해(南海)、동해(東海)'はある程度韓
国語に特有な漢語であるといえよう。

　〈2.13〉(整備)の項目に属する日本語には、'揃う－揃える、散らかる－
散らかす、整う－整える、乱れる－乱す、外れる－外す、叶う－叶え
る、緩む－緩める'のように自他の関係にある語が多く含まれている。
しかも、これらの語はすべて単純語である。このように、単純語動詞で
自他の対応が見られるのは日本語の特徴である。韓国語には自他対応の
関係にある単純語動詞はほとんどない。この項目に属する韓国語にも自
他対応の関係にある動詞として'갖추어지다(備わる)－갖추다(備える)'の
ような語があるが、'갖추어지다(備わる)'は'갖추다(備える)'に補助動詞
'지다'が後接して形成された複合動詞である。

　〈2.34〉(行為)の項目で韓国語が有意に大であるのは、この項目に属す
る韓国語に指示語から形成された'이러다・이리하다(こうする)、그러다・
그리하다(そうする)、어찌하다(どうする)'のような動詞や'행동(行動)하다
(－する)、실시(実施)하다(－する)、실천(実践)하다(－する)、활동(活動)

하다(－する)、활약(活躍)하다(－する)、달성(達成)하다(－する)、성공(成功)하다(－する)’のような「漢語＋하다」動詞が多く含まれているからである。この項目の日本語には‘する、行う’2語しかない。

　〈3.10〉(こそあど)の項目に属する韓国語には、小数点以下第1位までの分析で述べた指示語‘어떻다(どうだ；性質・状態)、아무렇다(どうだ；不定)、어떻게(どう)、아무리(どんなに)’や冠形詞‘내(僕の)、네(君の)、제(私の)’のほかに、似たような意味を表わす語として‘바르다・올바르다・옳다(正しい)、참답다(真だ)・참되다(真正だ)’のような語がある。

　〈3.11〉(関係)の項目に属する日本語には「理由」を表わす語が‘どうして、何故’2語あるのに対して、韓国語には‘어째、어째서、어찌、왜’4語の「理由」を表わす語がある。そのうち、‘어째、어째서’は動詞‘어찌하다(どうする)’に連結語尾‘－여、－여서’が接続した‘어찌하여、어찌하여서(どうして)’の縮約形である。なお、日本語の‘一緒に’に対応する韓国語は‘더불어、함께’2語あるが、‘더불어’は動詞‘더불다(連れる・伴う)’に連結語尾‘－어’が接続したものであり、‘함께’はもともと副詞である。また、韓国語には‘같이(同じく)〈같다(同じだ)、다른(異なる；冠形詞)〈다르다(異なる；形容詞)、똑같이(同じく)〈똑같다(同じだ)’のような、形容詞から派生した語が含まれているが、日本語には形容詞からの派生語は入っていない。

　〈3.16〉(時)の項目で韓国語が有意に大であるのは、‘いつも：늘・언제나・밤낮・항상(恒常)、暫く：잠깐・잠시(暫時)、段々：점점(漸漸)・점차(漸次)・차차(次次)、未だ：미처・아직・덜、もう：이미・인제・벌서、先ず：먼저・우선(于先)’のように、日本語と対応関係にある韓国語に類義語が多いことが原因である。

〈3.19〉(量・過不足・程度)、〈3.30〉(意識・感覚)、〈3.31〉(ことば)、〈3.34〉(身上)、〈4.33〉(あいさつ)の項目では、小数点以下第1位までの分析で述べたのと同様の原因で有意差が生じている。つまり、〈3.19〉(量・過不足・程度)の項目では、韓国語に形容詞から派生した副詞と、数冠形詞が多く含まれているため、有意差が生じており、〈3.30〉(意識・感覚)、〈3.31〉(ことば)、〈3.34〉(身上)の項目では、日本語の擬音語・擬態語が有意差の原因である。また、〈4.33〉(あいさつ)の項目では、日本語にあいさつ言葉が多く含まれているため、有意差が生じたのである。

　〈5〉(接頭辞)、〈9〉(助動詞)、〈10〉(補助用言)、〈12〉(語尾)については前項で述べたので、ここでは省略する。

　以上が小数点以下第2位までの分析において有意差が生じた項目であるが、それを見ると、当然のことではあるが、小数点以下第1位までで有意差の生じた項目と関係のある項目で差が生じている。しかし、〈1.15〉(作用・変化)、〈1.52〉(天地)、〈2.13〉(整備)、〈2.34〉(行為)は小数点以下第2位までの分析において新たに有意差を指摘できた項目である。これらの項目と関連する小数点以下第1位までの項目である〈1.1〉(抽象的関係)、〈1.5〉(自然物および自然現象)、〈2.1〉(抽象的関係)、〈2.3〉(精神および行為)で有意差が生じなかった原因は次のように考えられる。それぞれの項目に属する小数点以下第2位までの項目を見ると、最も差が大きいのは〈1.15〉(作用・変化)、〈1.52〉(天地)、〈2.13〉(整備)、〈2.34〉(行為)であるが、それ以外の項目においても、ほとんどの項目で多少の差はあることが分かる。そのため、小数点以下第1位まで使って分類すると、そのような差により〈1.15〉(作用・変化)、〈1.52〉(天地)、〈2.13〉(整備)、〈2.34〉(行為)の差が小さくなるので、結果的に〈1.1〉(抽象的関係)、〈1.5〉(自然物および自然現象)、〈2.1〉(抽象的関係)、〈2.3〉(精神および行為)の項目では有意差が生じなかったと考えられる。このように、項目によって大まかな分類による分析ではその差を指摘できないものがあることが分かる。

1.1.4 小数点以下第3位までの分析

　小数点以下第3位までの意味分野別構造分析を行った結果、x^2検定により10%以下の危険率でその出現に有意差があると認められた項目を示すと、次の[表8]の通りである。

[表8] 小数点以下第3位までの分析において有意差の生じた項目(33項目)

危険率	日本語が有意に大	韓国語が有意に大
0.1%以下	〈4.331〉〈9〉	〈1.274〉〈2.342〉〈12〉
1%以下	〈1.150〉〈3.505〉	
5%以下	〈1.134〉〈1.352〉〈1.454〉 〈2.339〉〈2.368〉〈3.310〉 〈5〉	〈1.241〉〈1.242〉〈2.308〉 〈2.354〉〈3.100〉〈3.160〉 〈3.166〉〈10〉
10%以下	〈1.152〉〈1.306〉〈1.447〉 〈2.133〉〈2.506〉〈3.301〉	〈1.230〉〈1.262〉〈1.360〉 〈1.524〉〈1.553〉

　[表8]の項目のうち、〈1.134〉(調和・調節・混乱など)、〈1.262〉(現場)、〈1.360〉(支配・政治・革命)、〈1.447〉(家具)、〈1.454〉(農工具)、〈1.553〉(枝・葉・花など)、〈2.308〉(計画)、〈2.339〉(動作・立ち居)、〈2.354〉(交わり)、〈2.368〉(待遇)、〈2.506〉(凝り・粘り・澄み)、〈3.505〉(味)は小数点以下第3位までの分析で新たに有意差を指摘できた項目である。これらの項目と関連する小数点以下第1位、第2位までの項目で有意差が生じなかった原因は、小数点以下第2位までの分析で述べた〈1.15〉(作用・変化)、〈1.52〉(天地)、〈2.13〉(整備)、〈2.34〉(行為)の場合と同様である。

　以下においては、新たに有意差を指摘できた項目について述べてみることにする。

　〈1.134〉(調和・調節・混乱など)の項目で日韓両言語に見られる語は'危険、故障'2語で、日本語にのみある語は'緊張、調和、釣り合い、纏まり、整頓、調節、混雑、混乱、人込み、是非、困難、都合'12語、韓国語にのみある語は'균형(均衡)、질서(秩序)'2語である。日本語に動詞からの派生語があることと、'具合・事情'の意味として用いられる'都合'があることが特徴である。韓国語では、'도합(都合)'は'合計'の意味としてしか使わない。

　〈1.262〉(現場)の項目に所属する日本語は'場(じょう)'1語であるが、韓国語は'놀이터(遊び場)、싸움터(戦場)、어장(漁場)、일자리(勤め口)、일터(仕事場)、직장(職場)、진(陣)'7語である。

　〈1.360〉(支配・政治・革命)の項目に属する日本語'指揮、支配、政治'3語は韓国語にも入っているが、韓国語にはそれ以外にも'건국(建国)、공산(共産)、관리(管理)、독재(独裁)、사변(事変)、의거(義挙)、임진왜란(壬辰倭乱：文禄の役)'7語が含まれている。

　〈1.447〉(家具)、〈1.454〉(農工具)の項目に属する日本語と韓国語を対応させてみると、'家具：가구(家具)・箪笥：옷장(一欌)・椅子：의자(椅子)・机：책상(冊床)(以上、〈1.447〉)、針：바늘・団扇：부채・鍵：열쇠(以上、〈1.454〉)'のようになる。それ以外の語は、日本語が'ガス焜炉・腰掛け・炬燵・ストーブ・ソファー・梯子・ヒーター・風呂・ベンチ・冷蔵庫(以上、〈1.447〉)、アイロン・金槌・櫛・シャベル・ジョウロ・スコップ・ブラシ・箒・罠(以上、〈1.454〉)'19語であるのに対して、韓国語は'난로(暖

炉)'(〈1.447〉)1語のみである。日本語に外来語が多いのが目立つ。

　〈1.553〉（枝・葉・花など）の項目では、韓国語に複合語が多いのが特徴である。この項目に属する二字漢語以外の複合語を見ると、日本語には'落葉（おちば）、草花（くさばな）、桜ん坊、花びら'4語の複合語があるが、韓国語には'개나리꽃（連翹の花）、꽃가루（花粉）、꽃송이（花の房）、꽃씨（花の種）、꽃잎（花びら）、나뭇가지（木の枝）、나뭇잎（木の葉）、단풍（丹楓）잎（紅葉）、볍씨（種籾）、빨강꽃（赤い花）、은행（銀杏）잎（銀杏の葉）、풀잎（草の葉）'12語の複合語が含まれている。

　〈2.308〉（計画）、〈2.354〉（交わり）の項目に所属する韓国語は'주장（主張）하다（ーする）・대비（対備）하다（備える）・마련하다・되다（用意する・される）・준비（準備）하다（ーする）・계획（計画）하다（ーする）（以上、〈2.308〉）、단결（団結）하다（ーする）・참가（参加）하다（ーする）・참여（参与）하다（ーする）・협동（協同）하다（ーする）・협력（協力）하다（ーする）・봉사（奉仕）하다（ーする）（以上、〈2.354〉）'のような「名詞＋하다・되다」構成の動詞である。特に、「漢語＋하다」動詞が目立つ。日本語の「小学生基本語彙」には「漢字一字＋する」以外の複合サ変動詞は選定されていない。

　〈2.339〉（動作・立ち居）の項目に属する日韓両言語はすべて固有語動詞であるが、日本語に入っている'拝む、睨む、暴れる、躓く、跨る、跨ぐ、弄る、くすぐる、絞る、抓る、引っ掻く、毟る、齧る、舐める、吐く'などのような動詞に対応する韓国語の動詞がこの意味分野の韓国語には含まれていない。

　〈2.368〉（待遇）の項目に属する韓国語は'보답（報答）하다（報いる）、칭찬（称讃）하다（ーする）、놀리다（からかう）、속다（騙される）'4語であるが、日

本語は'謝る、責める、頼る、煽てる、懲らしめる、叱る、誉める、苛める、労る、脅かす、からかう、誤魔化す、騙す、宥める、冷やかす'15語である。日本語には韓国語'놀리다(からかう)'に対応する語が'からかう、冷やかす'2語ある。なお、ここでも日本語'謝る、責める、頼る、煽てる、懲らしめる、叱る、苛める、労る、脅かす、誤魔化す、宥める'のような動詞に対応する韓国語の動詞がこの意味分野の韓国語には含まれていない。

〈2.506〉(凝り・粘り・澄み)の項目に所属する韓国語は'뭉치다(固める)'1語のみであるが、日本語は'固まる、固める、凝る、澄む、澄ます、濁る、粘る'7語である。そのうち、日本語'澄む'に対応する韓国語は'맑다(澄んでいる)'という形容詞である。なお、'澄ます、濁る'は韓国語では形容詞'맑다(澄んでいる)、흐리다(濁っている)'に補助動詞'하다(する)、지다(なる)'を後接して'맑게 하다、흐려 지다'のように表わす。また、'固まる−固める、澄む−澄ます'のような語には自他の対応が見られる。

〈3.505〉(味)の項目に属する韓国語は'맛있다(おいしい)'1語のみであるのに対して、日本語は'甘い、うまい、おいしい、辛い、さっぱり、塩辛い、渋い、しょっぱい、すっぱい、苦い、まずい'11語である。そのうち、'うまい・おいしい、塩辛い・しょっぱい'は同義語である。

1. 1. 5 小数点以下第4位までの分析

小数点以下第3位までの意味分野別構造分析を行った結果、x^2検定により10%以下の危険率でその出現に有意差があると認められた項目を示すと、次の[表9]の通りである。

[表9] 小数点以下第4位までの分析において有意差の生じた項目(42項目)

危険率	日本語が有意に大	韓国語が有意に大
0.1%以下	〈4.3310〉〈8.0050〉	〈8.0080〉〈12.0060〉〈12.0070〉
1%以下	〈3.5050〉〈8.0070〉	〈1.2740〉〈2.3420〉
5%以下	〈1.1503〉〈1.3066〉〈1.3162〉 〈1.4540〉〈3.3100〉	〈1.1770〉〈1.1912〉〈1.2420〉 〈2.1584〉〈2.3701〉〈3.1000〉 〈3.1600〉〈3.1660〉〈12.3590〉
10%以下	〈1.1730〉〈1.3062〉〈1.3123〉 〈1.4470〉〈2.1330〉〈2.1550〉 〈2.5060〉〈8.0020〉〈8.0040〉	〈1.1650〉〈1.2620〉〈1.3600〉 〈1.5240〉〈1.5530〉〈2.3021〉 〈2.3065〉〈2.3540〉〈8.0010〉 〈12.0080〉

　[表9]の項目のうち、〈1.1650〉(順序)、〈1.1730〉(方向・たてよこ)、〈1.1770〉(内外)、〈1.1912〉(整数・対数など)、〈2.1550〉(合い・組み・解け)、〈2.1584〉(増減)、〈2.3021〉(対人感情)、〈2.3065〉(思考・認識・知解)、〈2.3701〉(所有・取得)、〈8.0010〉(格助詞)、〈8.0020〉(並列助詞)、〈8.0040〉(接続助詞)、〈8.0050〉(終助詞・間投助詞)、〈8.0070〉(副助詞)、〈8.0080〉(補助詞)は小数点以下第4位までの分析で新たに有意差を指摘できた項目である。これらの項目と関連する小数点以下第1位〜第3位までの項目で有意差が生じなかった原因は、小数点以下第2位までの分析で述べた〈1.15〉(作用・変化)、〈1.52〉(天地)、〈2.13〉(整備)、〈2.34〉(行為)の場合と同様である。

　ここでも、新たに有意差を指摘できた項目について述べてみることにする。

　〈1.1650〉(順序)の項目では、韓国語に'첫째(一番目)、둘째(二番目)、셋째(三番目)、빗째(四番目)、다섯째(五番目)'のような語が入っているため

有意差が生じている。

〈1.1730〉(方向・たてよこ)の項目に属する日本語には'こちら・こっち、そちら・そっち、あちら・あっち、どちら・どっち、逆さ・逆様'のような同義語が多く含まれている。

〈1.1770〉(内外)の項目に属する日本語と韓国語を対応させてみると、'内(うち) : 속・안、外(そと) : 밖・바깥、内部 : 내부(内部)、中(ちゅう) : 중(中)'のようになる。その他に、日本語は'外部'1語しかないのに対し、韓国語は'교내(校内)、물속(水中)、바깥쪽(外側)、바닷속(海中)、시내(市内)、실내(室内)、안쪽(内側)、안팎(内外)、읍내(邑内)'9語ある。

〈1.1912〉(整数・対数など)の項目に属する日本語は1語もないが、韓国語は'분모(分母)、분수(分数)、소수(小数)、정수(整数)、짝수(−数 : 偶数)、홀수(−数 : 奇数)'6語ある。これらの語はすべて数学関係の語である。

〈2.1550〉(合い・組み・解け)の項目に属する日本語には'解ける(とける)−解く(とく)、解ける(ほどける)−解く(ほどく)、放れる−放す'のように自他対応の関係にある語が含まれている。

〈2.1584〉(増減)、〈2.3021〉(対人感情)、〈2.3065〉(思考・認識・知解)、〈2.3701〉(所有・取得)の項目に属する韓国語はすべて日本語の複合サ変動詞に相当する動詞である。特に、二字漢語を語幹にもつ語が多い。それを示すと、〈2.1584〉(増減)に属するのは'발달(発達)되다(−する)、발달(発達)시키다(−させる)、발달(発達)하다(−する)、발전(発展)되다(−する)、발전(発展)시키다(−させる)、발전(発展)하다(−する)、향상(向上)시

키다(-させる)'7語、〈2.3021〉(対人感情)に属するのは'감사(感謝)하다(-
する)、감상(鑑賞)하다(-する)、숭상(崇尚)하다(崇める)、존경(尊敬)하다
(-する)、존중(尊重)하다(-する)'5語、〈2.3065〉(思考・認識・知解)に属
するのは'관찰(観察)하다(-する)、발명(発明)되다(-される)、발명(発明)
하다(-する)、연구(研究)하다(-する)、조사(調査)하다(-する)'5語、
〈2.3701〉(所有・取得)に属するのは'간직하다(保管する)、보관(保管)하다
(-する)、예금(預金)하다(-する)、저금(貯金)하다(-する)、저축(貯蓄)
하다(-する)、차지하다(占める)'6語である。

　助詞に対するコードのうち、〈8.0020〉(並列助詞)、〈8.0050〉(終助詞・
間投助詞)、〈8.0070〉(副助詞)、〈8.0080〉(補助詞)の項目で有意差が生じ
たのは、日本語と韓国語の助詞分類が異なるためである。つまり、並列
助詞、終助詞・間投助詞、副助詞は日本語における助詞の分類で、補助
詞は韓国語における助詞の分類である。なお、〈8.0010〉(格助詞)、
〈8.0040〉(接続助詞)の項目では、日韓両言語においてそのような助詞が
多いか少ないかによって有意差が生じている。

　以上、小数点以下第1位〜第4位までの分析をそれぞれ行ってみた。そ
のうち、最も細かく差を指摘できたのは小数点以下第4位までの分析で
ある。ここまで見ると、差を細かく指摘するには小数点以下第4位まで
使った分析で十分であると思われるかもしれないが、小数点以下第3
位、第4位までの分析結果をまとめた[表8]と[表9]を比較してみると、小
数点以下第4位までで有意差の生じた項目の中に、小数点以下第3位まで
で有意差が生じている〈1.134〉(調和・調節・混乱など)、〈1.152〉(過程・移
動・通行など)、〈1.230〉(人種・民族・国民・住民)、〈1.241〉(職業)、
〈1.352〉(対面・応接・紹介など)、〈2.308〉(計画)、〈2.339〉(動作・立ち
居)、〈2.368〉(待遇)、〈3.301〉(驚き・楽しい・快い)、〈5〉(接頭辞)、〈9〉

(助動詞)、〈10〉(補助用言)の項目と関連するものがないことが分かる。

　次に、その原因を考えてみることにする。

　上記の小数点以下第3位までの項目に所属する小数点以下第4位までの項目の所属語数を示すと、[表10]の通りである。

[表10]

分類	日本語		韓国語	
	単位数	割合	単位数	割合
1.1340	4	0.10	2	0.05
1.1341	2	0.05	0	0.00
1.1342	3	0.07	0	0.00
1.1343	1	0.02	0	0.00
1.1344	4	0.10	2	0.05
1.134計	14	0.34	4	0.10
1.1520	4	0.10	3	0.07
1.1521	9	0.22	4	0.10
1.1522	4	0.10	2	0.05
1.1523	1	0.02	2	0.05
1.1524	1	0.02	0	0.00
1.1526	1	0.02	1	0.02
1.1527	3	0.07	0	0.00
1.1528	2	0.05	1	0.02
1.152計	25	0.60	13	0.31
1.2300	1	0.02	3	0.07
1.2301	2	0.05	7	0.17
1.230計	3	0.07	10	0.24
1.2410	9	0.22	11	0.26
1.2411	3	0.07	2	0.05

分類	日本語		韓国語	
	単位数	割合	単位数	割合
1.2412	0	0.00	1	0.02
1.2413	2	0.05	8	0.19
1.2416	0	0.00	3	0.07
1.2417	2	0.05	4	0.10
1.2418	0	0.00	1	0.02
1.2419	1	0.02	2	0.05
1.241計	17	0.41	32	0.77
1.3520	5	0.12	1	0.02
1.3521	4	0.10	0	0.00
1.3523	1	0.02	0	0.00
1.352計	10	0.24	1	0.02
2.3080	0	0.00	1	0.02
2.3083	0	0.00	4	0.10
2.3084	0	0.00	1	0.02
2.308計	0	0.00	6	0.14
2.3390	6	0.15	3	0.07
2.3391	4	0.10	3	0.07
2.3392	8	0.19	3	0.07
2.3393	15	0.36	10	0.24
2.3394	11	0.27	7	0.17
2.339計	44	1.06	26	0.63
2.3681	3	0.07	1	0.02
2.3682	4	0.10	1	0.02
2.3683	8	0.19	2	0.05
2.368計	15	0.36	4	0.10

分類	日本語		韓国語	
	単位数	割合	単位数	割合
3.3010	19	0.46	11	0.26
3.3011	12	0.29	8	0.19
3.3012	11	0.27	8	0.19
3.301計	42	1.02	27	0.65
5.1120	1	0.02	0	0.00
5.1200	1	0.02	0	0.00
5.1920	1	0.02	0	0.00
5.1921	2	0.05	0	0.00
5.1960	1	0.02	1	0.02
5.3590	3	0.07	0	0.00
5計	9	0.22	1	0.02
9.0010	4	0.10	0	0.00
9.0020	1	0.02	0	0.00
9.0050	1	0.02	0	0.00
9.1110	1	0.02	0	0.00
9.1140	1	0.02	0	0.00
9.1200	1	0.02	0	0.00
9.1300	1	0.02	0	0.00
9.3012	1	0.02	0	0.00
9.3590	2	0.05	0	0.00
9.3670	1	0.02	0	0.00
9計	14	0.34	0	0.00
10.1140	0	0.00	1	0.02
10.1200	0	0.00	1	0.02
10.1230	0	0.00	1	0.02

分類	日本語		韓国語	
	単位数	割合	単位数	割合
10.1330	0	0.00	1	0.02
10.1400	0	0.00	1	0.02
10.3012	0	0.00	1	0.02
10.3042	0	0.00	1	0.02
10計	0	0.00	7	0.17

　[表10]のように、上記の小数点以下第3位までの項目を小数点以下第4位まで使って分類すると、母集団における比重が小さくなるため、小数点以下第4位までの分析では有意差が生じなくなるのである。これらの項目は、小数点以下第2位までの分析で述べた〈1.15〉（作用・変化）、〈1.52〉（天地）、〈2.13〉（整備）、〈2.34〉（行為）の場合とちょうど反対である。このことから、分類を細かくすると捉えられない差があることが分かる。したがって、小数点以下第4位まで使った分析でもすべての差を指摘することはできないのである。

　以上のことを考え合わせると、意味分野別構造分析法によりすべての差を指摘するためには、小数点以下第1位〜第4位までの分析が全部必要であるといえる。そこで、すべての差を指摘するための分析方法として、小数点以下第1位〜第4位までの意味分野別構造分析を全部行い、それぞれの分析結果を互いに比較してみることを提案したいと思う。そうすることにより、小数点以下の桁数が少ない方の分析において有意差が生じた項目に対し、小数点以下の桁数が多い方の分析によりその差をさらに細かく見ることができるのであり、また、小数点以下の桁数が多い方の分析において捉えられない差は小数点以下の桁数が少ない方の分析から補うことができるのである。

　次に、有意差が生じた原因を考える時、小数点以下第1位〜第4位までの分析において有意差が生じている項目のうち、どの項目を対象とするのがよいかについて述べる。

　小数点以下第1位～第4位までの分析において、互いに関連する項目で有意差が生じている場合は、小数点以下の桁数が多い項目を対象とするのが適切であると思われる。その方が差の原因を探りやすく、その原因はそれより小数点以下の桁数が少ない項目における差の原因にも繋がっていくからである。しかし、小数点以下第1位～第4位までのいずれかの分析においてのみ有意差が生じている項目はそれを対象にするしかない。

　このような考えから、差の原因を考察する時、対象とする項目をまとめたのが[表11]である。

[表11]

分類	主たる意義	日本語	韓国語
1.134	調和・調節・混乱など	14	4
1.1503	変換	6	0
1.152	過程・移動・通行など	25	13
1.1650	順序	3	10
1.1730	方向・たてよこ	15	6
1.1770	内外	5	15
1.1912	整数・対数など	0	6
1.20	人称・自他・人間など	40	63
1.230	人種・民族・国民・住民	3	10
1.241	職業	17	32
1.2420	軍人	1	9
1.25	公私・家・郷里など	24	42
1.2620	現場	1	7
1.2740	軍	1	15
1.3062	注意・認識・了解	11	3

分類	主たる意義	日本語	韓国語
1.3066	想像・推測・判断など	10	2
1.3123	伝達・報知	9	2
1.3162	辞書・目録・暦	8	1
1.352	対面・応接・紹介など	10	1
1.3600	支配・政治・革命	3	10
1.42	衣料・布・織物など	55	32
1.4470	家具	14	5
1.4540	農工具など	12	3
1.5240	地形・山野	14	27
1.5530	枝・葉・花など	21	37
2.1330	取合せ・つりあい	5	0
2.1550	合い・組み・解け	15	6
2.1584	増減	0	7
2.3021	対人感情	0	5
2.3065	思考・認識・知解	0	5
2.308	計画	0	6
2.339	動作・立ち居	44	26
2.3420	行為	2	17
2.3540	交わり	0	5
2.368	待遇	15	4
2.3701	所有・取得	0	6
2.5060	凝り・粘り・澄み	7	1
3.1000	こそあど	20	39
3.11	関係	14	29
3.1600	時	6	18
3.1660	久しい・若い・早い	2	10
3.19	量・程度	99	131
3.301	驚き・楽しい・快い	42	27

分類	主たる意義	日本語	韓国語
3.3100	ことば	7	0
3.34	身上	42	25
3.5050	味	11	1
4.3310	あいさつ	18	0
5	（接頭辞）	9	1
8.0010	（格助詞）	10	21
8.0020	（並列助詞）	5	0
8.0040	（接続助詞）	14	5
8.0050	（終助詞・間投助詞）	13	0
8.0070	（副助詞）	9	0
8.0080	（補助詞）	0	13
9	（助動詞）	14	0
10	（補助用言）	0	7
12.0060	（終結語尾）	0	41
12.0070	（連結語尾）	0	46
12.0080	（転成語尾）	0	5
12.3590	（尊敬・丁寧の語尾）	0	6

1．2 語種の観点の導入

　どんな言語でもその語彙に外来の要素を含んでいないものはないといっても過言ではない。そのため、本来の語と他の言語から入ってきた語との関係を明らかにすることは語彙の体系や特徴を記述する上で極めて重要なことであるが、その時、用いられるのが語種の観点である。語種の面から見た日韓両言語の語彙は固有語、漢語、外来語、混種語から構成されている。佐藤亨(1993)は、国立国語研究所の雑誌九十種の語彙調査によって、異なり語と延べ語の語種構成([表12]、[表13])を比較し、異なり語では漢語が和語より多いのに対し、延べ語ではその逆であることから、実際の使用の面においては、漢語は和語に及ばないと述べている。これは、和語に繰り返し使われる語、つまり使用頻度の高い語が多いからである。このことから、使用頻度の高い、基本的な語においては和語が漢語より優勢であることが分かる。

[表12] 異なり

語種	語数	割合
和語	11,134	36.7
漢語	14,407	47.5
外来語	2,964	9.8
混種語	1,826	6.0
合計	30,331	100

[表13] 延べ

語種	語数	割合
和語	221,875	53.9
漢語	170,033	41.3
外来語	12,034	2.9
混種語	8,030	1.9
合計	411,972	100

［表12］、［表13］ともに佐藤亨(1993)p. 9から引用

　なお、金光海(1989)は、文教部(1956)の『우리말　말수　사용의　잦기조사(韓国語語彙使用頻度調査)』(総語数56,069語)における頻度順位1000までの固有語と漢語の構成比([表14])を調べ、出現頻度が高い語においては固有語の割合が漢語より高いが、頻度が低くなるにつれ、漢語の割合が次第に高くなることを明らかにしている。特に、使用頻度1の語(頻度順位34314〜56069)では漢語が90％以上を占めると述べている。使用頻度が高いということは基本度が高いことであるので、韓国語でも日本語と同様に基本的な語においては固有語が漢語より優勢であるといえよう。

[表14] 文教部(1956)における頻度順位1000までの固有語と漢語の構成比

頻度順位	固有語数	漢語数	漢語累計
1~100	94	6	6
101~200	73	27	33
201~300	66	34	67
301~400	62	38	105
401~500	68	32	137
501~600	61	39	176
601~700	52	48	224
701~800	58	42	266
801~900	52	48	314
901~1000	46	54	368

金光海(1989)p.107から抄出

　上記のように、基本的な語において固有語が漢語より優勢であることは日韓両言語が共通しているが、「小学生基本語彙」の語種別構成([表15]、[グラフ1])を見てもそのことが分かる。

[表15]「小学生基本語彙」の語種別構成

語種	日 本 語		韓 国 語	
	語 数	割 合	語 数	割 合
固有語	2359	57.1	2285	54.9
漢語	1421	34.4	1373	33.0
外来語	209	5.1	57	1.4
混種語	144	3.5	444	10.7
合計	4133	100	4159	100

[グラフ1]「小学生基本語彙」の語種別構成

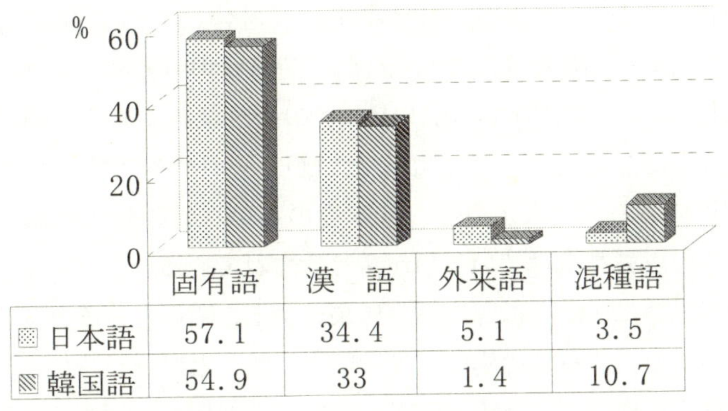

　[表15]と[グラフ1]を見ると、日韓両言語とも固有語が漢語を大きく引き離しているが、これは「小学生基本語彙」がそれぞれの言語にとって最も基本的といえる語を選定したものであるからである。それにしても、漢語が3割以上であることを見ると、日韓両言語におけるその役割が大きいことが分かる。一方、固有語や漢語に比して、外来語の割合は微々たるものであるが、これにはその流入の歴史が浅いことが関係していると思われる。

　次に、「小学生基本語彙」の語種別構成における日本語と韓国語の差を見ると、固有語と漢語における差はそれほど大きくないが、外来語と混種語では比較的大きな差が見られる。日本語の外来語には'ガソリンスタンド〔gasoline　stand〕、ポスト〔post〕、サッカー〔soccer〕、エプロン〔apron〕、ハンカチ〔handkerchief〕、トイレ〔toilet〕、ドア〔door〕'などのような、韓国語ではあまり使わない語が多く含まれている。このことから、日本語が韓国語より外来語を多く用いる傾向にあることが分かる。なお、混種語では韓国語の「小学生基本語彙」に「名詞＋하다」、中でも、「漢語＋하다」の構成をもつ語が非常に多いため、韓国語の混種語の割合が日本語のそれより大きくなっているのである。その中には'대신(代身)하다(代わる)、망(亡)하다(亡びる)、시작(始作)하다(始める)、계속(継続)하다(続ける)、의심(疑心)하다(疑う)、정(定)하다(定める)、대답(対答)하다(答える)、권(勧)하다(勧める)、이상(異常)하다(おかしい)、약(弱)하다(弱い)'などのような語がある。韓国語にはこのような語に対応する固有語がないが、それに対応する日本語はすべて和語である。このように、基本度の高い、韓国語の動詞や形容詞には漢語の影響を受けている語が多く含まれている。

　上記のように、語種は固有語と外来の語との関係を知る上で有効な観点ではあるが、語種別の構成だけでは大したことは分からない。さらに詳しく見るためには、語種と意味とを合わせて考える必要がある。

　語種と意味分野との関係を明らかにした研究としては宮島達夫(1977・1980)がある。氏は、国立国語研究所の現代雑誌九十種の調査資料を意味分野によって分類し、その中をさらに語種別に分け、分析した結果から、〈1.〉(体の類)の語種別構成([グラフ2])において、和語は〈1.5〉(自然物および自然現象)、漢語は〈1.3〉(人間活動)、外来語は〈1.4〉(生産物および用具)の各項に、それぞれ特に多いことを明らかにしている。なお、〈1.5〉(自然物および自然現象)の項目に属する語の半分以上は、新しい

名付けの必要がない「頭、目、耳、口、手、足」といった、体の部分の名
前であり、漢語は〈1.1〉(抽象的関係)や〈1.3〉(人間活動)の意味を表わす
抽象名詞に多いが、雑誌九十種の語彙調査の調査単位がいわゆるβ単位
であったため、「出発する」「研究する」のようなサ変動詞の語幹として用
いられている漢語や、「自動車」「印刷機」などのような道具の名前におけ
る漢語も切り離されて1単位として扱われていることも、〈1.1〉(抽象的
関係)と〈1.3〉(人間活動)における漢語の比率が大きくなっている原因と
して働いていると述べている。

[グラフ2] 雑誌九十種の〈1.〉(体の類)の語種別構成

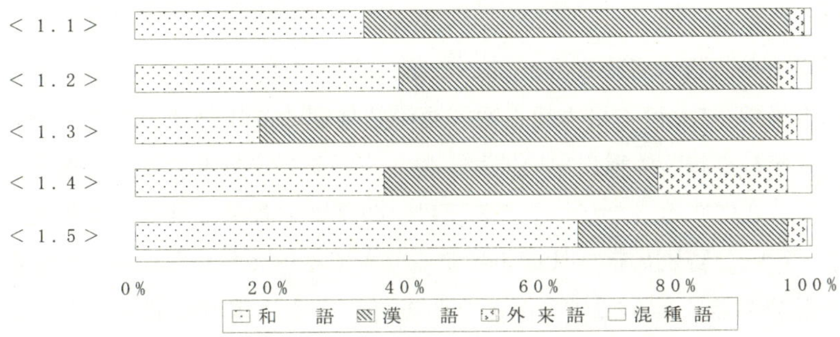

宮島達夫(1980)p.5のグラフを若干変更

　このように、語種と意味の観点を合わせて分析を行うと、意味分野に
よってどの語種が大きな割合を占めるかが分かり、その原因を考えるこ
とにより、語種間の関係や語種別の役割をさらに詳しく見ることができ
るのであるが、同様の方法で語種の構成が互いに類似している日本語と
韓国語の語彙の語種別の意味分野別構造を比較すると、それぞれの言語
における語種別の特徴だけでなく、同じ語種においてもどの意味分野が
特徴的であるかを細かく指摘することができると思われる。
　日本語と韓国語の語彙の比較研究において、意味の観点と語種の観点

を合わせた分析を行ったのは宋永彬(1993)が最初である。宋永彬(1993)では、日本語と韓国語の小学校全過程の国語教科書の語彙調査から得られた語彙のうち、固有語と漢語を対象として『分類語彙表』の意味番号を与え、それを集計し比較することによって、整数部分を除いた小数点以下第1位までのすべての意味分野で韓国語の漢語の割合が日本語のそれより高いことを明らかにしている。また、整数部分も含めた小数点以下第2位までの意味分野別の語種構成(ただし、固有語と漢語のみ)から見た日本語と韓国語の類似点および相違点について詳しく述べている。この研究は、日本語と韓国語の語彙の比較研究において、意味と語種の観点を合わせた分析法が有効であることを示すものとしてその成果は大きいといえる。

　以上のような考えから、ここでは、前項に述べた方法により「小学生基本語彙」における日本語と韓国語の語種別の意味分野別構造分析を行い、それぞれの語種において差が生じている意味分野を細かく指摘してみることにする。ただし、ここでは、語種別の意味分野別構造分析により、意味分野別の構成比のみによる分析では捉えられなかった差を新たに指摘することができるかどうかを見ることに重点を置く。したがって、有意差が検定される項目に対して、その原因までは触れないことにする。

　以下の表における網掛けの項目は、前項同様、x^2検定により、10%以下の危険率でその出現に有意差があると認められる項目である。

　それでは、まず、小数点以下第1位まで使った分析を行ってみることにする。

　[表16]が小数点以下第1位までの語種別の意味分野別構造である。[表16]の合計で、太枠で囲ってある項目は、語種の観点を取り入れずに、意味分野別の構成比のみによる分析を行った結果、10%以下の危険率で有意の差があると認められる項目である(以下同様)が、それぞれの項目

に対して、どの語種で差が生じているかを参考にすると、有意差が生じた原因を究明することが一層容易になると思われる。なお、〈1.5〉(自然物および自然現象)の外来語と混種語、〈2.1〉(抽象的関係)と〈2.3〉(精神および行為)の固有語と混種語における差は、語種別の意味分野別構造分析において新たに差を指摘できたものである。このように、語種別の意味分野別構造分析は、意味分野別の構成比のみによる分析において有意差が生じている項目に対して、その原因を考える時、役立つばかりでなく、新たな差も指摘することができるので、語彙の特徴を詳細に記述するためには必ず必要になってくると思われる。

[表16] 小数点以下第1位までの語種別の意味分野別構造

分類	固有語		漢語		外来語		混種語		合計	
	日	韓	日	韓	日	韓	日	韓	日	韓
1.1	238	232	389	361	21	12	12	22	660	627
1.2	84	95	134	239	8	3	8	19	234	356
1.3	146	125	502	387	32	3	18	16	698	531
1.4	164	157	146	191	126	34	20	29	456	411
1.5	263	301	118	130	21	5	9	22	411	458
2.1	470	408					12	66	482	474
2.3	378	275					8	150	386	425
2.5	89	76					2	5	91	81
3.1	188	278	77	40			22	64	287	382
3.2			0	1					0	1
3.3	118	65	40	10			19	40	177	115
3.5	69	62	4	1			4	10	77	73
4.1	22	20	0	1			0	1	22	22

分類	固有語		漢語		外来語		混種語		合計	
	日	韓	日	韓	日	韓	日	韓	日	韓
4.3	39	29	5	8	1	0	9	0	54	37
5	5	0	4	1					9	1
7	8	3	2	3					10	6
8	65	52							65	52
9	13	0					1	0	14	0
10	0	7							0	7
12	0	100							0	100
総計	2359	2285	1421	1373	209	57	144	444	4133	4159

次に、それぞれの語種における差をさらに細かく見るために、小数点以下第2位〜第4位までの語種別の意味分野別構造分析において、10%以下の危険率でその出現に有意差があると認められた項目を示すと、[表17]〜[表19]のようになる。

[表17] 小数点以下第2位までの語種別の意味分野別構造

分類	固有語		漢語		外来語		混種語		合計	
	日	韓	日	韓	日	韓	日	韓	日	韓
1.15	18	7	62	24	4	0			84	31
1.17	63	62	40	50	0	1	1	9	104	122
1.20	21	38	18	25			1	0	40	63
1.21	29	24	12	19			0	7	41	50
1.23	6	8	10	28			2	3	18	39
1.24	4	8	27	50			3	2	34	60
1.25	8	8	16	32			0	2	24	42

分類	固有語		漢語		外来語		混種語		合計	
	日	韓	日	韓	日	韓	日	韓	日	韓
1.27			10	33			1	0	11	33
1.30	49	46	176	113	2	0	3	2	230	161
1.31	19	13	77	48	7	1	5	4	108	66
1.33	37	37	53	52	18	1	4	4	112	94
1.35	11	3	33	25	2	1			46	29
1.40	8	1	7	9			1	0	16	10
1.41	24	28	11	24	11	6	1	4	47	62
1.42	22	19	12	10	18	0	3	3	55	32
1.43	12	18	18	18	19	1	0	4	49	41
1.44	24	12	22	32	11	1	3	6	60	51
1.45	52	49	31	56	39	14	9	8	131	127
1.46	10	10	23	25	24	11	0	2	57	48
1.52	26	25	20	38	1	0	0	5	47	68
1.55	48	71	13	18	11	2	3	4	75	95
1.56	50	74	15	11	6	0	1	6	72	91
2.12	32	25					2	12	34	37
2.13	24	8					1	3	25	11
2.15	364	340					3	38	367	378
2.30	132	89					6	60	138	149
2.31	28	22					0	12	28	34
2.33	70	50					1	8	71	58
2.34	2	16					0	8	2	24
2.35	35	25					0	21	35	46
2.36	32	12					1	10	33	22
2.37	37	30					0	10	37	40
2.38	39	28					0	18	39	46
3.10	17	39	9	4			2	6	28	49
3.11	9	24	4	2			1	3	14	29

分類	固有語		漢語		外来語		混種語		合計	
	日	韓	日	韓	日	韓	日	韓	日	韓
3.13	15	15	17	4			6	21	38	40
3.16	35	60	6	14			5	4	46	78
3.19	64	103	29	12			6	16	99	131
3.30	73	42	8	2			11	12	92	56
3.33	11	7	2	1			0	6	13	14
3.34	24	14	13	1			5	10	42	25
3.36	1	0	7	1			1	3	9	4
3.37	4	2	8	3			1	8	13	13
4.33	8	0	0	1	1	0	9	0	18	1
5	5	0	4	1					9	1
9	13	0					1	0	14	0
10	0	7							0	7
12	0	100							0	100

[表18] 小数点以下第3位までの語種別の意味分野別構造

分類	固有語		漢語		外来語		混種語		合計	
	日	韓	日	韓	日	韓	日	韓	日	韓
1.150	5	0	12	4					17	4
1.151	2	2	6	0					8	2
1.165	4	12	6	6					10	18
1.173	19	6	3	10			0	4	22	20
1.196	2	10	30	25	7	8	1	1	40	44
1.200	8	18	1	1			1	0	10	19
1.203	4	1	0	6					4	7
1.205	4	12	4	5					8	17
1.241	2	6	12	26			3	0	17	32
1.242			1	9					1	9

分類	固有語		漢語		外来語		混種語		合計	
	日	韓	日	韓	日	韓	日	韓	日	韓
1.253	1	1	4	12					5	13
1.274			1	15					1	15
1.304	11	3	30	25					41	28
1.306	6	7	48	29	1	0	0	2	55	38
1.332	7	1	4	3	1	0	0	1	12	5
1.337	16	20	10	16	16	1	1	3	43	40
1.360			3	10					3	10
1.401	5	0	3	2					8	2
1.423	2	3			8	0	0	1	10	4
1.434	1	0	2	2	6	0	0	1	9	3
1.450	2	1	2	9					4	10
1.451	15	8	5	15	3	0	0	4	23	27
1.454	7	3			5	0			12	3
1.471	4	8	11	2	1	0	0	1	16	11
1.552	22	38	7	4	11	2	2	1	42	45
2.150	25	19					0	7	25	26
2.152	67	68					2	13	69	81
2.158	28	28					0	8	28	36
2.302	10	5					1	7	11	12
2.305	9	6					0	5	9	11
2.306	35	21					1	28	36	49
2.309	20	15					0	6	20	21
2.313	9	7					0	5	9	12
2.339	44	26							44	26
2.342	2	16					0	1	2	17
2.352	10	4					0	5	10	9

分類	固有語		漢語		外来語		混種語		合計	
	日	韓	日	韓	日	韓	日	韓	日	韓
2.353	13	11					0	6	13	17
2.354							0	6	0	6
2.368	15	2					0	2	15	4
2.370	8	10					0	5	8	15
2.385	15	9					0	8	15	17
2.506	7	1							7	1
3.100	13	33	6	3			1	3	20	39
3.112	3	11	2	0			0	1	5	12
3.134	5	4	3	1			3	10	11	15
3.166	4	14							4	14
3.195	8	21	6	0			0	4	14	25
3.199	17	33	16	7			5	9	38	49
3.341	5	0					0	1	5	1
3.370	4	2	8	3			1	8	13	13
3.505	11	1							11	1
4.331	8	0			1	0	9	0	18	0
5	5	0	4	1					9	1
9	13	0					1	0	14	0
10	0	7							0	7
12	0	100							0	100

[表19] 小数点以下第4位までの語種別の意味分野別構造

分類	固有語		漢語		外来語		混種語		合計	
	日	韓	日	韓	日	韓	日	韓	日	韓
1.1650	0	7	3	3					3	10
1.1730	13	5	2	1					15	6
1.1731	6	1	1	9			0	4	7	14

分類	固有語		漢語		外来語		混種語		合計	
	日	韓	日	韓	日	韓	日	韓	日	韓
1.1770	2	9	3	6					5	15
1.2000	8	18	1	1			1	0	10	19
1.2030	4	1	0	6					4	7
1.2050	4	12	4	5					8	17
1.2420			1	9					1	9
1.2530	1	1	4	12					5	13
1.2740			1	15					1	15
1.3062	1	0	10	3					11	3
1.3064	0	5	5	2					5	7
1.3320	7	1	4	3	1	0	0	1	12	5
1.3374	4	7	5	10	11	1			20	18
1.3600			3	10					3	10
1.3850	2	2	9	2					11	4
1.4010	5	0	3	2					8	2
1.4230	2	3			8	0	0	1	10	4
1.4340	1	0	2	2	6	0	0	1	9	3
1.4500	2	1	2	9					4	10
1.4540	7	3			5	0			12	3
1.4710	4	8	11	2	1	0	0	1	16	11
1.5520	22	38	7	4	11	2	2	1	42	45
2.1550	15	4					0	2	15	6
2.1584							0	7	0	7
2.3021							0	5	0	5
2.3062	15	8					0	6	15	14
2.3063	6	0					0	8	6	8
2.3065							0	5	0	5
2.3420	2	16					0	1	2	17
2.3540							0	5	0	5

分類	固有語		漢語		外来語		混種語		合計	
	日	韓	日	韓	日	韓	日	韓	日	韓
2.3851	10	3					0	2	10	5
2.3852	4	3					0	5	4	8
2.5060	7	1							7	1
3.1000	13	33	6	3			1	3	20	39
3.1120	3	11	2	0			0	1	5	12
3.1340	5	4	3	1			3	10	11	15
3.1660	2	10							2	10
3.1950	8	21	6	0			0	4	14	25
3.1990	2	3	3	1			0	5	5	9
3.1993	7	17	7	2			5	2	19	21
3.3410	5	0					0	1	5	1
3.3700	4	2	8	3			1	8	13	13
3.5050	11	1							11	1
4.3310	8	0			1	0	9	0	18	0
8.0010	10	21							10	21
8.0020	5	0							5	0
8.0040	14	5							14	5
8.0050	13	0							13	0
8.0070	9	0							9	0
8.0080	0	13							0	13
12.0060	0	41							0	41
12.0070	0	46							0	46
12.0080	0	5							0	5
12.3590	0	6							0	6

　上記の[表17]〜[表19]を見ると、小数点以下第2位〜第4位の語種別の意味分野別構造分析において有意差が生じている項目の中にも、意味分野別の構成比のみによる分析において有意差が生じた原因を考える時、参

考になるようなものが多く含まれていることが分かる。なお、語種別の意味分野別構造分析により新たに有意差が指摘できた項目としては、先に述べた〈1.5〉(自然物および自然現象)、〈2.1〉(抽象的関係)、〈2.3〉(精神および行為)と関連するものが多いが、それ以外にも多くの項目において新たに有意差が検定されている。しかし、意味分野別の構成比のみによる分析において有意差が生じている、小数点以下第2位までの〈3.31〉(ことば)、小数点以下第3位までの〈1.134〉(調和・調節・混乱など)、〈1.152〉(過程・移動・通行など)、〈1.230〉(人種・人民・国民・住民)、〈1.262〉(現場)、〈1.352〉(対面・応接・紹介など)、〈1.447〉(家具)、〈1.524〉(地形・山野)、〈1.553〉(枝・葉・花など)、〈2.133〉(取合せ・つりあい)、〈2.308〉(計画)、〈3.160〉(時)、〈3.301〉(驚き・楽しい・快い)、〈3.310〉(ことば)、小数点以下第4位までの〈1.1503〉(変換)、〈1.1912〉(整数・対数など)、〈1.2620〉(現場)、〈1.3066〉(想像・推測・判断など)、〈1.3123〉(伝達・報知)、〈1.3162〉(辞書・目録・暦)、〈1.4470〉(家具)、〈1.5240〉(地形・山野)、〈1.5530〉(枝・葉・花など)、〈2.1330〉(取合せ・つりあい)、〈2.3701〉(所有・取得)、〈3.1600〉(時)、〈3.3100〉(ことば)の項目は、語種別の意味分野別構造分析においては有意差が生じていない。このように、それぞれの分析においてのみ有意差が指摘できる項目があるので、意味分野別構造分析は両方の分析を行い互いの欠陥を補う必要があると思われる。

　次に、小数点以下第1位～第4位までの語種別の意味分野別構造分析の結果から、有意差が生じた原因を考える時、対象とする項目をまとめてみると次ページの[表20]のようになる。[表20]における▨の項目は、意味分野別の構成比のみによる分析においても同じ項目で有意差が生じているものである。それ以外は語種別の意味分野別構造分析において新たに有意差を指摘できた項目である。

[表20]

分類	語種	日	韓
1.150	漢	12	4
1.150	固	5	0
1.151	漢	6	0
1.1650	固	0	7
1.17	混	1	9
1.1730	固	13	5
1.1731	漢	1	9
1.1770	固	2	9
1.196	固	2	10
1.2000	固	8	18
1.2030	漢	0	6
1.2050	固	4	12
1.21	混	0	7
1.23	漢	10	28
1.241	漢	12	26
1.2420	漢	1	9
1.2530	漢	4	12
1.2740	漢	1	15
1.304	固	11	3
1.3062	漢	10	3
1.3064	固	0	5
1.31	外	7	1
1.31	漢	77	48
1.3320	固	7	1
1.3374	外	11	1
1.35	固	11	3
2.305	混	0	5
2.3062	混	0	6
2.3063	固	6	0
2.3063	混	0	8
2.3065	混	0	5
2.309	混	0	6
2.313	混	0	5
2.33	混	1	8
2.339	固	44	26

分類	語種	日	韓
1.3600	漢	3	10
1.3850	漢	9	2
1.4010	固	5	0
1.41	漢	11	24
1.4230	外	8	0
1.4340	外	6	0
1.44	外	11	1
1.44	固	24	12
1.4500	漢	2	9
1.451	漢	5	15
1.4540	外	5	0
1.46	外	24	11
1.4710	漢	11	2
1.52	漢	20	38
1.52	混	0	5
1.5520	外	11	2
1.5520	固	22	38
1.56	外	6	0
1.56	固	50	74
2.12	混	2	12
2.13	固	24	8
2.150	混	0	7
2.152	混	2	13
2.1550	固	15	4
2.1584	混	0	7
2.3021	混	0	5
3.199	漢	16	7
3.1990	混	0	5
3.1993	固	6	17
3.30	固	73	42
3.33	混	0	6
3.34	漢	13	1
3.3410	固	5	0
3.36	漢	7	1
3.3700	混	1	8

分類	語種	日	韓
2.34	混	0	8
2.3420	固	2	16
2.352	混	0	5
2.353	混	0	6
2.3540	混	0	5
2.368	固	15	2
2.370	混	0	5
2.3851	固	10	3
2.3852	混	0	5
2.5060	固	7	1
3.1000	固	13	33
3.1120	固	3	11
3.13	漢	17	4
3.1340	混	3	10
3.1660	固	2	10
3.1950	漢	6	0
3.1950	固	8	21

分類	語種	日	韓
3.5050	固	11	1
4.3310	固	8	0
4.3310	混	9	0
5	固	5	0
8.0010	固	10	21
8.0020	固	5	0
8.0040	固	14	5
8.0050	固	13	0
8.0070	固	9	0
8.0080	固	0	13
9	固	13	0
10	固	0	7
12.0060	固	0	41
12.0070	固	0	46
12.0080	固	0	5
12.3590	固	0	6

1．3 まとめ

　以上、「小学生基本語彙」の単語コードを用いて、意味分野別構造分析を行い、差を細かく指摘するためには、どのような方法が適切であるかを考えてみた。その結果、小数点以下第1位～第4位までの分析を全部行ってみる必要があることが分かった。なお、意味分野別構造分析に語種の観点を導入すると、意味分野別の構成比のみによる分析からは捉えられない差を新たに指摘することができるだけでなく、意味分野別の構成比のみによる分析において有意差が生じている項目に対し、どの語種で差が生じているかが分かる場合もある。しかし、語種別の意味分野別構造分析からも指摘できない差があるので、意味分野別構造分析は、意味分野別の構成比のみによる分析とそれに語種の観点を取り入れた分析の両方が必要である。

　また、差を客観的に指摘できる統計技法であるx^2検定は、意味分野別構造分析の性格上、「Yates(イェーツ)の修正」を加えたx^2値の計算式によるx^2検定が適切であることを述べた。

　本節は、意味分野別構造分析をどのように行えば、最も差を細かく指摘できるかに重点が置かれており、その結果は上記の通りであるが、比較語彙研究にとって、差を指摘することよりも大事なのは、その原因を究明することである。本節でも、意味分野別の構成比のみによる分析において有意差が生じている項目に対し、その原因を考えてみたが、それはただなぜそのようになっているかを指摘しただけで、真の原因、つまり、その背景にある原因の究明にはなっていない。それについては、次節で詳しく述べることにする。

2. 単語コードによる意味分野別構造分析

　単語コードによる意味分野別構造分析は既に前節で行ったので、ここでは、その結果をまとめた[表11]と[表20]の意味分野を対象として、その背後に潜んでいる差の原因について考えてみることにする。

(1)〈1.134〉(調和・調節・混乱など)－ 日本語が有意に大

　この意味分野に所属する韓国語は‘균형(均衡)、질서(秩序)、고장(故障)、위험(危険)’4語であるが、そのうち、‘故障、危険’は日本語にも入っている。‘均衡’は、日本語にそれに対応する和語‘釣り合い’があるため、日本語の「小学生基本語彙」には選定されなかったと考えられる。「小学生基本語彙」を選定するために用いた日本語の語彙資料を見ると、工藤真由美(1996)が用いた6種類の資料には‘均衡’は収録されていない

が、‘釣り合い’の動詞形‘釣り合う’は『簡約日本語の創成と教材開発に関する研究』と『こどもことばえじてん』の2種類の資料に収録されている。なお、福沢周亮・岡本まさ子(1983)にも‘釣り合い’のみが収録されていて、その熟知度は1.978と高い。‘秩序’も日本語の語彙資料では工藤真由美(1996)が用いた『簡約日本語の創成と教材開発に関する研究』にのみ見られる。一方、韓国語の語彙資料では、‘균형(均衡)’は李應百・李仁燮・金承烈(1982)と국어연구소(国語研究所1986・1987)の2種類の資料に、‘질서(秩序)’は李應百(1972)、李應百・李仁燮・金承烈(1982)、국어연구소(国語研究所1986・1987)の3種類の資料にそれぞれ収録されている。このように、‘균형(均衡)’と‘질서(秩序)’は日本語より韓国語において基本度が高い語であるが、そのうち、‘균형(均衡)’はそれに対応する韓国語の固有語がないためである。

　上記以外にも、日本語には韓国語には入っていない‘緊張、調和、整頓、調節、混雑、混乱、是非、困難、都合’のような漢語が含まれている。そのうち、‘是非’は工藤真由美(1996)が名詞と副詞の両方を採用しているため、名詞としての‘是非’も「小学生基本語彙」に選定されたのであるが、『電子計算機による新聞の語彙調査(Ⅱ)』(国立国語研究所1971)における「同音短単位表」を見ると、‘是非’の度数は28であるが、そのうち、名詞として使われたのは1回のみである。このように、名詞としての‘是非’は日本語においても基本度がかなり低い語であるが、それが日本語の「小学生基本語彙」に選定されているのは、「小学生基本語彙」の選定方法にもよる。しかし、あくまでも客観的な方法による「小学生基本語彙」の選定を行っているので、そのような語が選定されてもやむを得ないことである。なお、前節にも述べたように、‘都合’は日本語では韓国語と違う意味として用いられる漢語である。また、‘調節’は韓国語の「小学生基本語彙」では動詞‘조절(調節)하다(－する)’の語幹に見られる。それ以外の‘緊張、調和、整頓、混雑、混乱、困難’は、これらの語が語

構成要素として用いられているのも含めると、韓国語の語彙資料のうち、李應百・李仁燮・金承烈(1982)と국어연구소(国語研究所1986・1987)にもすべて収録されている。국어연구소(国語研究所1986・1987)において、上記の語が含まれている見出し語の頻度を示すと、'긴장(緊張)1・긴장(緊張)하다(ーする)2・긴장(緊張)되다(ーになる)6・긴장감(緊張感)2、조화(調和)13・조화(調和)되다(ーする)5・조화(調和)시키다(ーさせる)4、정돈(整頓)5・정돈(整頓)되다(ーされる)5・정돈(整頓)하다(ーする)12、혼잡(混雜)3・혼잡(混雜)하다(ーだ)5、혼란(混亂)12・혼란(混亂)하다(ーする)1・혼란(混亂)해지다(ーになる)2・혼란(混亂)스럽다(ーだ)1、곤란(困難)3・곤란(困難)하다(ーだ)7・곤란(困難)해지다(ーになる)1'の通りである。これを見ると、韓国語でもこれらの漢語は基本度の高い語であることが分かる。しかし、韓国語では一般に語彙調査を分かち書きを基準にして行うので、上記のような語の名詞としての頻度は低くなるのである。そのため、韓国語の「小学生基本語彙」にも選定されなかったのである。

(2) 〈1.1503〉(変換)、〈1.150〉(作用・変化・開始・連続)の固有語と漢語 − 日本語が有意に大

　〈1.1503〉の所属語はすべて〈1.150〉の固有語と漢語にも入っているので、ここでは、〈1.150〉の固有語と漢語を対象として差が生じた原因を考えてみることにする。

　〈1.150〉の意味分野に属する韓国語には固有語はなく、漢語は'작용(作用)、변화(変化)、시작(始作)、계속(継続)'4語あるが、そのうち、'作用、変化'は日本語にも入っている。'시작(始作)、계속(継続)'にはそれぞれ日本語の和語'始まり・始め、続き'が対応している。韓国語には'시작(始作)、계속(継続)'に対応する固有語はない。なお、このような語を語幹にもつ動詞'시작(始作)하다(始める)、계속(継続)하다(ーする)'のうち、'시작(始作)하다(始める)'は対応する固有語'비롯하다'があり、'계속(継続)

하다(－する)’も‘이어서 하다’のように固有語で表わすことができるにも
関わらず、‘시작(始作)하다(始める)、계속(継続)하다(－する)’のような
「漢語＋하다」動詞の使用頻度が高い。これは日本語と反対である。日本
語の場合、『電子計算機による新聞の語彙調査(Ⅱ)』(国立国語研究所
1971)における‘続く・続ける’とサ変動詞の語幹として用いられた‘継続’
の度数を調べてみると、‘続く’と‘続ける’はそれぞれ56と34であるが、
‘継続’は5である。このように、日本語では韓国語と違って和語の基本度
が高いが、これは当然のことである。しかし、日本語と韓国語とで上記
のような差が見られるのは、両言語の漢字・漢文の受容姿勢の違いが原
因ではないかと考えられる。

　日本語の場合、韓国語より早い時期に、漢字を利用した独特の「かな」
文字が成立して(10世紀頃)、和語を書き留める表記手段が整っていた
し、それに伴って日本独自の漢文訓読法が考案されたため、基本的な和
語の勢力は衰えなかったと考えられる。

　一方、韓国語の場合は、漢字の音訓を利用した表記方法である‘吏讀’
と‘口訣’が考案されるが、固有語を表記するのに不適切であったため定
着せず、朝鮮時代になって固有の文字「한글(ハングル)」が『訓民正音』と
して創製・頒布(A.D.1446年)されるが、その後も漢字語は増えつづけ
る。その背景には漢文崇拝思想がある。韓国語において、漢字語が本格
的に発達・定着するのは新羅後期(10世紀初め)からであるが、高麗時代
には中国の科挙制度と儒教主義的政治を標榜して実施するようになり、
詞章中心・文芸中心の傾向が現われる。そのため、この時期に漢文学が
絶頂に達し、貴族社会では漢文だけで日常生活が営まれるようになる。
このように、高麗時代から漢文が極めて重要視されるのであるが、その
ような傾向は朝鮮時代まで続く。なお、儒教的な生活様式が強要されて
いたため、漢字語が一般の民衆にまで普及し、その普遍化が促進され
る。このような背景から韓国語の固有語の勢力が萎縮したのである(朴

英燮1986参照)。

　次に、この意味分野の日本語には'乗り換え、引き換え'のような和語
も含まれているが、それに韓国語の固有語を対応させてみると、それぞ
れ'갈아타기、바꿈'のようになる。しかし、いずれも名詞としては熟して
いない語である。なお、日本語の'乗り換え、引き換え'はそのままの形
で'乗換駅、引換券'のように複合語の構成要素にもなり得るが、韓国語
の場合は、'乗換駅'に対応する語は'갈아타는　역'で、動詞'갈아타다(乗り
換える)'の冠形詞形(冠形詞は日本語の連体詞に相当)'갈아타는'が使わ
れ、'引換券'に対しては、それを音読した'인환권(引換券)'が使われる
か、'교환권(交換券)'のような別の語が用いられる。ここに日本語と韓国
語の語構成の違いが見られる。

　また、この意味分野の漢語において、'反応、安定、一定、交換、交
替、回復、改良、開始、中止、連続'は日本語にのみ入っている語であ
る。そのうち、'一定'は韓国語の「小学生基本語彙」では形容詞'일정(一
定)하다(－している)'の語幹に見られる。それ以外の語のうち、'반응(反
応)、안정(安定)、개량(改良)'は韓国語の「小学生基本語彙」には選定され
ていない。국어연구소(国語研究所1986・1987)において、このような語が
含まれている見出し語の頻度を示すと、'반응(反応)7・반응(反応)하다
(－する)14・반응(反応)시키다(－させる)1、안정(安定)5・안정감(安定感)3・
안정(安定)하다(－する)2・안정(安定)되다(－する)12・안정(安定)시키다
(－させる)5、개량(改良)8・개량식(改良式)1・개량(改良)하다(－する)13'の
通りである。

　一方、'개시(開始)'は韓国語の語彙資料のうち、국어연구소(国語研究
所1986・1987)にのみ収録されている語で、その頻度は1である。なお、
'중지(中止)'は李應百・李仁燮・金承烈(1982)と국어연구소(国語研究所
1986・1987)の2種類の資料に収録されているが、국어연구소(国語研究所
1986・1987)で'중지(中止)'が含まれている見出し語'중지(中止)2、중지(中

止)하다(－する)1、중지(中止)시키다(－させる)1’の頻度を全部合わせても4である。韓国語の中学校教科書語彙を見ても、‘개시(開始)’と‘중지(中止)’の頻度は‘国語－개시(開始)하다(－する)3、国史－개시(開始)2・개시(開始)하다(－する)1・중지(中止)하다(－する)1、道徳－개시(開始)하다(－する)1・중지(中止)하다(－する)5、社会－중지(中止)하다(－する)1’のように低い。よって、‘개시(開始)’と‘중지(中止)’は韓国語においては基本度の低い語であるといえよう。

　次に、‘交換、交替、回復、連続’について述べる。

　日本語では‘交替’と‘交代’を区別しないのに対して、韓国語ではそれぞれの読みが‘교체(交替)、교대(交代)’のように異なるので別語と見なす。そのうち、‘교체(交替)’は韓国語の語彙資料には収録されていない。中学校語彙資料においても‘国史－교체(交替)되다(－される)1、道徳－교체(交替)1・교체(交替)되다(－される)1、社会－교체(交替)되다(－される)1’のように最低頻度語に属しており、その基本語がかなり低いことが分かる。次に、‘교대(交代)’を含めた上記の語の国語研究所(国語研究所1986・1987)における頻度を示すと、‘교환(交換)13、교대(交代)4・교대(交代)하다(－する)3、회복(回復)5・회복(回復)하다(－する)4・회복(回復)되다(－される)2・회복(回復)시키다(－させる)2、연속(連續)8・연속적(連續的)1・연속뛰기(連續－：連続跳び)1・연속(連續)하다(－する)1’のようになる。これを見ると、‘교환(交換)、교대(交代)、연속(連續)、회복(回復)’の韓国語における基本度は日本語とそれほど変わらないと思われる。

(3) 〈1.151〉(動き・停止・起立)の漢語 － 日本語が有意に大

　ここに所属する語は日本語しかない。それを示すと、‘運転、自動、振動、停電、起立、着席’のような語である。そのうち、‘자동(自動)’は韓国語の「小学生基本語彙」では‘자동차(自動車)’にのみ見られるが、국어연구소(国語研究所1986・1987)では‘자동(自動)－頻度12、자동식(自動

式)－頻度1、자동적(自動的)－頻度2'のような見出し語に含まれており、韓国語においても'자동(自動)'が基本度の高い語であることが分かる。なお、'운전(運転)、진동(振動)'も、국어연구소(国語研究所1986・1987)においてその語が含まれている見出し語'운전(運転)3・운전대(運転台)1・운전사(運転士)2・운전(運転)하다(－する)3、진동(振動)3・진동(振動)하다(－する)2・진동(振動)시키다(－させる)3'の頻度を見ると、韓国語でもそれほど基本度が低い語ではないことが分かる。それ以外の語を見ると、'정전(停電)'は국어연구소(国語研究所1986・1987)にのみ収録されており、その頻度は1であるが、中学校教科書語彙においても「道徳」に頻度1の語として収録されているのみである。このように、韓国語において'정전(停電)'の基本度が低いのは、韓国語では'停電になる'を'전기가 나가다(直訳：電気が出ていく)'のように表現する場合が多いからではないかと考えられる。なお、'起立、着席'は韓国語の語彙資料と、韓国語の中学校教科書語彙にはどこにも収録されていない。このような語が日本語の「小学生基本語彙」に選定されているのは、日本では、授業が始まる前、先生にあいさつする時「起立－礼－着席」のような語が用いられているからではないかと考えられる。韓国の場合は「차려(気を付け)－경례(敬礼)」であるが、号令をかける時でも'起立、着席'はあまり用いられず、動詞'일어서다(立つ)、앉다(座る)'の命令形'일어서、앉아'がよく用いられる。

(4)〈1.152〉(過程・移動・通行など)－ 日本語が有意に大

　この意味分野に属する日本語と韓国語のうち、意味の対応が見られる語も含めて両方に入っている語を示すと、'移動－이동(移動)、出発－출발(出発)、転校－전학(転学)、引越し－이사(移徙)、行進－행진(行進)、流れ－흐름'のようになる。それ以外に、日本語には'コース、近道、成り行き、寄り道、スタート、速達、到着、発、発車、航海、通行、遠回り、通過、進行、お出で、下り、下校、往復、通勤'19語あり、韓国語

には‘과정(過程)、궤도(軌道)、회로(回路)、교류(交流)、미끄럼(滑ること)、약진(躍進)、왕래(往来：行き来)’7語ある。

　韓国語にのみ入っている語のうち、‘過程’だけが工藤真由美(1996)が用いた『簡約日本語の創成と教材開発に関する研究』に収録されているが、‘軌道、回路、交流、躍進、往来’は本研究が用いた日本語の語彙資料には載っていない。韓国語の‘과정(過程)、궤도(軌道)、회로(回路)、교류(交流)、약진(躍進)’は국어연구소(国語研究所1986・1987)から選定されたものであるが、これは教科書語彙の特徴であると考えられる。韓国語の「小学生基本語彙」を選定するために用いた資料のうち、국어연구소(国語研究所1986・1987)は国民学校1～6学年の全教科の教科書語彙であり、他の資料も国民学校の教科書語彙を参考資料として用いている。

　次に、韓国語の‘왕래(往来)’には日本語の和語‘行き来’が対応するが、日本語では‘往来’は‘行き来’の意味としてはあまり使われないようである。これには日本の近代小説において‘往来’を‘道路・通り’の意味として用いたことが関係しているのではないかと思われる。また、韓国語の‘미끄럼(滑ること)’は、‘滑り台を滑る’を韓国語では‘미끄럼 타다’のように表わすから、韓国語の「小学生基本語彙」に選定されたと考えられる。

　上記の日本語にのみ入っている語のうち、‘近道’には韓国語の固有語‘지름길’が対応するが、국어연구소(国語研究所1986・1987)におけるその頻度は4で、それほど基本度の高い語ではない。なお、日本語の‘寄り道’に対応する韓国語の名詞はなく、‘寄り道をする’の場合は、韓国語では‘가는 길에 들르다(行く途中で寄る)’のように表わされる。一方、‘成り行き’には‘형편(形便)’という漢語が対応する。次に、‘遠回り、お出で、下り’に韓国語を対応させてみると、それぞれ‘멀리 돌아감、오심、내려감’のようになるが、このような語は韓国語では名詞としては熟していない語である。そのうち、日本語の‘下り列車’のような語における‘下り’には漢語‘하행(下行)’が対応するが、韓国語におけるその基本度は低い。

なお、日本語の'遠回り、お出でになる'は韓国語ではそれぞれ'멀리 돌아가다(遠く回って行く)、오시다(来られる)'のように表わされる。ここから日韓両言語の表現形式の違いを見ることができる。

　それ以外の日本語にのみ入っている語のうち、'到着、通過、進行'は韓国語の「小学生基本語彙」では'도착(到着)하다(－する)、통과(通過)하다(－する)、진행(進行)되다(－される)'のような動詞の語幹に見られる。なお、'コース'と'スタート'は、韓国語の語彙資料では、李應百・李仁燮・金承烈(1982)と국어연구소(国語研究所1986・1987)に'코오스(コース)'のみが収録されており、국어연구소(国語研究所1986・1987)におけるその頻度は1である。これを見ると、韓国語においてこのような外来語が基本度の低い語であることが分かる。一方、日本語の'発'は福沢周亮・岡本まさ子(1983)から選定された語であるが、これには福沢周亮・岡本まさ子(1983)が参考資料として用いた『現代雑誌九十種の用語用字(第一分冊)』(国立国語研究所1962)と『電子計算機による新聞の語彙調査(Ⅱ)』(同1971)の語彙調査の単位が関係していると思われる。『現代雑誌九十種の用語用字(第一分冊)』の語彙調査の単位はβ単位であり、『電子計算機による新聞の語彙調査(Ⅱ)』のそれは長単位と短単位であるが、『電子計算機による新聞の語彙調査(Ⅱ)』には短単位の語彙表しかない。そのため、'発'のような語が福沢周亮・岡本まさ子(1983)の「学習基本語彙」に選定されたのである。

　上記以外の'速達、発車、下校'は本研究が用いた韓国語の語彙資料には収録されていない。また、李應百・李仁燮・金承烈(1982)と국어연구소(国語研究所1986・1987)には'航海、通行、往復'のような語が含まれている見出し語があるが、국어연구소(国語研究所1986・1987)におけるそれぞれの頻度は'항해(航海)3・항해(航海)하다(－する)1、통행(通行)5、왕복선(往復船)2'の通りである。なお、'通勤'は국어연구소(国語研究所1986・1987)に頻度1の語として収録されている'통근(通勤)하다(－する)'にのみ

見られる。このことから、このような漢語は韓国語では基本度の低い語であるといえよう。

(5) 〈1.1650〉(順序)の全体と固有語 － 韓国語が有意に大

　この意味分野の韓国語には'첫째(一番目)、둘째(二番目)、셋째(三番目)、넷째(四番目)、다섯째(五番目)'のような、日本語の「－目」に当たる接尾辞「－属」の付いた語が含まれているが、これには本研究が用いた日韓両言語の語彙資料の語彙調査単位が関係していると思われる。日本語の語彙資料のうち、福沢周亮・岡本まさ子(1983)は先にも述べたようにβ単位と短単位の語が基本になっているが、工藤真由美(1996)もβ単位の語が基本である。工藤真由美(1996)は、タイプの異なる6種類の資料を用いて、収録されている語の共通度を見るという観点から基本語彙の選定を行っているが、その時、『日本語教育のための基本語彙調査』を基準にして他の資料の見出し語を調整している。『日本語教育のための基本語彙調査』は、『分類語彙表』を基本度判定の材料として用い、専門家判定方式によって選定されたものであるが、『分類語彙表』の母体が『現代雑誌九十種の用語用字(第一分冊)』であるため、そこに収録されている語はすべてβ単位の語である。一方、韓国語の語彙資料の場合は、だいたい分かち書きを基準にして語彙調査を行っている。韓国語の分かち書きはほぼ日本語の文節単位に相当する。そのため、韓国語の語彙資料には上記のような語が収録されているのであるが、それをβ単位や短単位に区切ると、'첫／째(一番目)、둘／째(二番目)、셋／째(三番目)、넷／째(四番目)、다섯／째(五番目)'のようになる。

(6) 〈1.17〉(空間・位置・場所)の混種語、〈1.1731〉(方面・方角)の漢語 － 韓国語が有意に大

　これらの意味分野に属する韓国語には‘동(東)쪽(東側)、서(西)쪽(西側)、남(南)쪽(南側)、북(北)쪽(北側)、동(東)、서(西)、남(南)、북(北)’のような語が含まれている。日本語では、〈1.1731〉の固有語に‘東、西、南、北’が入っている。このように、‘東、西、南、北’においては日本語と韓国語の語種の差が見られる。

　韓国語の現代語には‘동(東)、서(西)、남(南)、북(北)’に対応する固有語はないが、古語においては‘남(南)、북(北)’に対応する固有語‘앒(南)、뒤(北)’があったことが確認されている。しかし、‘앒(前)、뒤(後)’と同音衝突が起こったため、それを解消するために、一方が漢語に変えられ、‘앒(南・前)→남(南)／앞(前)、뒤(北・後)→북(北)／뒤(後)’のように意味の分化が行われたのである(成煥甲1983)。おそらく、‘동(東)、서(西)’に対応していた固有語も、これに牽引され、漢語に置き換えられたと考えられる。

(7) 〈1.1730〉(方向・たてよこ)の全体と固有語 － 日本語が有意に大

　この意味分野の日本語には‘こちら・こっち、そちら・そっち、あちら・あっち、どちら・どっち、逆さ・逆様’のような同義語が多く含まれている。そのうち、‘こっち、そっち、あっち、どっち’は「こ・そ・あ・ど」に方角・場所を表わす接尾辞「ち」が接続して形成された‘こち、そち、あち、どち’に促音「っ」が挿入されたものであり、‘こちら、そちら、あちら、どちら’は‘こち、そち、あち、どち’にさらに方向・場所を示す接尾辞「ら」が接続したものである。このような語に対応する韓国語は‘이쪽(こっち)、그쪽(そっち)、저쪽(あっち)、어느쪽(どっち)’であるが、これらの語は日本語の「こ・そ・あ・ど」に相当する「이・그・저・어느」と方向を表わす名詞「쪽」が結合した複合名詞である。なお、韓国語には日本語の

‘こちら、そちら、あちら’に類似する‘이리(こちらへ)、그리(そちらへ)、저리(あちらへ)’のような語があるが、これらは方向を表わす指示副詞である。また、上記の‘逆さ’は‘逆様’が変化したものである。このように、この意味分野では日韓両言語の語構成や言語構造の違いが見られる。

(8)〈1.1770〉(内外)の全体と固有語 − 韓国語が有意に大

　この意味分野に属する韓国語には‘바깥쪽(外側)、안쪽(内側)、안팎(内外)’のような語が入っているが、先にも述べたように、日本語と韓国語の語彙資料の語彙調査単位が原因で、このような語が韓国語の「小学生基本語彙」にのみ選定されているのである。なお、韓国語には日本語には入っていない‘교내(校内)、시내(市内)、실내(室内)’のような語があるが、日本語の語彙資料にはこのような語は見当たらない。韓国語の語彙資料では、‘교내(校内)、시내(市内)’は李應百(1972)、李應百・李仁燮・金承烈(1982)、국어연구소(国語研究所1986・1987)の3種類の資料に、‘실내(室内)’は李應百・李仁燮・金承烈(1982)、국어연구소(国語研究所1986・1987)の2種類の資料にそれぞれ収録されている。特に、‘교내(校内)’が三つの資料にわたって出現しているのは、韓国語の語彙資料がもつ教科書語彙の特徴であると考えられる。また、韓国語には‘물속(水の中)、바닷속(海の中)’のような語があるが、日本語では、‘水の中、海の中’のように、名詞と名詞の間に格助詞「の」を介して表わすのが普通であろう。しかし、韓国語では、‘그 사람의 친구〉그 사람 친구(その人の友達)、우리의 집〉우리집(我が家)’のように、日本語の「の」に相当する格助詞「의」が名詞と名詞の間にくるのを忌避する現象がある(박홍길1997)。そのため、上記の‘물속(水の中)、바닷속(海の中)’のような複合語が形成されやすいのである。ここから、韓国語の語構成的特徴を見ることができる。

(9) 〈1.1912〉(整数・対数など)、〈1.3064〉(計算・しんしゃく・測定・評価) の固有語 — 韓国語が有意に大

　　〈1.1912〉は韓国語しか入っていない意味分野であり、〈1.3064〉の意味分野に属する日本語には和語が含まれていない。それぞれの所属語は、'분모(分母)・분수(分数)・소수(小数)・정수(整数)・짝수(一数：偶数)・홀수(一数：奇数)(以上、〈1.1912〉)、덧셈(足し算)・뺄셈(引き算)・곱셈(掛け算)・나눗셈(割り算)・셈(計算)(以上、〈1.3064〉の固有語)'のような数学関連の語である。そのうち、'셈(計算)'に対応する日本語'計算・勘定'は〈1.3064〉の漢語に入っている。それ以外の語が韓国語の「小学生基本語彙」にのみ選定されているのは、韓国語の語彙資料がもつ教科書語彙の特徴であると考えられる。

(10) 〈1.196〉(単位)の固有語 — 韓国語が有意に大

　　この意味分野に属する韓国語には'마리(匹)、발짝(歩)、벌(着)、자루(本)、채(軒)、살(歳)'のような単位を表わす固有語があるが、これらの語に対応する日本語はすべて漢語である。そのうち、'마리(匹)、살(歳)'は'마리(匹・頭)→마리(匹)／머리(頭)、살(歳・元旦)→살(歳)／설(元旦)'のように母音交替による意味の分化によって形成された語である(李崇寧1967)。日本語でも、上代語においては'①「つく－つき(月)」(u－ï)、②「すが－すげ(菅)」(a－ë)、③「こ－き(木)」(ö－ï)、④「なご－なぎ(和)」(o－ï)、⑤「さわ－さゐ(騒)」(a－i)、⑥「をと－をち(遠)」(ö－i)、⑦「くろ－くり(黒)」(o－i)、⑧「いつ－いち(厳)」(u－i)、⑨「たな－たね(種)」(a－e)、⑩「とせ－とし(年)」(e－i)、⑪「しら－しろ(白)」(a－o)、⑫「さや－そよ(擬声)」(a－ö)、⑬「いか－いく(何－幾)」(a－u)、⑭「たづき－たどき(態)」(u－o)'などのような語に母音の交替例が見られるが、これは意味の分化ではなく単なる内的派生である(井手至1971)。

　　一方、韓国語には、上記の語以外にも'깎다(削る)－꺾다(折る)・

맛(味)ー멋(風致)・남다(残る)ー넘다(超える)(「ㅏーㅓ」の対立)、맑다(清い)ー묽다(淡い)・밝다(明るい)ー붉다(赤い)(「ㅏーㅜ」の対立)、낡다(古くなる)ー늙다(老いる)(「ㅏーㅡ」の対立)、곧다(真っ直ぐだ)ー굳다(堅い)(「ㅗーㅜ」の対立)’のように母音の交替によって意味が分化した例が多く見られる。このように、韓国語が母音の交替によって意味を区別しやすかったのは、韓国語の母音体系において、下記のような音相的配意性があるからである。これは韓国語の特徴である。

・ㅏ ㅑ ㅐ ㅗ→ 輕・明・浅・清・薄・剛・近・密・小・少・狭・急・短・濃・鋭・強

・ㅓ ㅜ ㅡ ㅜ→ 重・暗・深・濁・厚・柔・遠・疎・大・老・廣・緩・長・淡・鈍・弱

李崇寧(1967)、p. 267参照

(11) 〈1.20〉(人称・自他・人間)、〈1.2000〉(われ・なれ・かれ・だれ)・〈1.2050〉(老少)の固有語、〈1.2030〉(神仏・精霊)の漢語 ― 韓国語が有意に大

　ここでは、〈1.2000〉と〈1.2050〉の固有語、〈1.2030〉の漢語を対象として差が生じた原因を考えてみることにする。その理由は、その原因が〈1.20〉の意味分野における差の原因でもあるからである。

　〈1.2000〉の意味分野に属する韓国語の固有語には‘얘(この子)、걔(その子)’のような語があるが、これらは‘이 아이(この子)、그 아이(その子)’が縮約されたものである。韓国語では、単母音が続くと、‘사이〉새(間)・아이〉애(子供)(「ㅏ」と「ㅣ」の結合)、가을〉갈(秋)・마음〉맘(心)(「ㅡ」の脱落)’のように、連なる短母音が結合するか一方が脱落するかして語形が短くなることがある。この現象は特に口語において著しい(박홍길1997)。なお、この意味分野の韓国語には主格助詞「가(が)」の前にしか現わ

れない人称代名詞'내(僕)、제(私)'があるが、これらは'나＋ㅣ、저＋ㅣ'に分解することができる。「ㅣ」は中世韓国語(10世紀初～16世紀末)における主格助詞である。現代韓国語には主格助詞が「이／가(が)」二つあり、「이(が)」は前にくる名詞が子音で終わる場合に、「가(が)」はそれが母音で終わる場合にそれぞれ使われているが、韓国語において主格助詞「가(が)」が出現するのは16世紀末である。その前の時代までの主格助詞は「이(が)」だけで、'법(法)이、孔子(공자)ㅣ'のように、子音の後には「이」が、母音の後には「ㅣ」がそれぞれ使われていた。なお、主格助詞「이」は所有格助詞「이」(現代語では「의(の)」)と同形であったため、形態の面からは区別が付かなかったのであるが、中世韓国語は声調言語であったので、'나＋ㅣ〉내(主格：去声／所有格：平声)、저＋ㅣ〉제(主格：上声／所有格：平声)'のように弁別されていた(安秉禧1967)。しかし、韓国語における声調は16世紀中頃に消失し(李基文1990)、上記のような弁別ができなくなる。その後、主格助詞「가(が)」が出現し、主格の'내、제'は'내가(僕が)、제가(私が)'のように使われ、所有格の'내、제'はそのままの形で冠形詞として使われるようになる。そのため、現代語では'내、제'が1語として認識されているのである。

　次に、韓国語には日本語の'誰'に対応する語が'누구、아무'2語あるが、下記の例のように'누구'は未知の場合に、'아무'は不定の場合にそれぞれ用いられる。

　　　a. 그 사람은 누구입니까?(その人は誰ですか。)－ 未知
　　　b. 아무도 없다.(誰もいない。)－ 不定

　次に、〈1.2050〉の意味分野に属する韓国語の固有語には'아가・아기(赤ちゃん)、꼬마・아이・애・어린이・어린애(子供)'のように同じ意味を表わす語が多い。'아가・아기(赤ちゃん)'のうち'아가'は幼児語である。なお、

‘애’は‘아이’の単母音が結合して縮約された語であり、‘꼬마’は俗語である。また、‘어린이’と‘어린애’はそれぞれ語構成を異にする。つまり、形容詞‘어리다(幼い)’の冠形詞形‘어린’に接尾辞「－이」が結合したのが‘어린이’であり、それに「애(〈아이)」が結合したのが‘어린애’である。

　次に、〈1.2030〉の意味分野に属する韓国語の漢語は‘귀신(鬼神)・선녀(仙女)・신(神)・신령(神靈)・영(靈)・천사(天使)’のような語であるが、この意味分野に属する日本語はすべて‘鬼、お化け、神、仏’のような和語である。日本語の語彙資料では、工藤真由美(1996)が用いた『こどもことばえじてん』に‘天使’のみが収録されている。この意味分野の所属語は昔話によく出現するような語であると思われるが、そのような語が韓国語の「小学生基本語彙」の方に多いのは、韓国語の語彙資料が教科書語彙を基本にしているからではないかと考えられる。

(12) 〈1.21〉(家族・親戚)の混種語 － 韓国語が有意に大

　この意味分野に属する韓国語の混種語のうち、特に注目されるのは‘친(親)할머니(父方の祖母)、외(外)할아버지(母方の祖父)、외(外)할머니(母方の祖母)、큰삼촌(－三寸：父方の伯父)’のような親族名称である。このように、韓国語の親族名称では父方と母方とで呼称が異なるのが特徴である。なお、父方の親族名称で結婚する前とした後とで呼称が異なるのも韓国語の親族名称の特徴であるといえる。例えば、結婚していない父方の伯父と叔父に対する呼称は両方とも‘삼촌(三寸)’であるが、結婚した後は伯父に対しては‘큰아버지(直訳：大きい父)’、叔父に対しては‘작은아버지(直訳：小さい父)’のような呼称が用いられる。ここには長幼の序による区別も見られる。このように、韓国語の親族名称は日本語のそれよりも複雑な体系をなしているが、これには韓国社会に浸透している儒教思想が深く関わっていると思われる。

(13) 〈1.230〉（人種・民族・国民・住民）、〈1.23〉（人種・民族・国民・住民）
の漢語 – 韓国語が有意に大

　　〈1.230〉の所属語のうち、韓国語の'오랑캐(蛮夷)'を除くすべての語が
〈1.23〉の漢語にも入っているので、ここでは、〈1.23〉の漢語を対象とし
て差が生じた原因を考えてみることにする。

　　〈1.23〉の漢語のうち、日本語と韓国語の両方に入っているのは'民
族、国民、選手、博士'4語であり、日本語にのみあるのは'外人、天
皇、乗客、犯人、病人、名人'6語、韓国語にのみあるのは'한국인(韓国
人)、교포(僑胞)、동포(同胞)、시민(市民)、외국인(外国人)、주민(住民)、
피난민(避難民)、공중(公衆)、백성(百姓：民)、신하(臣下)、대왕(大王)、
대통령(大統領)、왕(王)、용왕(龍王)、하인(下人)、공산주의자(共産主義
者)、부자(富者：金持ち)、신사(紳士)、애국자(愛国者)、열사(烈士)、용
사(勇士)、의사(義士)、행인(行人)、환자(患者)'24語である。韓国語にの
み入っている語のうち、'열사(烈士)、의사(義士)'は国や民族のために命
を捧げた人に対してよく用いられる語であるが、それに加えて'교포(僑
胞)、동포(同胞)、애국자(愛国者)'のような語が韓国語の「小学生基本語
彙」に選定されているのは、韓国人の民族意識や同族意識の現われでは
ないかと考えられる。また、'피난민(避難民)、공산주의자(共産主義者)'
のような語が韓国語において基本度が高いのには、朝鮮戦争という歴史
的背景と北朝鮮と対峙している政治的状況が背後にあるのではないかと
考えられる。

(14)〈1.241〉（職業）の全体と漢語 – 韓国語が有意に大

　　この意味分野に属する韓国語の漢語には'과학자(科学者)、기술자(技術
者)、여학생(女学生)、음악가(音楽家)、생산자(生産者)、감시원(監視
員)、경찰관(警察官)、소방관(消防官)'のような語が含まれているが、こ
のような語が韓国語の「小学生基本語彙」に多く選定されているのは、先

にも述べたように、日本語と韓国語の語彙資料の語彙調査単位が違っているためである。

(15) 〈1.2420〉(軍人)、〈1.2740〉(軍) – 韓国語が有意に大

　この二つの意味分野に属する日本語は'兵隊(〈1.2420〉)、軍隊(〈1.2740〉)'2語のみであるが、韓国語は'군사(軍士)・군인(軍人)・대장(大將)・병사(兵士)・왜병(倭兵)・의병(義兵)・장군(將軍)・장병(將兵)・장수(將帥)(以上、〈1.2420〉)、공군(空軍)・공비(共匪)・공산군(共産軍)・국군(国軍)・군(軍)・군대(軍隊)・부대(部隊)・소련군(蘇聯軍)・수군(水軍)・연합군(聯合軍)・왜군(倭軍)・음악대(音楽隊)・적군(敵軍)・중공군(中共軍)・해군(海軍)(以上、〈1.2740〉)'24語である。これらの語はすべて漢語であるため、この二つの意味分野は語種別の意味分野別構造分析においても差が生じている。

　上記の韓国語のうち、'왜병(倭兵)、왜군(倭軍)'からは日本と韓国の歴史上の関係を見ることができる。なお、'공산군(共産軍)・소련군(蘇聯軍)・연합군(聯合軍)・중공군(中共軍)'は朝鮮戦争関連の語である。このことから、ここでも、韓国の歴史的背景と政治的状況が原因で、韓国語の「小学生基本語彙」に「軍人」や「軍」を表わす語が多く選定されていると考えられる。

(16) 〈1.25〉(公私・家・郷里など)、〈1.2530〉(国)の漢語 – 韓国語が有意に大

　〈1.2530〉の漢語はすべて〈1.25〉にも入っているので、ここでは、〈1.25〉の意味分野を対象として差が生じた原因を考えてみることにする。

　〈1.25〉の意味分野の韓国語にも、韓国人の民族意識と関わる語として'고국(故国)、조국(祖国)'のような語が含まれている。この2語は日本語

の語彙資料には収録されていない。なお、韓国語には'일제(日帝)'という語が入っているが、これは日本との歴史上の関係が原因で韓国語における基本度が高くなった語であると考えられる。

　次に、この意味分野の韓国語に語種を異にする'고을·마을(村；固有語)：동네(洞네；混種語)、산골(山골；混種語)：산촌(山村；漢語)、고장(固有語)：지방(地方；漢語)、서울(固有語)：수도(首都；漢語)'のような同義語または類義語が多いことが特徴である。そのうち、'동네(洞네)'は漢語'동내(洞内)'が音韻変化を経て混種語になったものである(趙世用1986)。なお、'서울'は元来「京」を表わす固有語の普通名詞であったが、現代語においてはそれが固有名詞として韓国の首都'서울(ソウル)'も表わすようになったため、その実際の使われ方を見ると、'<u>서울</u>23、<u>수도(首都)</u>28、<u>수도권(首都圏)</u>15'(국어연구소国語研究所1986·1987における頻度)のように、その使用頻度は'수도(首都)'より低い。

　その他に、行政区分を表わす語として日本語には'県、市'2語しかないのに対して、韓国語には'남도(南道)、북도(北道)、시(市)、도(道)、동(洞)'5語入っている。日本語の「小学生基本語彙」に'都、道、府'が選定されていないのは、このような語が日本語の語彙資料において一つの資料にのみ出現しているからである('都、府'は『簡約日本語の創成と教材開発に関する研究』にのみ、'道'は『日本語教育のための基本語彙調査』にのみ)。

(17) 〈1.2620〉(現場) − 韓国語が有意に大

　この意味分野に属する日本語は'場(じょう)'1語のみであるが、韓国語は'놀이터(遊び場)、싸움터(戦場)、어장(漁場)、일자리(勤め口)、일터(仕事場)、직장(職場)、진(陣)'7語である。そのうち、'놀이터、싸움터、일자리、일터'は日本語のβ単位や短単位によると'놀이／터、싸움／터、일／자리、일／터'のように分割される。これを見ると、この意味分野におけ

る差にも語彙調査の単位が関係していることが分かる。

(18) 〈1.304〉(自我・自信・願望・態度・意志)の固有語 – 日本語が有意に大

　ここに所属する日本語と韓国語を意味の面で対応させてみると、'誇り：자랑、心掛け・心構え：마음가짐、つもり：터'のようになる。日本語にはそれ以外にも'恥、望み、願い、わがまま、罪、真心、お呪い(おまじない)'7語の和語が選定されている。そのうち、'望み、願い、罪、真心'に対応する語として韓国語には'희망(希望)、부탁(付託)、죄(罪)、정성(精誠)'のような漢語が選定されている。なお、韓国語の「小学生基本語彙」には選定されていないが、'お呪い(おまじない)'に対応する韓国語も漢語'주문(呪文)'である。これを見ると、この意味分野に属する韓国語が日本語よりも漢語の影響を強く受けていることが分かる。次に、日本語の'恥'に対応する韓国語の固有語は形容詞'부끄럽다(恥ずかしい)'から派生した'부끄러움'であるが、「小学生基本語彙」には'부끄럽다(恥ずかしい)'のみが選定されている。'부끄러움'は韓国語の語彙資料のうち、국어연구소(国語研究所1986・1987)にのみ収録されており、その頻度が8であるため、「小学生基本語彙」には選定されていない語であるが、その基本度はそれほど低くはないと思われる。一方、日本語の'わがまま'の意味に最も近い韓国語は副詞'제멋대로'であるが、국어연구소(国語研究所1986・1987)におけるその頻度は2であるので、それほど基本度の高い語ではないといえる。

(19) 〈1.3062〉(注意・認識・了解)の全体と漢語 – 日本語が有意に大

　この意味分野における差は漢語の差である。〈1.3062〉の漢語のうち、日本語と韓国語の両方に入っているのは'関心、注意'2語で、日本語にのみある語は'解決、確認、警戒、誤解、納得、不注意、用心、理解'8

語、韓国語にのみある語は‘조심(操心)’1語である。そのうち、‘用心：조심(操心)’には意味の対応が見られるが、これらはそれぞれの言語に特有な漢語である。なお、‘解決、確認、理解’は韓国語の「小学生基本語彙」では‘해결(解決)하다(－する)、확인(確認)하다(－する)、이해(理解)하다(－する)’のような動詞の語幹に見られる。それ以外の日本語にのみ入っている漢語のうち、‘納得’は韓国語の語彙資料には収録されておらず、‘경계(警戒)、오해(誤解)’は李應百・李仁燮・金承烈(1982)と국어연구소(国語研究所1986・1987)に、‘부주의(不注意)’は국어연구소(国語研究所1986・1987)にそれぞれ収録されているが、국어연구소(国語研究所1986・1987)においてこれらの語が含まれている見出し語の頻度は‘경계(警戒)3・경계망(警戒網)1・경계심(警戒心)1・경계(警戒)하다(－する)4、부주의(不注意)3、오해(誤解)3・오해(誤解)하다(－する)2’の通りである。これを見ると、韓国語においても‘경계(警戒)’はそれほど基本度の低い語ではないが、‘납득(納得)、부주의(不注意)、오해(誤解)’は基本度の低い語であることが分かる。

(20)〈1.3066〉(想像・推測・判断など)－ 日本語が有意に大

　この意味分野に属する韓国語‘결심(決心)、이상(理想)’は日本語にも入っているが、日本語にはそれ以外にも‘空想、結論、想像、判断、予想’のような漢語が含まれている。そのうち、‘想像、判断’は韓国語の「小学生基本語彙」では動詞‘상상(想像)하다(－する)、판단(判斷)하다(－する)’の語幹に見られる。次に、국어연구소(国語研究所1986・1987)において、‘공상(空想)、결론(結論)、예상(豫想)’のような語が含まれている見出し語の頻度を見ると、‘공상(空想)1、결론(結論)1・결론적(結論的)1、예상(豫想)2・예상(豫想)하다(－する)2・예상(豫想)되다(－される)1’のようになっており、韓国語では、小学校段階においてこのような漢語は基本度の低い語であることが分かる。

(21) 〈1.3123〉(伝達・報知)、〈1.3162〉(辞書・目録・暦)、〈1.31〉(言動・語・発言・話・宣言・読み書き)の外来語と漢語 － 日本語が有意に大

　〈1.3123〉と〈1.3162〉の意味分野における差は外来語と漢語の差であり、その外来語と漢語は〈1.31〉の外来語と漢語にも入っているので、ここでは、〈1.31〉の外来語と漢語を対象として差が生じた原因を考えてみることにする。

　〈1.31〉の外来語に属する韓国語は‘그래프(グラフ)’1語のみであり、それは日本語にも入っているが、日本語にはその他にも‘ニュース、クイズ、コピー、メモ、カレンダー、プログラム’のような語が含まれている。そのうち、‘カレンダー’に対応する語として韓国語には混種語‘달력(－暦)’が入っている。それ以外の‘ニュース、クイズ、コピー、メモ、プログラム’は韓国語にもある外来語であるが、そのうち、‘퀴즈(クイズ)、카피(コピー)’は本研究の韓国語の語彙資料には収録されていない。なお、국어연구소(国語研究所1986・1987)において‘메모(メモ)’が含まれている見出し語の頻度は‘메모(メモ)1、메모(メモ)하다(－する)3’である。これを見ると、韓国語では‘퀴즈(クイズ)、카피(コピー)、메모(メモ)’のような外来語が小学校段階にはあまり出現しないことが分かる。そのうち、‘카피(コピー)’は韓国語ではあまり使わない外来語である。それよりは漢語‘복사(複寫)’がよく用いられる。一方、‘뉴스(ニュース)、프로그램(プログラム)’の국어연구소(国語研究所1986・1987)における頻度はそれぞれ10と7であるので、このような外来語は韓国語においてもそれほど基本度の低い語ではないと思われるが、「小学生基本語彙」の選定基準からは選定されなかった語である。

　次に、〈1.31〉の漢語を見ると、日本語と韓国語の両方に入っている語は‘国語、表現、漢字、字、数字、記号、信号、地図、表、通信、電報、電話、宣伝、放送、質問、会議、議論、演説、説明、読書、記録、文章、教科書、雑誌、新聞’25語である。その他に、それぞれの言

語の「小学生基本語彙」にのみ入っている漢語を見ると、日本語は'英語、氏名、姓名、題、番地、写生、翻訳、訓、敬語、方言、語句、単語、段落、文句、発音、文字（もじ）、文字（もんじ）、音譜、楽譜、図、発言、挨拶、号令、広告、情報、通知、天気予報、報道、会話、冗談、返事、討論、皮肉、弁解、解説、発表、報告、評判、朗読、書記、清書、記事、文、原稿、書類、書物、図書、本、絵本、辞書、辞典、目次'52語、韓国語は'제목(題目)、부호(符号)、소수점(小数点)、지표(指標)、설계도(設計図)、시간표(時間表)、구령(口令)、세배(歳拜：新年の挨拶)、인사(人事：挨拶)、편지(便紙：手紙)、욕(辱：悪口)、대화(対話)、답(答：答え)、대답(対答：答え)、회담(会談)、소문(所聞：噂)、논설문(論説文)、본문(本文)、편(篇)、상장(賞狀)、책(冊：本)、동화책(童話冊：童話の本)、역사책(歴史冊：歴史書)'23語ある。

　日本語にのみ入っている語のうち、'発表、朗読'は韓国語の「小学生基本語彙」では'<u>발표(発表)</u>하다(－する)、<u>낭독(朗讀)</u>하다(－する)'のような動詞の語幹に見られる。なお、'題：제목(題目)、挨拶：인사(人事)、号令：구령(口令)、返事：답(答)・대답(対答)、本：책(冊)'のような語には意味の対応が見られる。その他に、'図、文'は韓国語ではあまり使わない漢語であり、'冗談、皮肉、書物、絵本'は日本語特有の漢語である。それ以外は韓国語でも使われている漢語であるが、韓国語の語彙資料を調べてみたところ、韓国語では'氏名、姓名、訓、敬語、語句、単語、段落、文句、音譜、弁解、評判、清書、書類、書物、辞書、目次'のような漢語は小学校段階には出現しない漢語である。そのうち、'氏名、音譜、弁解、辞書'は韓国語ではあまり用いられない漢語である。なお、'訓'は漢文学習と関係のある語であると思われるが、韓国の場合、中学校から漢文を習い始めるので、小学校段階には必要のない語である。また、韓国語では'차례(次例：順序)'が「目次」の意味としてもよく使われるから、韓国語における'目次'の基本度が低くなっていると考

えられる。

　次に、韓国語にのみ入っている漢語のうち、'편지(便紙：手紙)、욕(辱：悪口)、소문(所聞：噂)'には日本語の和語が対応している。一方、'대화(対話)、회담(会談)'は、本研究が用いた日本語の語彙資料には収録されていない語であるが、韓国語では'남북 <u>대화</u>(南北 <u>対話</u>)、남북 <u>회담</u>(南北 <u>会談</u>)'のような語がよく用いられるから、これらの語の韓国語における基本度が高くなったと考えられる。

(22) 〈1.3320〉(勤務・労働)の固有語 − 日本語が有意に大

　ここに所属する日本語は'仕事、勤め、春休み、夏休み、冬休み、昼休み、休み'7語であるが、韓国語は'일(仕事)'1語のみである。日本語の'勤め'に対応する韓国語は固有語'일(仕事)'または漢語'근무(勤務)'であり、'春休み、夏休み、冬休み'にもそれぞれ'봄방학(−放学)、여름방학(−放学)、겨울방학(−放学)'のような混種語が対応する。ただし、'근무(勤務)、봄방학(−放学)、겨울방학(−放学)'は韓国語の「小学生基本語彙」には選定されていない。なお、'休み'には動詞'쉬다(休む)'からの派生語'쉼'または漢語'휴식(休息)'が対応するが、そのうち、'쉼'は名詞としてはあまり使われない語であり、'휴식(休息)'は〈1.3002〉(疲労・睡眠など)の意味分野に入っている。また、'昼休み'は韓国語では'점심시간(点心時間)'である。ここでは、日本語と韓国語の語種による差を見ることができる。

(23) 〈1.3374〉(スポーツ)・〈1.4230〉(下着・羽織・ズボン・コートなど)・
　　 〈1.4340〉(菓子)・〈1.44〉(住居・家屋・門・へや・屋根・棚・戸・家具)・
　　 〈1.4540〉(農工具)・〈1.46〉(燈火・鏡・電気機具・機械・計器・乗物)・
　　 〈1.5520〉(植物名)・〈1.56〉(動物・獣・鳥類・はちゅう類・魚・虫)の外
　　 来語 － 日本語が有意に大

　これらの意味分野に属する外来語のうち、日本語と韓国語の両方に入っているのは'スケート(〈1.3374〉)、レンズ・テレビ・ラジオ・エンジン・タクシー・バス(〈1.46〉)、トマト(〈1.5520〉)'8語である。その他に、韓国語にのみ入っている外来語は'비닐-하우스(ビニールハウス)(〈1.4410〉)、피스톤(ピストン)(〈1.46〉)、코스모스(コスモス)(〈1.5520〉)'3語しかないのに対して、日本語にのみ入っている外来語は下記の74語である。

ゲーム・サッカー・スキー・スポーツ・テニス・ドッジボール・バスケットボール・バドミントン・マラソン・リレー(〈1.3374〉)、オーバー・コート・シャツ・ジャンパー・スカート・ズボン・セーター・ワイシャツ(〈1.4230〉)、アイスクリーム・カステラ・ガム・キャラメル・ケーキ・チョコレート(〈1.4340〉)、ビル・トイレ・ベッド・カーテン・テント・ドア・マット・ストーブ・ソファー・ヒーター・ベンチ(〈1.44〉)、アイロン・シャベル・ジョウロ・スコップ・ブラシ(〈1.4540〉)、ランプ・カメラ・フィルム・アンテナ・マイク・ポンプ・ミシン・モーター・ロボット・エスカレーター・エレベーター・オートバイ・ケーブルカー・トラック・ボート・ヨット・ヘリコプター・ロケット(〈1.46〉)、オレンジ・カーネーション・カボチャ・キャベツ・クローバー・サボテン・チューリップ・パイナップル・バナナ・レモン(〈1.5520〉)、コアラ・チンパンジー・パンダ・ライオン・カナリア・ペンギン(〈1.56〉)

韓国語に入っている外来語のうち、本研究が用いた日本語の語彙資料に収録されているのは'ビニールハウス'のみである。'피스톤(ピストン)'が韓国語の「小学生基本語彙」に選定されているのは、4種類の韓国語の語彙資料にすべて収録されているからであるが、국어연구소(国語研究所1986・1987)におけるその現われ方を見ると、「自然」という教科にのみ21回も出現している。このことから、'피스톤(ピストン)'は学習用外来語であることが分かる。

　一方、日本語にのみ入っている外来語のうち、韓国語の語彙資料に収録されていない語は'サッカー・テニス・バスケットボール(〈1.3374〉)、シャツ・ズボン(〈1.4230〉)、カステラ・ケーキ(〈1.4340〉)、トイレ・ベッド・ドア・ベンチ(〈1.44〉)、アイロン・シャベル・ジョウロ・スコップ(〈1.4540〉)、ミシン・エスカレーター・ヨット(〈1.46〉)、カボチャ・キャベツ・サボテン(〈1.5520〉)、コアラ・パンダ・ライオン(〈1.56〉)'24語である。韓国語の「小学生基本語彙」には'サッカー、バスケットボール、ズボン、トイレ、ベッド、ドア、カボチャ、ライオン'に対応する語として'축구(蹴球：サッカー)、농구(籠球：バスケットボール)、바지(ズボン)、변소(便所)、침대(寝台)、문(門)、호박(カボチャ)、사자(獅子)'のような語が選定されている。なお、「小学生基本語彙」には選定されていないが、'アイロン、シャベル、ジョウロ、スコップ、ミシン、キャベツ、サボテン'に対応する韓国語は'다리미(アイロン)、삽(シャベル・スコップ)、물뿌리개(ジョウロ)、재봉틀(裁縫ー：ミシン)、양배추(洋ー：キャベツ)、선인장(仙人掌：サボテン)'のように外来語ではない。これを見ると、日本語が韓国語より外来語を多く用いる傾向にあることが分かる。

　上記のように、韓国語の「小学生基本語彙」に外来語があまり選定されていないのは、「国語醇化運動」という言語政策のためであると考えられる。特に、教育現場では学習に必要な語やすっかり定着してしまった語以外の外来語の使用は極力避けられている。

　また、上記の意味分野以外にも、日本語が有意に大である〈1.42〉（衣料・布・織物など）、〈1.4540〉（農工具など）の全体は外来語が原因で差が生じた意味分野である。

(24) 〈1.352〉(対面・応接・紹介など)、〈1.35〉(交わり・集会・対面・約束・協力・平和・攻防・勝敗・軍事)の固有語 － 日本語が有意に大

　〈1.352〉の意味分野に属する韓国語は'초대(招待)'1語のみであるが、日本語は'案内、家庭訪問、招待、見舞い、面会、歓迎、出迎え、迎え、別れ、紹介'10語である。韓国語の「小学生基本語彙」では、'案内、紹介'は動詞'안내(案内)하다(－する)、소개(紹介)하다(－する)'の語幹に見られる。なお、'家庭訪問'という語自体は韓国語の「小学生基本語彙」には入っていないが、その構成要素が'가정(家庭)、방문(訪問)하다(－する)'のような見出し語にそれぞれ見られる。なお、'面会、歓迎'のうち、'面会'は韓国語の語彙資料には収録されていないが、'歓迎'は李應百・李仁燮・金承烈(1982)と국어연구소(国語研究所1986・1987)の2種類の資料に載っており、국어연구소(国語研究所1986・1987)において、この語が含まれている見出し語の頻度を見ると、'환영(歡迎)3、환영객(歡迎客)4、환영(歡迎)하다(－する)6'となっているので、韓国語においても'환영(歡迎)'は基本度の高い語であるといえる。一方、日本語の'見舞い、出迎え、迎え、別れ'に対応する韓国語は'문병(問病)・문안(問安)(見舞い)、마중(出迎え・迎え)、이별(離別)・헤어짐(別れ)'のような語であるが、そのうち、'헤어짐(別れ)'は韓国語の語彙資料には収録されていない。それ以外の語の국어연구소(国語研究所1986・1987)における頻度が'마중5・마중하다1、문병(問病)2、문안(問安)2・문안(問安)하다(－する)1・문안(問安)드리다(－申し上げる)1、이별(離別)하다(－する)1'であることを見ると、これらの語はいずれも韓国語においてはそれほど基本度の高い語ではないことが分かる。

　次に、〈1.35〉の固有語に属する日本語を見ると、上記の‘見舞い、出迎え、迎え、別れ’の他に、‘仲直り、頼み、試合、戦い、勝ち、負け、引き分け’のような和語が含まれている。そのうち、‘戦い’は韓国語に入っている‘싸움’と対応する。それ以外の語のうち、‘시합(試合)’は韓国語では漢語である。なお、‘仲直り、頼み’に対応する韓国語もそれぞれ‘화해(和解)、부탁(付託)’のような漢語である。また、‘勝ち、負け、引き分け’に対応する韓国語の固有語は動詞‘이기다(勝つ)、지다(負ける)、비기다(引き分ける)’から派生した‘이김(勝ち)、짐(負け)、비김(引き分け)’であるが、名詞としてはそれよりは‘승리(勝利)、패배(敗北)、무승부(無勝負)’のような漢語がよく用いられる。

(25)〈1.3600〉(支配・政治・革命)－ 韓国語が有意に大

　この意味分野はその所属語がすべて漢語であるため、語種別の意味分野別構造分析においても有意差が生じている。

　この意味分野に属する韓国語には日本語には入っていない‘건국(建国)、공산(共産)、관리(管理)、독재(獨裁)、사변(事変)、의거(義擧)、임진왜란(壬辰倭亂：文禄の役)’のような語がある。そのうち、‘임진왜란(壬辰倭亂：文禄の役)’からは日本と韓国の歴史上の関係を見ることができる。それ以外の語のうち、‘사변(事変)、의거(義擧)’は‘6・25사변(6・25事変：朝鮮戦争)、4・19학생의거(4・19学生義擧)’のような語によく使われる。なお、姜信沆(1991)によると、‘건국(建国)、공산(共産)’は1945年に、‘4・19학생의거(4・19学生義擧)’は1960年に、‘독재(獨裁)’という語が入っている‘군부 독재 타도(軍部 獨裁 打倒)’は1985年にそれぞれ新語として現われたそうである。これを見ると、この意味分野の韓国語のうち、‘건국(建国)、공산(共産)、독재(獨裁)、사변(事変)、의거(義擧)’は韓国の近・現代史と関係のある語であることが分かる。

(26) 〈1.3850〉(設備・作業・手当て・処理)の漢語 − 日本語が有意に大

　　ここに所属する語のうち、日本語と韓国語の両方に入っているのは‘作業’1語のみである。その他に、日本語には‘始末、修繕、修理、照明、処理、設備、暖房、冷房’8語あるが、韓国語には‘시설(施設)’1語しかない。‘施設’は本研究が用いた日本語の語彙資料には収録されていない。その原因は、それと似たような意味を表わす‘設備’という語があるからではないかと考えられる。　一方、日本語にのみ入っている語のうち、‘始末’は韓国語にもある漢語であるが、韓国語では日本語のように「処理」の意味ではなく、「始めと終わり」の意味である。しかし、その基本度は極めて低い。なお、‘処理’は韓国語の「小学生基本語彙」では‘처리(処理)하다(−する)’という動詞の語幹に見られる。次に、국어연구소(国語研究所1986・1987)において‘修理、照明、暖房’が含まれている見出し語の頻度を見ると、‘수리(修理)2・수리공(修理工)1・수리소(修理所)1・수리(修理)하다(−する)6、조명(照明)7・조명등(照明燈)2・조명탄(照明彈)2、난방(煖房)12・난방비(煖房費)1・난방용(煖房用)2’のようになっている。これを見ると、これらの語は韓国語においても基本度が高い語であることが分かる。　一方、‘설비(設備)、냉방(冷房)’は 李應百・李仁燮・金承烈(1982)にのみ収録されており、국어연구소(国語研究所1986・1987)において‘수선(修繕)’という語が含まれている見出し語‘수선소(修繕所)’の頻度は1であるので、韓国語では、このような漢語は小学生にとってそれほど重要度の高い語ではないといえよう。

(27) 〈1.4010〉(持物・売物・みやげなど)の固有語 − 日本語が有意に大

　　この意味分野に属する韓国語には固有語が1語もないが、日本語には‘獲物、落し物、形見、土産、忘れ物’5語の和語が含まれている。そのうち、‘土産’に対応する韓国語は漢語‘선물(膳物)’であるが、「小学生基本語彙」では〈1.3770〉(譲与)の意味分野に入っている。なお、‘忘れ物’に

は名詞ではなく‘잊은 물건(忘れた物)’のような名詞句が対応する。次に、それ以外の語に対応する韓国語を示すと、‘獲物：사냥감、落し物：분실물(紛失物)・유실물(遺失物)、形見：기념물(記念物)・유품(遺品)’の通りである。しかし、このような語の韓国語における基本度は低い。また、日本語では‘落し物、忘れ物’を‘落し物をする、忘れ物をする’のように使う場合も多いが、韓国語ではそれぞれ‘물건을 떨어뜨리다(物を落とす)、물건을 잊다(物を忘れる)’のように表わす。ここに日韓両言語の表現形式の違いが見られる。

(28)〈1.41〉(資材)の漢語 － 韓国語が有意に大

この意味分野に属する韓国語には韓国語特有の漢語が多く含まれている。それを示すと、‘판지(板紙)、휴지(休紙)、유리(琉璃)、판(板)、판자(板子)、통(筒)、용수철(龍鬚鐵)、추(錘)、철사(針金)’のような語である。そのうち、‘板紙、板、筒’は日本語では訓読みされる語であり、したがって語種は和語である。なお、‘휴지(休紙)、판자(板子)、추(錘)、철사(針金)’に対応する日本語もそれぞれ‘塵紙、板、重り、針金’のような和語である。また、‘유리(琉璃)’には外来語‘ガラス’が対応し、‘용수철(龍鬚鐵)’には和語‘ばね’または外来語‘スプリング’が対応する。

(29)〈1.44〉(住居・家屋・門・へや・屋根・棚・戸・家具)の固有語 － 日本語が有意に大

ここに所属する日本語のうち、‘城、墓、建物、部屋、壁、窓、戸、机’に対応する韓国語はすべて漢語である。その対応関係を示すと、‘城：성(城)、墓：묘(墓)、建物：건물(建物)、部屋：방(房)、壁：벽(壁)、窓：창(窓)、戸：문(門)、机：책상(冊床)’のようになる。‘城、墓、建物、壁、窓’は、日韓両言語が同じ漢字を用いているが、日本語は訓読み、韓国語は音読みの違いがある。そのうち、韓国語の‘벽(壁)、

문(門)’に対応する固有語は‘바람(壁)、지게(門)’であるが、韓国語の固有
語にはそれと同音異義語の関係にある‘바람(風)、지게(背負子)’のような
語もある。そのため、‘바람(壁)、지게(門)’は、漢語‘벽(壁)、문(門)’とは
意味衝突を、固有語‘바람(風)、지게(背負子)’とは同音衝突を起こし、死
語化したのである(金宗澤1971)。つまり、‘바람(壁／風)→벽(壁)／바람
(風)、지게(門／背負子)→문(門)／지게(背負子)’のように変化したのであ
る。なお、‘성(城)’も‘잣(柏／城)→성(城)／잣(柏)’のような同音衝突が原
因で漢字語に代替されたものである(임지룡1992)。

　また、この意味分野の日本語には‘押し入れ、畳、襖’のような語があ
るが、これらは日本の家屋に独特なものである。

(30)〈1.4470〉(家具)－ 日本語が有意に大

　この意味分野に属する日本語にも韓国語には入っていない‘ストー
ブ、ソファ、ヒーター、ベンチ’のような外来語が含まれている。このよ
うな外来語が韓国語の「小学生基本語彙」に選定されていないのは、先に
述べた「国語醇化運動」が関係していると思われる。なお、日本語には韓
国語の‘의자(椅子)’に対応する語が‘椅子、腰掛け’2語ある。また、日本
語には‘炬燵’という語が入っているが、これは日本に特有なものであ
る。日本でこのようなものが必要であるのには日本の建物の構造が関係
していると思われる。つまり、日本の建物は韓国の‘온돌(溫突：床暖房)’
のような暖房方式にはなっていないので、‘炬燵’のような暖房器具が必
要なのであるが、韓国では、そのようなものを特別に必要としないので
ある。

(31) 〈1.4500〉(道具)・〈1.451〉(容器・びん・桶・箱・袋・籠)の漢語 − 韓国語が有意に大

　これらの意味分野に属する漢語のうち、日本語と韓国語の両方に入っているのは'器具・道具(〈1.4500〉)、瓶(〈1.451〉)'3語である。その他に、日本語には'花瓶・水筒・鉢・封筒(〈1.451〉)'4語、韓国語には'고려자기(高麗磁器)・국보(国寶)・도자기(陶磁器)・문화재(文化財)・보물(寶物)・용구(用具)・주사기(注射器)(〈1.4500〉)、용기(容器)・상(床：お膳)・시험관(試験管)・어항(魚缸：金魚鉢)・유리병(琉璃瓶)・쟁반(錚盤：お盆)・화분(花盆：植木鉢)・수조(水槽)・갑(匣：箱)・상자(箱子)・필통(筆筒：筆箱)・배낭(背囊)・봉지(封紙：袋)・봉투(封套：封筒)(〈1.451〉)'21語ある。「小学生基本語彙」では、日本語'花瓶、水筒'には韓国語の混種語'꽃병(−瓶：花瓶)、물통(−桶：水筒)'が、韓国語の'보물(寶物)、용기(容器)'には日本語の和語'宝、入れ物'がそれぞれ対応している。それ以外の語のうち、日本語の'鉢、封筒'と韓国語の'상(床)、어항(魚缸)、쟁반(錚盤)・화분(花盆)・갑(匣)・상자(箱子)・필통(筆筒)・봉지(封紙)・봉투(封套)'はそれぞれの言語に特有な漢語である。それ以外の韓国語に入っている語のうち、'水槽'だけが工藤真由美(1996)が用いた『こどもことばえじてん』に収録されているが、偏った分布をしているため、日本語の「小学生基本語彙」には選定されていない。なお、日本語における'背囊'の基本度は極めて低いと思われるが、韓国語では、登山用カバンを'배낭(背囊)'というので、その基本度が高くなったと考えられる。

(32) 〈1.4710〉(道路・橋)の漢語 − 日本語が有意に大

　ここに所属する韓国語は'도로(道路)、철로(鉄路)'2語のみであるが、日本語は'横断歩道、交差点、高速道路、車道、水道、線路、通路、鉄橋、道路、歩道、歩道橋'11語である。日本語の語彙資料には韓国語に入っている'鉄路'は収録されていない。これを見ると、日本語では'鉄

路’が基本度の低い語であることが分かる。一方、日本語にのみ入っている語のうち、‘横断歩道、交差点、歩道橋’は韓国語の語彙資料には収録されていない語である。韓国語では、これらの語と同じ意味を表わす語として‘건널목(踏切り)、네거리(四つ角)、육교(陸橋)’のような語がよく用いられる。국어연구소(国語研究所1986・1987)におけるその頻度は‘건널목(踏切り)4、네거리(四つ角)3、육교(陸橋)12’の通りである。これを見ると、육교(陸橋)’はわずかな差で「小学生基本語彙」に選定されていないが、‘건널목(踏切り)、네거리(四つ角)’は小学校段階ではそれほど基本度の高い語ではないことが分かる。なお、‘차도(車道)、철교(鉄橋)’は李應百・李仁燮・金承烈(1982)と국어연구소(国語研究所1986・1987)に収録されているが、국어연구소(国語研究所1986・1987)におけるその頻度がそれぞれ10と1であることを見ると、‘차도(車道)’もわずかな差で「小学生基本語彙」に選定されていないことが分かる。一方、‘고속도로(高速道路)、통로(通路)’は李應百・李仁燮・金承烈(1982)にのみ収録されており、국어연구소(国語研究所1986・1987)にのみ収録されている‘선로(線路)−頻度1、보도(歩道)−頻度4’は低頻度語であるため、韓国語の「小学生基本語彙」には選定されていないのである。‘수도(水道)’も李應百・李仁燮・金承烈(1982)にのみ収録されているが、국어연구소(国語研究所1986・1987)において、‘수도(水道)’が含まれている見出し語の頻度は‘수도관(水道管)2、수돗물(水道−)18、수도꼭지(水道−)4、수돗가(水道−)5’のようになっているので、‘수도(水道)’は韓国語においても基本度の高い語であるといえる。

(33) 〈1.5240〉(地形・山野)、〈1.52〉(天地)の漢語と混種語 − 韓国語が有意に大

　これらの意味分野では、韓国語に‘강산(江山：山川)、굴(窟：洞)、뒷산(−山：裏山)、땅굴(−窟：洞穴)、산(山)、산골짜기(山−：谷)、산마루

(山－：尾根)、강(江)、호수(湖水)、연못(蓮－：蓮池)’のような語が含ま
れていることが主な差の原因である。ここで、特に注目されるのは、韓
国語において‘강(江)、산(山)’のような基本的な語が漢語であることであ
る。これらの語も‘가람(江／代身)→강(江)／대신(代身)、뫼(山／飯)→산
(山)／뫼〉밥(飯)’のような同音衝突が原因で漢語に代替されたのである
(千時權・金宗澤1997)。なお、古語においては‘가람’が「湖」の意味も表わ
す多義語であったが、現代語では‘가람(江／湖)→강(江)／호수(湖水)’の
ように意味が分化されている。また、韓国語における‘연못(蓮－：蓮池)’
は「池」全般を表わすのが特徴である。厳密にいえば、日本語の‘池’に対
応する韓国語は‘못’であるが、それよりは‘연못(蓮－：蓮池)’という語が
「池」全般を表わす語としてよく用いられている。その原因は、1音節で
ある‘못’の形態的な不安定性にあるのではないかと考えられる。

(34)〈1.5520〉(植物名)の固有語 － 韓国語が有意に大

　この意味分野に属する韓国語の固有語のうち、‘고추(とうがらし)、도
라지(桔梗)、무우(大根)、배추(白菜)、파(葱)’のような語は韓国の食文化
と深い関わりをもつ語であると思われる。そのうち、‘고추(とうがら
し)、무우(大根)、배추(白菜)、파(葱)’は韓国の伝統的な食品である‘김치
(キムチ)’と関係の深いものであり、‘도라지(桔梗)’も韓国ではよく食べる
食べ物のひとつである。そのため、このような語の韓国語における基本
度が高くなったと考えられる。これは、この意味分野の日本語にのみ
‘梅’という語が入っているのと対照的である。なお、韓国語には、日本
語には入っていない‘개나리(連翹)、진달래・철쭉꽃(躑躅)’のような語があ
るが、韓国語においてこのような語の基本度が高いのは、このような花
が韓国人にとって馴染みの深い花であるからではないかと考えられる。
これも、日本語にのみ‘桜’という語が入っているのと対照的である。
　その他に、この意味分野に属する韓国語の固有語‘수박、호박’には日

本語の漢語'西瓜'と外来語'カボチャ'がそれぞれ対応している。

(35) 〈1.5530〉(枝・葉・花など) – 韓国語が有意に大

　この意味分野では、韓国語に'개나리꽃(連翹の花)、꽃가루(花粉)、꽃송이(花の房)、꽃씨(花の種)、꽃잎(花の葉)、나뭇가지(木の枝)、나뭇잎(木の葉)、단풍(丹楓)잎(紅葉)、볍씨(種籾)、빨강 꽃(赤い花)、은행(銀杏)잎(銀杏の葉)、풀잎(草の葉)'のような複合語が多く含まれているため、差が生じている。韓国語の「小学生基本語彙」にこのような複合語が多く選定されているのは、韓国語の語彙資料の語彙調査単位が原因であるが、そもそも、韓国語において上記のような複合語が形成されやすかったのには、先にも述べたように、韓国語では日本語と違って名詞と名詞の間に格助詞「의(の)」が来るのを嫌うという言語構造上の特徴が深く関係している。

(36) 〈1.56〉(動物・獣・鳥類・はちゅう類・魚・虫)の固有語 – 韓国語が有意に大

　この意味分野に属する韓国語の固有語のうち、'다람쥐(栗鼠)、코끼리(象)、나비(蝶)、애벌레(幼虫)'に対応する日本語は漢語であり、'꿀벌(蜜蜂)'に対応する日本語は混種語である。このように、この意味分野では語種による差が見られる。

　また、韓国語には日本語には入っていない'까치(かささぎ)'という語があるが、かささぎは韓国では吉鳥でもあり、よく見掛ける鳥でもあるから、韓国語における'까치(かささぎ)'という語の基本度が高くなっていると考えられる。

　次に、韓国語には'번데기(さなぎ)、가재(ざりがに)、우렁이(田螺)'のような語が含まれているが、これらの語に対応する日本語の基本度はかなり低いと思われる。実際に、日本語の語彙資料を調べてみたところ、エ

藤真由美(1996)が用いた『こどもことばえじてん』に'さなぎ、ざりがに'
が収録されているのみである。このように、韓国語において'번데기(さ
なぎ)、가재(ざりがに)、우렁이(田螺)'のような語の基本度が高いのは、
いずれも韓国ではよく食べるものであるからではないかと考えられる。
ここに日本と韓国の食文化の違いが見られる。

(37) 〈2.12〉(存在・成立・保存)・〈2.150〉(改新・開始・連続)・〈2.152〉(移
　　　動・通過・往復)・〈2.305〉(まね・学習・慣れ)・〈2.3062〉(試験・計量・
　　　探求・発見)・〈2.3063〉(推測・判断)・〈2.309〉(見聞き)・〈2.313〉(談
　　　話・問答)・〈2.33〉(労働・生活・動作)・〈2.34〉(行為・失敗)・〈2.352〉
　　　(約束・交渉)・〈2.353〉(競争・攻防・勝敗)・〈2.370〉(所有・取得)・
　　　〈2.3852〉(扱い・使用)の混種語、〈2.1584〉(発達)、〈2.3021〉(対人
　　　感情)、〈2.3065〉(研究・実験・調査・検査など)、〈2.308〉(計画)、
　　　〈2.3540〉(協力・参加)、〈2.3701〉(所有)− 韓国語が有意に大

　これらの意味分野では、韓国語に日本語のサ変動詞に相当する動詞が
多く含まれていることが原因で差が生じている。これは、韓国語の語彙
資料は日本語のサ変動詞に相当する「名詞＋하다・되다・시키다(する・さ
れる・させる)」構成の動詞を一単位として語彙調査を行っているのに対
して、日本語の語彙資料では「漢字一字＋する」以外のサ変動詞は認めて
いないからである。

　上記の意味分野に属する韓国語を以下に示す。下線が引いてある漢語
は日本語の「小学生基本語彙」に名詞として選定されているものである。

발생(発生)하다・발휘(発揮)하다・실현(実現)하다・등장(登場)하다・편리(便
利)해지다・확립(確立)하다・완성(完成)하다・망(亡)하다・보전(保全)하다・보
존(保存)하다・유지(維持)하다・유지(維持)되다(以上、〈2.12〉の混種語)、변
(変)하다・변화(変化)하다・변화(変化)시키다・시작(始作)하다・시작(始作)되

다・계속(継続)하다・계속(継続)되다(以上、〈2.150〉の混種語)、도착(到着)
하다・이동(移動)하다・착륙(着陸)하다・출발(出発)하다・보급(普及)되다・통
과(通過)하다・도망(逃亡)가다・도망(逃亡)치다・추진(推進)하다・통(通)하
다・진행(進行)되다・소풍(逍風)가다・왕래(往来)하다(以上、〈2.152〉の混種
語)、본(本)받다・연습(練習)하다・경험(経験)하다・기념(紀念)하다・기억(記
憶)하다(以上、〈2.305〉の混種語)、유의(留意)하다・이해(理解)하다・조심
(操心)하다・주의(注意)하다・해결(解決)하다・확인(確認)하다(以上、
〈2.3062〉の混種語)、구별(区別)하다・구분(区分)하다・분류(分類)하다・비
교(比較)하다・선택(選択)하다・정리(整理)하다・정(定)하다・정(定)해지다
(以上、〈2.3063〉の混種語)、견학(見学)하다・발견(発見)하다・발견(発見)
되다・지정(指定)되다・표시(表示)하다・표시(表示)되다(以上、〈2.309〉の混
種語)、답(答)하다・대답(対答)하다・의논(議論)하다・토의(討議)하다・설명
(説明)하다(以上、〈2.313〉の混種語)、종사(従事)하다・생활(生活)하다・세
수(洗手)하다・입학(入学)하다・졸업(卒業)하다・여행(旅行)하다・수영(水
泳)하다・운동(運動)하다(以上、〈2.33〉の混種語)、위(為)하다・행동(行動)
하다・실시(実施)하다・실천(実践)하다・활동(活動)하다・활약(活躍)하다・달
성(達成)하다・성공(成功)하다(以上、〈2.34〉の混種語)、방문(訪問)하다・
안내(案内)하다・청(請)하다・초대(招待)하다・소개(紹介)하다(以上、
〈2.352〉の混種語)、약속(約束)하다・피(避)하다・당부(当付)하다・의지(依
支)하다・반대(反対)하다・용서(容恕)하다(以上、〈2.353〉の混種語)、취
(取)하다・보관(保管)하다・예금(預金)하다・저금(貯金)하다・저축(貯蓄)하다
(以上、〈2.370〉の混種語)、사용(使用)하다・사용(使用)되다・이용(利用)하
다・이용(利用)되다・활용(活用)하다(以上、〈2.3852〉の混種語)、발달(発達)
하다・발달(発達)되다・발달(発達)시키다・발전(発展)하다・발전(発展)되다・
발전(発展)시키다・향상(向上)시키다(以上、〈2.1584〉)、감사(感謝)하다・감
상(鑑賞)하다・숭상(崇尚)하다・존경(尊敬)하다・존중(尊重)하다(以上、
〈2.3021〉)、관찰(観察)하다・발명(発明)하다・발명(発明)되다・연구(研究)하

다·조사(調査)하다(以上、〈2.3065〉)、주장(主張)하다·대비(対備)하다·마련하다·마련되다·준비(準備)하다·계획(計劃)하다(以上、〈2.308〉)、단결(團結)하다·참가(参加)하다·참여(参与)하다·협동(協同)하다·협력(協力)하다(以上、〈2.3540〉)、간직하다·보관(保管)하다·예금(預金)하다·저금(貯金)하다·저축(貯蓄)하다·차지하다(以上、〈2.3701〉)

　上記の韓国語の動詞を見ると、漢語を語幹にもつ語が多いのが目立つ。そのうち、'망(亡)하다(亡びる)、변(変)하다(変わる)、시작(始作)하다·시작(始作)되다(始める·始まる)、도망(逃亡)가다·도망(逃亡)치다(逃げる)、왕래(往来)하다(行き来する)、본(本)받다(見習う)、정(定)하다(定める)、정(定)해지다(定まる)、답(答)하다·대답(対答)하다(答える)、위(爲)하다(為にする)、청(請)하다(請う)、피(避)하다(避ける)、당부(当付)하다(頼む)、의지(依支)하다(頼る)、용서(容恕)하다(許す)、취(取)하다(取る)、숭상(崇尚)하다(崇める)、대비(対備)하다(備える)'などのような動詞に対応する日本語の動詞はすべて和語である。このことから、韓国語の動詞が日本語のそれに比べて漢語の影響を強く受けていることが分かる。
　また、上記の意味分野のうち、〈2.1584〉（発達）、〈2.3021〉（対人感情）、〈2.3065〉（研究·実験·調査·検査など）、〈2.3540〉（協力·参加）はその所属語がすべて混種語であるため、語種別の意味分野別構造分析においても有意差が生じている。

(38)　〈2.1330〉(取合せ·つりあい)、〈2.1550〉(合い·組み·解け)、〈2.13〉(整備)·〈2.1550〉(合い·組み·解け)の固有語 － 日本語が有意に大

　〈2.1330〉と〈2.1550〉の意味分野に属する語のうち、'適する(〈2.1330〉)、합(合)치다·합(合)하다(－する)(〈2.1550〉)'以外はすべて〈2.13〉と〈2.1550〉の固有語にも入っている。そこで、ここでは、〈2.13〉と〈2.1550〉の固有語を対象として差が生じた原因を考えてみることに

する。

　〈2.13〉と〈2.1550〉の固有語では、日本語に‘揃う－揃える・散らかる－散らかす・整う－整える・乱れる－乱す・外れる－外す・叶う－叶える・緩む－緩める（〈2.13〉）、解ける（とける）－解く（とく）・放れる－放す・解ける（ほどける）－解く（ほどく）（〈2.1550〉）’のような自他の関係にある動詞が多いのが特徴である。

　次に、それぞれの意味分野において日本語に特徴的だと思われる語を挙げてみると、‘備える・叶う・叶える・釣り合う・似合う・緩む・緩める（〈2.13〉）、解ける（とける）・解ける（ほどける）・解く（とく）・解く（ほどく）・絡む・絡まる・縺れる（〈2.1550〉）’のようになる。そのうち、日本語の‘備える’に対応する韓国語は「漢語＋하다」構成の動詞‘대비（対備）하다’である。なお、韓国語には日本語の‘緩む、緩める’に対応する単純語動詞はなく、それぞれ形容詞‘느슨하다（緩い）’に補助動詞‘지다、하다’を後接して‘느슨해 지다（緩む）、느슨하게 하다（緩める）’のように表わす。それ以外の語の韓国語との対応関係を示すと次の通りである。

・<u>叶う</u>／成り立つ／成る／出来上がる ― 이루어지다

・<u>叶える</u>／成す／遂げる ― 이루다

・<u>釣り合う</u>／<u>似合う</u>／交わる ― 어울리다

・<u>解く（とく）</u>／<u>解く（ほどく）</u>／外す ― 풀다

・<u>解ける（とける）</u>／<u>解ける（ほどける）</u> ― 풀리다

・<u>絡む</u>／<u>絡まる</u>／<u>縺れる</u> ― 얽히다

　上記の日本語と韓国語の対応関係を見ると、日本語では意味を細かく区別する動詞が多様に発達していることが分かる。ここに、日本語と韓国語の世界の切り取り方の違いが見られる。

(39) ⟨2.3063⟩(推測・判断)の固有語 － 日本語が有意に大

　ここに所属する語は日本語のみである。それを示すと'打ち消す、決まる、決める、迷う、見抜く、見破る'のような語である。そのうち、'打ち消す、決まる、決める、見抜く、見破る'に対応する韓国語は'부정(否定)하다(打ち消す)、정(定)해지다(決まる)、정(定)하다(決める)、간파(看破)하다(見抜く・見破る)'のような漢語を語幹にもつ動詞である。ここでも、韓国語の動詞が漢語の影響を強く受けていることが分かる。

(40) ⟨2.339⟩(動作・立ち居) － 日本語が有意に大

　この意味分野はその所属語がすべて固有語であるため、語種別の意味分野別構造分析においても有意差が生じている。

　この意味分野では、日本語に入っている'拝む、睨む、暴れる、躓く、跨る、跨ぐ、くすぐる、絞る、抓る、引っ掻く、毟る、齧る、舐める、吐く'などのような動詞に対応する韓国語の動詞が韓国語の「小学生基本語彙」には選定されていないことが原因で差が生じている。

　そこで、ここでも、日本語に特徴的だと考えられる語とそれに対応する韓国語を示してみることにする。線が引いてある語がこの意味分野の所属語である。

・捕まえる／捕らえる／掴む／取る － 잡다

・捕まる／取れる － 잡히다

・座る／腰掛ける／着く － 앉다

・跨ぐ／越える － 넘다

・噛む／銜える － 물다

・〔鼻を〕かむ／解く／外す － 풀다

・吸う／しゃぶる － 빨다

　上記の対応関係からも、日韓両言語の世界の切り取り方の違いを見ることができる。

(41) 〈2.3420〉(行為) − 韓国語が有意に大

　この意味分野で差が生じているのは、韓国語に'이러다・이리하다(こうする)、그러다・그리하다(そうする)、어찌하다(どうする)'のような、指示語から形成された動詞が多く含まれているからである。なお、韓国語に日本語の'する'に対応する語が'하다(<u>する</u>)、삼다(〜に<u>する</u>)'2語あるのが特徴である。

　また、この意味分野の所属語のうち、韓国語の'위(爲)하다(為にする)'を除くすべての語が固有語であるため、語種別の意味分野別構造分析においても〈2.3420〉の固有語で有意差が生じている。

(42) 〈2.368〉(待遇)の全体と固有語 − 日本語が有意に大

　この意味分野に属する日本語と韓国語を対応させてみると、'誉める：칭찬(稱讚)하다、からかう・冷やかす：놀리다'のようになる。その他に、日本語には'謝る、責める、頼る、煽てる、懲らしめる、叱る、苛める、労る、脅かす、誤魔化す、騙す、宥める'12語、韓国語には'보답(報答)하다(報いる)、속다(騙される)'2語ある。

(43) 〈2.5060〉(凝り・粘り・澄み)− 日本語が有意に大

　この意味分野における差の原因は前節に述べた通りであるので、「1.1.4 小数点以下第3位までの分析」の〈2.506〉(凝り・粘り・澄み)の項目を見ていただきたい。なお、この意味分野はその所属語がすべて固有語であるため、語種別の意味分野別構造分析においても有意差が生じている。

(44)〈2.3851〉(練り・塗り・射ちその他)の固有語 − 日本語が有意に大

　この意味分野に属する日本語と韓国語は'撃つ：쏘다、研ぐ：갈다、塗る：바르다'のように対応するが、日本語にはその他にも'捏ねる、梳かす、綴じる、撮る、練る、彫る、磨く'7語が含まれている。しかし、韓国語の「小学生基本語彙」にはそれに対応する語が選定されていない。

(45)〈3.1000〉(こそあど) − 韓国語が有意に大

　この意味分野では、韓国語に日本語の「こ・そ・あ・ど」に相当する「이・그・저・어느」から形成された語が多く含まれているため差が生じているが、そのうち、'이리(こちらへ)、그리(そちらへ)、저리(あちらへ)'は、日本語にはない方向を表わす指示副詞である。この指示副詞は、次の例のように、状態を表わす場合にも用いられる。

　　a. 이리 오십시오.(こちらへ来てください。) − 方向
　　b. 왜 이리 추울까.(何でこんなに寒いんだろう。) − 状態

　なお、韓国語には、「이・그・저・어느」と語形の繋がりはないが、意味の上で関係のある語として'무슨(何の)、웬(どうした)、아무렇다(どうだ)、아무리(どんなに)'のような語が含まれている。'무슨(何の)'と'웬(どうした)'は共に疑問を表わす指示冠形詞である。そのうち、'웬'の語源は明らかにされていないが、'무슨'についてはその成立過程が明らかにされている。'무슨'は現代語では冠形詞の機能しかもたないが、中世韓国語(10世紀初〜16世紀末)においては'므스、므슷、므슴、므슴'の4形態があり、'므슷'以外は一つの名詞として現代語の'무엇(何)'と同じ機能をしていたことが報告されている。それが形態上の変化を経て、冠形詞の機能のみを担うようになったのである(金光海1995)。そのため、日本語では'何の'という2語から成る句で表わされるところを韓国語では'무슨'1

語で表わすことができるのである。次に、'아무렇다(どうだ)'と'아무리(どんなに)'はそれぞれ不定の意味を表わす指示形容詞と指示副詞である。

　上記の例のように、日本語では「ど」系列の語が不定の意味も表わせるのに対して、韓国語の「어느」系列の語は性質や状態の意味しか表わさない。つまり、日本語の「ど」系列の語には性質や状態のほかに不定の意味も表わすという特徴がある。
　また、この意味分野の韓国語には'내(僕の)、제(私の)、네(君の)'のような冠形詞があるのが特徴である。

(46) 〈3.11〉(関係・相互・異同)、〈3.1120〉(相互・異同)の固有語 － 韓国語が有意に大

　これらの意味分野における差の原因は、前節に述べた通りであるので、「1．1．3 小数点以下第2位までの分析」の〈3.11〉(関係)の項目を見ていただきたい。

(47) 〈3.13〉(繁簡・普通・特別・良不良・調子)・〈3.1950〉(多い・少ない)・〈3.34〉(身上・偉い・純情・がんこ・強気・快活・みずから・熱心・細心)・〈3.36〉(公式・公平・対人感情)の漢語 － 日本語が有意に大

　これらの意味分野に属する韓国語には漢語が'보통(普通)・특별(特別)・최선(最善)・안전(安全)(〈3.13〉)、조심조심(操心操心：恐る恐る)(〈3.34〉)、공동(共同)(〈3.36〉)'6語しかないが、日本語には'簡単・単純・複雑・面倒・最低・非常・普通・重大・特殊・独特・特別・不自然・適切・適当・安全・結

構・無事(〈3.13〉)、一杯・沢山・多少・豊富・満点・無数(〈3.1950〉)、正直・
慎重・無邪気・無責任・頑固・卑怯・平気・勇敢・折角・一生懸命・熱心・必
死・本気(〈3.34〉)、共同・厳重・公式・公平・平等・不公平・丁寧
(〈3.36〉)'43語の漢語が含まれている。そのうち、韓国語の'조심조심(操心
操心：恐る恐る)'と日本語の'面倒、非常、結構、一杯、沢山、無邪気、
平気、折角、一生懸命、必死、本気、丁寧'はそれぞれの言語に特有な漢
語である。

(48) 〈3.1340〉(調子・**出来**)・〈3.1990〉(限り・**全く**)・〈3.33〉(風俗・禍福・
　　仕事・衣食住・吉凶・身のふるまい)・〈3.3700〉(経済)の混種語 − 韓
　　国語が有意に大

　これらの意味分野に属する韓国語の混種語は'안녕(安寧)하다(−だ)・안
녕(安寧)히(−に)・안전(安全)하다(−だ)・우수(優秀)하다(−だ)・위험(危険)
하다(−だ)・장(壯)하다(立派だ)・편안(便安)하다(無事だ)・편(便)찮다(安ら
かでない)・편(便)하다(安らかだ)・편(便)히(安らかに)(〈3.1340〉)、완전(完
全)히(−に)・전(全)혀(全く)・충분(充分)히(−に)・투철(透徹)하다(透徹し
ている)・한(限)없이(限り無く)(〈3.1990〉)、귀(貴)하다(貴い)・단정(端正)
하다(−だ)・유명(有名)하다(−だ)・화려(華麗)하다(−だ)・불행(不幸)하다
(−だ)・행복(幸福)하다(−だ)(〈3.33〉)、귀중(貴重)하다(−だ)・불편(不便)
하다(−だ)・소중(所重)하다(大切だ)・소중(所重)히(大切に)・유익(有益)하
다(−だ)・이(利)롭다(有益だ)・중요(重要)하다(−だ)・편리(便利)하다(−
だ)(〈3.3700〉)'のような語である。このような語の語幹に用いられてい
る漢語のうち、'優秀、危険、有名、不幸、幸福、貴重、不便、重要、
便利'は日本語の「小学生基本語彙」にも選定されている。

　上記の韓国語のうち、'안녕(安寧)하다(−だ)、안녕(安寧)히(−に)'は韓
国語ではあいさつ言葉としてよく用いられる語である。なお、'장(壯)하
다(立派だ)、편안(便安)하다(無事だ)、편(便)찮다(安らかでない)、편(便)

하다(安らかだ)、편(便)히(安らかに)、전(全)혀(全く)、한(限)없이(限り無く)、귀(貴)하다(貴い)、소중(所重)하다(大切だ)、소중(所重)히(大切に)、이(利)롭다(有益だ)'のような混種語の語幹に見られる漢語は、日本語では訓読みされるか用いられない漢語である。よって、このような混種語は韓国語に特有な語であるといえよう。

(49) 〈3.1600〉(時) − 韓国語が有意に大

　この意味分野では、'いつも : 늘・언제나・밤낮・항상(恒常)、暫く : 잠간・잠시(暫時)、段々 : 점점(漸漸)・점차(漸次)・차차(次次)、未だ : 미처・아직・덜、もう : 이미・인제・벌써、先ず : 먼저・우선(于先)'のように、韓国語に類義語が多く含まれていることが原因で差が生じている。

(50) 〈3.1660〉(久しい・若い・早い) − 韓国語が有意に大

　この意味分野に属する日本語は'早い、若い'2語のみであるが、韓国語は'길이(長らく)、새로(新たに)、새롭다(新ただ)、어리다(幼い)、오래(長らく)、오래다(久しい)、오랜(長年の)、이르다(早い)、일찍(早く)、젊다(若い)'10語である。

　なお、この意味分野はその所属語がすべて固有語であるため、語種別の意味分野別構造分析においても有意差が生じている。

(51) 〈3.19〉(量・過不足・程度)、〈3.1950〉(多い・少ない)・〈3.1993〉(かなり・はなはだ)の固有語 − 韓国語が有意に大

　これらの意味分野では、韓国語に形容詞から派生した副詞と日本語にはない数冠形詞が多く含まれているため有意差が生じている。それを示すと、'가깝다(近い)〉가까이(近く)、깊다(深い)〉깊이(深く)、넓다(広い)〉널리(広く)、높다(高い)〉높이(高く)、멀다(遠い)〉멀리(遠く)、급(急)하다

（－だ）〉급(急)히(－に)、빠르다(速い)〉빨리(速く)、많다(多い)〉많이(多く)、완전(完全)하다(－だ)〉완전(完全)히(－に)、충분(充分)하다(－だ)〉충분(充分)히(－に)、대단하다(大変だ)〉대단히(大層)、한(一の)、한두(一二の)、두(二の)、세(三の)、석(三の)、서너(三四の)、네(四の)、열두(十二の)'のような語である。特に、韓国語に数冠形詞があるのが特徴的である。

(52) 〈3.199〉(限り・くらい・およそ・かなり)の漢語 － 日本語が有意に大

　ここに所属する日本語は'十分、徹底的、不十分、一番、大概、大体、大抵、約、余計、極端、随分、相当、大分(だいぶん)、大分(だいぶ)、大変、丁度'16語、韓国語は'만(滿)、대강(大綱)、대개(大概)、약(約)、제일(第一：一番)、비교적(比較的)、여간(如干：よほど)'7語である。そのうち、日本語の'一番、余計、随分、大分(だいぶん)、大分(だいぶ)、大変、丁度'と韓国語の'대강(大綱)、제일(第一)、여간(如干)'はそれぞれの言語に特有な漢語副詞であるが、日本語に特有な漢語副詞が多い。

(53) 〈3.30〉(意識・感覚)の固有語、〈3.301〉(驚き・楽しい・快い)、
　　　〈3.3100〉(ことば)、〈3.34〉(身上・偉い・純情・がんこ・強気・快活・
　　　みずから・熱心・細心) － 日本語が有意に大

　これらの意味分野では、日本語に擬音語・擬態語が多く含まれているため有意差が生じている。前節にも述べたように、日本語には36語の擬音語・擬態語が含まれているのに対して、韓国語には擬音語・擬態語が6語しか入っていない。これは資料によるものであるかもしれないが、その差がかなり大きいので、日本語が韓国語より擬音語・擬態語を多く用いる傾向にあるのではないかと考えられる。

(54) 〈3.3410〉(偉い・けち・ずるい・不届き)の固有語 － 日本語が有意に
　　　大

　この意味分野の固有語には日本語しか入っていない。それを示すと、
'偉い、けち、図々しい、ずるい、むちゃ'のような語である。一方、こ
の意味分野に所属する韓国語は日本語の'偉い'に対応する混種語'위대
(偉大)하다'1語のみである。

(55) 〈3.5050〉(味)・〈4.3310〉(あいさつ)・〈5〉(接頭辞)・〈9〉(助動詞) － 日
　　　本語が有意に大／〈10〉(補助用言)・〈12〉(語尾) － 韓国語が有意に
　　　大

　これらの意味分野における差の原因は前節に述べた通りであるので、
ここでは割愛する。

(56) 〈8.0010〉(格助詞)・〈8.0080〉(補助詞) － 韓国語が有意に大

　日本語と韓国語の格助詞を対応させてみると、次のようになる。

が：이/가、から・より：에게서・(으)로부터・보다、で：(에)서・(으)로・
(으)로써、と：와/과・하고、として：(으)로서、に・へ：에・(에)게・에
게로・에다・한테、の：의、를：을/를

　この他に、日本語には'まで'という助詞がある。日本語の学校文法で
は'まで'を格助詞に分類するが、韓国語では日本語の'～から～まで'に
対応する'～부터～까지'は補助詞に分類される。なお、韓国語には上記
以外にも'서、께、께서、아/야、이다、같이、처럼、대로、만큼'のような
格助詞がある。そのうち、'서'は'혼자서(一人で)、둘이서(二人で)、셋이
서(三人で)'のように人数を表わす名詞に付く格助詞であるが、日本語で

はこの場合‘で’が使われる。次に、‘께、께서’はそれぞれ‘(에)게(に)、이/가(が)’の尊敬語であるが、このように助詞にまで尊敬語があるのは韓国語の特徴である。これはおそらく韓国の儒教文化と関係があると思われる。なお、‘아/야’は呼格助詞、‘이다’は叙述格助詞であるが、それぞれ日本語の終助詞‘よ’と助動詞‘だ’に対応する。また、‘같이、처럼’は日本語の助動詞‘ようだ’の活用形‘ように’に対応し、‘대로’は形式名詞‘まま’に対応するが、名詞に直接接続するので、格助詞に分類される。‘만큼’は日本語の副助詞‘くらい、ばかり、ほど’に対応する。

　また、韓国語には上記の‘부터(から)、까지(まで)’の他に‘그려、도、마다、만、밖에、뿐、서、씩、요、은/는、은커녕/는커녕、(이)나、이나마、(이)든(지)、(이)라도、(이)야、(이)야말로、조차’のような補助詞がある。補助詞は韓国語にのみある助詞の分類であるが、それに対応する日本語を示すと、‘그려：ですね・ですな、도：も、마다：ごと、만・뿐：だけ・ばかり・のみ、밖에：しか、서：〜(し)てから、씩：ずつ、요：よ・わ、은/는：は、은커녕/는커녕：どころか、(이)나・이나마・(이)든(지)・(이)라도：でも、(이)야：(こそ)は・なら、(이)야말로：こそ、조차：さえ’の通りである。このように、韓国語の副助詞の多くは日本語の係助詞か副助詞に対応しており、ただ分類上の違いが見られるだけである。

(57) 〈8.0020〉(並列助詞)・〈8.0040〉(接続助詞)・〈8.0050〉(終助詞・間投助詞)・〈8.0070〉(副助詞) － 日本語が有意に大

　日本語には‘か、たり、と、に、や’のような並列助詞があるが、それと意味・機能が類似している‘와/과・하고(と)、랑・이니・이며(や・やら)’は韓国語では接続助詞に分類される。これも日韓両言語の助詞分類上の違いである。なお、先にも述べたように、日本語の副助詞はだいたい韓国語の補助詞に対応する。

　次に、日本語の接続助詞は、韓国語の補助詞‘은커녕/는커녕’に対応す

る‘どころか’を除いて、‘が・けど／けれど：−는데・−지만、から・ので：−(으)므로・−(으)니까、し：−고、つつ・ながら：−면서、て：−고・−아(서)、ては：−아서는・−어서는、ても：−아도・−어도・−더라도、と・ば：−면、ところで：−댔자、のに：−은데(도)・−는데(도)・−ㄴ데(도)・−(으)면서、ものの：−지만’のように、韓国語の語尾に対応する。なお、日本語の終助詞も、‘い：−으냐・−느냐・−냐、か：−은가・−는가・−ㄴ가・−을까・−ㄹ까、かい・の：−니、かな：−을까・−ㄹ까、さ：−아・−어、ぞ：−ㄹ테다・−는다・−ㄴ다、な：−지 마라、なあ：−구나、ね：−군、もの：−은 걸요・−는 걸요・−은데요・−는데요、よ・わ：−아요・−어요’のように、韓国語の語尾に対応する。これは日本語と韓国語の言語構造の違いによるものである。

3. 語素コードによる意味分野別構造分析

　語素コードは語の構成要素ごとに与えるものであるが、そのうち、漢語を構成する漢字一字一字に与えるコードは漢字語素コードと呼び、整数部分に〈17.〉を付けて、他のコード(固有語や外来語に対する語素コード)と区別している。しかし、語素コードにおける語種別の意味分野別構造を正確に捉えるためには、コード上では区別のない、固有語に対する語素コードと外来語に対する語素コードも区別する必要があると思われる。そこで、固有語に対する語素コードは今まで通りに新設コード以外のコードの整数部分は付けないことにし、外来語に対するコードは整数部分に予備の〈18.〉を付けることを提案したいと思う。そうすると、語素コードにおける語種がコードによって区別される。

　上記のように、語素コードにおける語種をコードによって区別すると、語素コードによる意味分野別構造分析は、語素コードを全部合わせて行う分析と、語種別に分けて行う分析とで差はない。そこで、ここでは、語種別に分けて、意味分野別構造分析を行ってみることにする。分析の方法は単語コードの場合と同様である。

　それでは、まず、日韓両言語の「小学生基本語彙」における語素コード
の語種別構成を見てみることにする。語素コードは、語を構成する要素
に対するコードであるので、正確には固有語要素、漢語要素、外来語要
素と呼ぶべきところであるが、ここでは、便宜上、固有語、漢語、外来
語と呼ぶことにする。

[表21] 語素コードの語種別構成

語種	日 本 語		韓 国 語	
	単位数	割 合	単位数	割 合
固有語	4663	59.4	5396	60.0
漢語	2955	37.6	3525	39.2
外来語	235	3.0	65	0.7
合計	7853	100	8986	100

[グラフ3] 語素コードの語種別構成

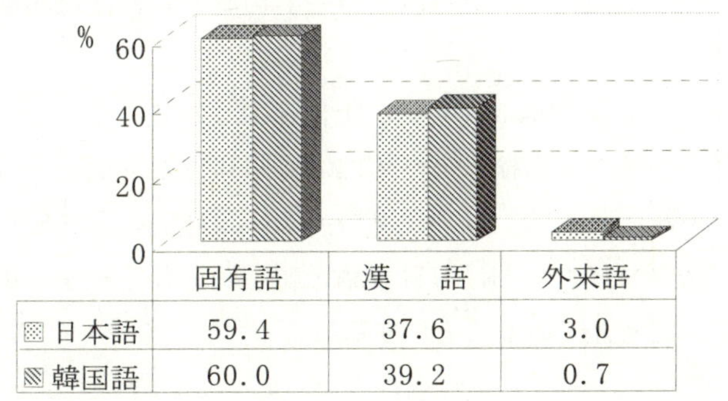

　[表21]と[グラフ3]が「小学生基本語彙」における日本語と韓国語の語素
コードの語種別構成である。それを見ると、固有語ではほとんど差がな

いが、漢語と外来語では若干の差が見られる。そのうち、外来語では日本語が韓国語を上回っているが、これは、単語コードの語種別構成([表15]、[グラフ1])における差がそのまま反映されたものである。しかし、固有語と漢語においては、単語コードの語種別構成では、わずかではあるが、日本語が固有語、漢語ともに韓国語を上回っていたのが、語素コードの語種別構成では、固有語における差はほとんどなくなっており、漢語では韓国語が日本語を上回っている。このように、韓国語が日本語より漢語に対する語素コードの割合が大きいのは、韓国語の混種語に「漢語＋하다」構成の語(混種語444語中250語)が多いからである。よって、語素コードの漢語における差も単語コードの語種別構成における差を反映しているといえよう。一方、「小学生基本語彙」における語素コードの総計を見れば分かるように、語素数では韓国語が日本語を大きく上回っている。このことから、韓国語の「小学生基本語彙」に複合形式による語が多く含まれていることが分かる。そのため、単語コードの語種別構成で見られた固有語における差が、語素コードの語種別構成ではほとんどなくなったのだと考えられる。それにしても、日本語と韓国語の「小学生基本語彙」における語素コードの語種別構成は類似しているといえる。

　語素コードの語種別構成からは、上記のようなことが分かるのであるが、さらに差を細かく指摘するためには、意味分野別構造分析を行ってみる必要がある。そこで、以下においては、語種別の意味分野別構造分析により、語素コードにおける日本語と韓国語の差を細かく指摘し、その原因について考えてみることにする。

3．1 固有語語素コードによる考察

　固有語に対する語素コードの小数点以下第1位までの意味分野別構造
は次ページの[表22]の通りである。ただし、付属語に対するコードは整
数部分によって分類してある(小数点以下第2位、第3位までの分析の場
合も同様)。[表22]における意味分野別の割合は、日韓両言語の「小学生
基本語彙」の語素コード全体(日本語：7853、韓国語：8986)で占める割
合である(以下同様)。なお、網掛けが施されているものは、x^2検定を
行った結果、10%以下の危険率で、その出現に有意差があると認められ
た意味分野であり、以下の表における網掛けは同様のことを表わす。

　[表22]を見ると、〈.1〉(抽象的関係)と〈.3〉(人間活動)で日本語が有意に
大であるが、小数点以下第1位まで使った分析では、このような傾向に
あるということしか分からない。さらに細かな差の指摘は、小数点以下
第2位〜第4位までの分析において行われる。

　一方、付属語においては、すべて有意差が生じているが、そのう
ち、〈9〉(助動詞)における差は、助動詞が日本語にしかないものである
からである。なお、〈5〉(接頭辞)で日本語が有意に大であるのは、日本
語の「小学生基本語彙」に、'お出で、お母さん、お辞儀'のように、尊敬
の意味を表わす接頭辞「お(御)ー」の付いた語が多いからであるが、韓国
語の「小学生基本語彙」には尊敬の接頭辞はない。

　〈6〉(挿入音)は、日本語の'にっこり、びっくり、真っ暗、真ん中'など
のような語に見られる挿入音「っ・ん」と、韓国語の'나뭇잎(木の葉)←나
무(木)＋ㅅ＋잎(葉)、바닷물(海水)←바다(海)＋ㅅ＋물(水)'などのような
語に見られる挿入音「ㅅ」に与えたものであるが、ここで有意差が生じて
いるのは数量的な問題である。つまり、日本語の方にそのような語が多
いということである。両者の違いといえば、日本語の挿入音「っ・ん」
は、既に形成されている語から抽出したものであるのに対して、韓国語
の挿入音「ㅅ」は、「名詞＋名詞」の複合語の形成時に音韻論的環境によっ

て挿入されるものである、ということである。なお、日本語の挿入音「っ・ん」は、それが挿入されることによって強調の意味が加わる場合が多い。このことを考えると、音の挿入による意味の強調は日本語の特徴であるといえよう。

[表22] 固有語語素コードの小数点以下第1位までの意味分野別構造

分類	主たる意義	日　本　語		韓　国　語	
		単位数	割　合	単位数	割　合
.1	抽象的関係	1357	17.28	1317	14.66
.2	人間活動の主体	84	1.07	104	1.16
.3	人間活動	760	9.68	537	5.98
.4	生産物	161	2.05	194	2.16
.5	自然	537	6.84	588	6.54
5	(接頭辞)	58	0.74	14	0.16
6	(挿入音)	42	0.53	31	0.34
7	(接尾辞)	407	5.18	875	9.74
8	(助詞)	190	2.42	94	1.05
9	(助動詞)	107	1.36	0	0.00
10	(補助用言)	3	0.04	66	0.73
12	(語尾)	957	12.19	1576	17.54
	合　　計	4663	59.38	5396	60.05

〈7〉(接尾辞)において韓国語が有意に大であるのは、韓国語の「小学生基本語彙」に接尾辞「ー하다」による派生動詞と派生形容詞が多いからである。

次に、〈8〉(助詞)における差であるが、「小学生基本語彙」における日本語と韓国語の助詞の数(65語：52語)は日本語がわずかに多いだけなの

に、語素コードでは大きな差が生じており、日本語が有意に大である。そこで、日韓両言語におけるその使われ方を見ると、'一緒に、実に、非常に''때때로(時々)、주(主)로(主に)、참으로(実に)'のように、副詞の語構成要素として助詞が使われることは日本語と韓国語が共通しているが、日本語の助詞はそれ以外にも'絵の具、茶の間、世の中'のような複合名詞や'それでは、ところが、だから'のような接続詞の語構成要素としても使われている。そのため、〈8〉(助詞)において差が生じたのだと考えられる。

〈10〉(補助用言)では、韓国語の複合動詞の中に、'끊어지다(切れる)、높아지다(高くなる)、늘어나다(増える)、자라나다(育つ)'のように、補助動詞'지다'や'나다'を後部要素にもつ語が多いため、韓国語が日本語を大きく上回っているのである。このように、複合動詞を形成する時に補助用言が用いられるのは韓国語の特徴であるといえよう。

〈12〉(語尾)においては、日本語の語素コードには動詞表示語尾しかないのに対して、韓国語にはそれ以外にも形容詞表示語尾、先語末語尾、終結語尾、連結語尾、転成語尾といった種々の語尾があるから、差が生じたのである。韓国語では、語尾によって動詞と形容詞に色々な文法機能が付与される。特に、動詞は語尾を伴わない基本形のままでは使われない。このように、韓国語における語尾は欠かすことのできない重要な要素である。

以上、固有語語素コードの小数点以下第1位まで使った分析では、上記のような差が見られたのであるが、そのうち、付属語においては日韓両言語の言語構造の違いによる差がはっきりと現われている。言語構造の差に基づく差異は語彙論的研究に依らずとも分かるかもしれないが、比較語彙研究では、語彙論の立場から見た場合、言語のあらゆる要素を語彙論の対象とすべき要素であると考えるので、付属語における差は語彙論的に見た場合の言語構造の差として記述するのである。ただし、ここでは、そのようになっている原因については触れない。差が生じている原因は小数点以下第1位〜第4位までの分析が全部終わってから考えることにし、それぞれの分析においてはどの意味分野で差が生じているかを指摘することに重点を置く。

次に、小数点以下第2位まで使った分析を行う。[表23]が固有語語素コードの小数点以下第2位までの意味分野別構造である。

[表23] 固有語語素コードの小数点以下第2位までの意味分野別構造

分類	主たる意義	日	韓	分類	主たる意義	日	韓
.10	こそあど	96	118	.38	産業	48	42
.11	類・関係・接続	62	69	.40	物品	21	0
.12	有無・在不在	81	54	.41	資材	26	37
.13	様相・整備・調子	51	34	.42	衣服	13	23
.14	力	13	15	.43	食料	10	26
.15	作用・変化	642	516	.44	住居	24	19
.16	時間	115	148	.45	道具	47	53
.17	空間・位置・場所	101	105	.46	機械	7	7
.18	形	63	41	.47	土地	13	29
.19	量・過不足・程度	133	217	.50	刺激	117	116
.20	人間	28	50	.51	自然	109	111
.21	家族・親戚	33	28	.52	天地	30	43
.22	相手	2	4	.55	植物・性	61	103
.23	人物	3	6	.56	動物	50	72
.24	職	1	5	.57	からだ	126	94
.25	区画	9	9	.58	生命・健康	44	49

分類	主たる意義	日	韓
.26	社会	8	2
.30	心・意識・感動	279	191
.31	言動・ことば・間投	72	51
.32	芸術・創作・応答	10	20
.33	生活・仕事・あいさつ	125	91
.34	行為・身上・云々	53	29
.35	交わり・交際・待遇	73	50
.36	人事・態度	29	12
.37	取得・経済	71	51

分類	主たる意義	日	韓
5	（接頭辞）	58	14
6	（挿入音）	42	31
7	（接尾辞）	407	875
8	（助詞）	190	94
9	（助動詞）	107	0
10	（補助用言）	3	66
12	（語尾）	957	1576
合　　計		4663	5396

[表23]を見ると、小数点以下第2位までの分析において有意差が生じている意味分野の多くは小数点以下第1位までの分析において有意差の生じた意味分野と関連するものであることが分かる。そのうち、〈.1〉（抽象的関係）、〈.3〉（人間活動）と関連する意味分野では全体的に日本語が有意に大であるが、〈.19〉（量・過不足・程度）の意味分野では韓国語が有意に大である。これは小数点以下第1位までの分析からは分からないことである。なお、〈.20〉（人間）、〈.26〉（社会）、〈.40〉（物品）、〈.43〉（食料）、〈.47〉（土地）、〈.55〉（植物・性）、〈.57〉（からだ）の意味分野における差は小数点以下第2位まで使った分析において新たに指摘できたものである。

　次に、小数点以下第3位、第4位まで使って分析した結果、10%以下の危険率で有意の差があると認められる意味分野を示す。

[表24] 固有語語素コードの小数点以下第3位までで有意差の生じた意
味分野(56)

危険率	日本語が有意に大	韓国語が有意に大
0.1%以下	〈.150〉〈.156〉〈.157〉〈.303〉〈.309〉〈.368〉〈.400〉〈5〉〈8〉〈9〉	〈7〉〈10〉〈12〉
1%以下	〈.155〉〈.312〉〈.342〉〈.505〉	〈.165〉
5%以下	〈.120〉〈.134〉〈.151〉〈.174〉〈.182〉〈.183〉〈.302〉〈.304〉〈.313〉〈.339〉〈.370〉	〈.103〉〈.166〉〈.196〉〈.199〉〈.386〉
10%以下	〈.111〉〈.124〉〈.125〉〈.130〉〈.164〉〈.203〉〈.215〉〈.333〉〈.351〉〈.382〉〈.446〉〈.451〉〈.504〉〈.575〉〈6〉	〈.162〉〈.200〉〈.205〉〈.421〉〈.455〉〈.470〉〈.553〉

[表25] 固有語語素コードの小数点以下第4位までで有意差の生じた意
味分野(91)

危険率	日本語が有意に大	韓国語が有意に大
0.1%以下	〈.1501〉〈.1531〉〈.1550〉〈.1571〉〈.3090〉〈.4000〉〈5.3590〉〈7.0020〉〈7.0030〉〈7.1300〉〈7.1730〉〈8.0010〉〈8.0030〉〈8.0040〉〈8.0050〉〈8.0070〉〈9.0050〉	〈7.0010〉〈7.0050〉〈7.11202〉〈7.34202〉〈7.34203〉〈7.3670〉〈8.0080〉〈10.1220〉〈12.0060〉〈12.0070〉〈12.0080〉〈12.00903〉
1%以下	〈.1515〉〈.1560〉〈.3030〉〈.3120〉〈.3420〉〈.3700〉〈.5050〉〈5.1010〉〈5.1921〉〈7.0060〉〈9.1200〉〈9.3590〉	〈.1993〉

危険率	日本語が有意に大			韓国語が有意に大		
5% 以下	〈.1200〉	〈.1340〉	〈.1503〉	〈.1030〉	〈.1634〉	〈.1921〉
	〈.1564〉	〈.1570〉	〈.1820〉	〈.3101〉	〈.3860〉	〈.5030〉
	〈.1830〉	〈.3020〉	〈.3040〉	〈7.1140〉	〈8.1140〉	〈12.00902〉
	〈.3130〉	〈.3683〉	〈7.3420〉			
10% 以下	〈.1240〉	〈.1250〉	〈.1502〉			
	〈.1521〉	〈.2030〉	〈.2150〉	〈.1651〉	〈.2000〉	〈.2050〉
	〈.3042〉	〈.3330〉	〈.3510〉	〈.3154〉	〈.4210〉	〈.4700〉
	〈.3820〉	〈.3851〉	〈.4460〉	〈.5530〉	〈5.1730〉	〈7.1990〉
	〈.5040〉	〈.5750〉	〈6.0060〉	〈7.4100〉	〈10.1530〉	〈12.3590〉
	〈9.0010〉					

　小数点以下第3位、第4位まで使った分析において有意差が生じている意味分野を見ると、それより小数点以下の桁数が少ない方の分析において有意差の生じた意味分野と関連するものが多いが、それぞれの分析において新たに差を指摘できた意味分野も多いことが[表24]、[表25]から分かる。しかし、その反対の場合もある。つまり、小数点以下第3位までの分析においては、小数点以下第2位までの分析において有意差が生じている〈.26〉(社会)、〈.43〉(食料)と関連する意味分野で有意差が生じていない。なお、小数点以下第4位までの分析においても、小数点以下第3位までの分析において有意差が生じている〈.111〉(関係)、〈.130〉(様相・整備・繁簡)、〈.162〉(期間)、〈.164〉(過去・現在・未来)、〈.166〉(新旧・遅速)、〈.174〉(左右・上下)、〈.196〉(単位)、〈.339〉(立ち居・動作)、〈.451〉(容器)、〈.455〉(刃物・武器)と関連する意味分野で有意差が生じていない。そのため、意味分野別構造分析は小数点以下第1位～第4位までの分析を全部行ってみる必要があり、そうすることにより、細かな差まで指摘することができるのである。

　以上の分析により、固有語語素コードにおける差は出そろったと思わ

れるが、次の課題はその原因を究明することである。ここでも、単語
コードの場合と同様に、有意差が生じた原因を考える時、対象とする意
味分野をまとめてみると、次の[表26]のようになる。

[表26]

分　類	主たる意義	日本語	韓国語
.1030	真・実	0	7
.111	関係	18	10
.1200	有無・在不在	32	17
.1240	存在	17	8
.1250	保存・除去	8	2
.130	様相・整備・繁簡	17	9
.1340	調和・調子・出来	15	5
.1501	変化・改新・変換	19	3
.1502	開始・終了	18	9
.1503	連続	6	0
.1515	据え・置き・つり・掛けなど	33	16
.1521	移動・発着	28	18
.1531	込み	26	8
.1550	合い・組み・解け	39	7
.1560	接触・接近	34	15
.1564	押し・引き・突き・すれなど	35	22
.1570	変形	21	10
.1571	破壊・切断など	54	27
.162	期間	8	21
.1634	日	2	11
.164	過去・現在・未来	16	8
.1651	終始	1	8
.166	新旧・遅速	8	23
.174	左右・上下	22	11

分　類	主たる意義	日本語	韓国語
.1820	角・円・三角形など	29	16
.1830	玉・凹凸・うず・しわなど	9	2
.1921	厚い・太い・大きい	14	33
.196	単位	2	11
.1993	かなり・はなはだ	1	14
.2000	われ・なれ・かれ・だれ	8	20
.2030	神仏・精霊	6	1
.2050	老少	4	13
.2150	親戚	6	1
.26	社会	8	2
.3020	対人感情	25	13
.3030	表情	21	6
.3040	自我・信念・努力・忍耐など	9	2
.3042	欲望・期待など	6	1
.3090	見聞き	44	17
.3101	言語	1	12
.3120	発言・沈黙	18	4
.3130	話	17	6
.3154	文章	0	6
.3330	生活・衣食住	23	13
.339	立ち居・動作	62	42
.3420	行為	30	13
.3510	応接	12	5
.3683	脅迫・愚弄・中傷	7	1
.3700	取得・経済	31	13
.3820	工業	6	1
.3851	練り・塗り・射ち	10	3
.3860	製造	2	11
.4000	物品	19	0

分　類	主たる意義	日本語	韓国語
.4210	衣服	0	6
.43	食料	10	26
.4460	戸・カーテン・テント・畳など	5	0
.451	容器	16	8
.455	刃物・武器	4	13
.4700	地類	5	15
.5030	音	13	33
.5040	におい	6	1
.5050	味	15	3
.5530	枝・葉・花など	25	46
.5750	皮・毛髪・羽毛	14	6
5.1010	（接頭辞）	11	0
5.1730	（接頭辞）	0	6
5.1921	（接頭辞）	11	0
5.3590	（接頭辞）	28	0
6.0060	（挿入音）	42	31
7.0010	（接尾辞）	35	147
7.0020	（接尾辞）	25	0
7.0030	（接尾辞）	157	0
7.0050	（接尾辞）	36	115
7.0060	（接尾辞）	8	0
7.11202	（接尾辞）	0	26
7.1140	（接尾辞）	3	15
7.1300	（接尾辞）	21	0
7.1730	（接尾辞）	12	0
7.1990	（接尾辞）	7	19
7.3420	（接尾辞）	21	9
7.34202	（接尾辞）	0	224
7.34203	（接尾辞）	0	112

分　類	主たる意義	日本語	韓国語
7.3670	(接尾辞)	0	93
7.4100	(接尾辞)	0	6
8.0010	(助詞)	97	49
8.0030	(助詞)	22	0
8.0040	(助詞)	30	2
8.0050	(助詞)	15	0
8.0070	(助詞)	15	0
8.0080	(助詞)	0	21
8.1140	(助詞)	0	7
9.0010	(助動詞)	5	0
9.0050	(助動詞)	70	0
9.1200	(助動詞)	11	0
9.3590	(助動詞)	11	0
10.1220	(補助用言)	0	52
10.1530	(補助用言)	0	6
12.0060	(語尾)	0	41
12.0070	(語尾)	0	236
12.0080	(語尾)	0	52
12.00902	(語尾)	957	982
12.00903	(語尾)	0	256
12.3590	(語尾)	0	6

　それでは、以下においては、[表26]の意味分野における差の原因を考えてみることにする。語例において、線が引いてある部分にコードが与えられている。

(1) 〈.1030〉(真・実) − 韓国語が有意に大

　この意味分野はその所属語が韓国語しかない意味分野である。〈.1030〉(真・実)は「真実」の意味である韓国語の名詞‘참’に対するコードであるが、それぞれ‘<u>참</u>(真実)、<u>참</u>답다(真だ)、<u>참</u>되다(真正だ)、<u>참</u>말(真実)、<u>참</u>새(雀)、<u>참</u>외(真桑瓜)、<u>참</u>으로(実に)’のような語に含まれている。そのうち、‘참답다(真だ)、참되다(真正だ)’は名詞‘참(真実)’に形容詞化接尾辞「−답다・−되다」が接続して形成された形容詞であるが、このような体言から相言への派生は日本語においてもよく行われる。日本語では、その場合、形容詞化接尾辞「−らしい」または助動詞「だ」が用いられる。なお、‘참<u>으로</u>(実に)’における「<u>으로</u>」は格助詞であるが、日本語にも「名詞＋格助詞」構成の副詞がある。このように、副詞として機能する「名詞＋格助詞」構成の語があることは日韓両言語が共通している。一方、‘참말(真実)、참새(雀)、참외(真桑瓜)’は、‘참(真実)＋말(言葉)・새(鳥)・외(〈오이：胡瓜)’のように、「名詞＋名詞」構成の複合語であるが、この場合の‘참(真実)’は意味的には‘<u>真</u>心、<u>真</u>ん中、<u>真</u>ん丸’のような語に見られる日本語の「真−」に似ているが、「真−」は接頭辞であるという違いがある。

(2) 〈.111〉(関係) − 日本語が有意に大

　まず、〈.111〉のコードが付いている語を示す。

> ・日本語−<u>従って</u>、<u>就く</u>、<u>仲</u>、<u>仲直り</u>、仲間(<u>仲</u>＋<u>間</u>)、仲良し、ばらばら(<u>ばら</u>＋<u>ばら</u>)、<u>ばらまく</u>、<u>拠る</u>、<u>元</u>、<u>基づく</u>、<u>甲斐</u>、<u>所為</u>、言い<u>訳</u>、申し<u>訳</u>ない、<u>訳</u>
> ・韓国語−<u>더구나</u>(その上に)、따라서(<u>따르−</u>＋<u>−아서</u>：従って)、<u>및</u>(及び)、<u>사이좋다</u>(親しい)、<u>함께</u>(一緒に)、<u>터전</u>(基盤)、<u>보람</u>(遣り甲斐)、<u>까닭</u>(訳)、<u>때문</u>(故)、<u>쓸모</u>(使い道)

　上記の日本語と韓国語を見ると、日本語の‘仲、訳’がこの意味分野に
おける差の原因であることが分かる。日本語では、‘仲直り・仲間・仲良
し、言い訳・申し訳’のような語の語構成要素として‘仲、訳’が使われて
いるが、それに対応する韓国語‘사이(仲)、까닭(訳)’は日本語のように語
構成要素としてはあまり用いられない。日本語の‘仲直り、仲間、仲良
し、言い訳、申し訳’に対応する韓国語は、‘仲直り：화해(和解)、仲間：
동료(同僚)・친구(親舊)、仲良し：단짝、言い訳・申し訳：변명(辨明)・핑
계’のような語である。そのうち、‘단짝、핑계’は単純語であり、それ以外
は漢語である。なお、日本語の‘ばらまく’に対応する韓国語は‘흩다(散ら
す)’と‘뿌리다(撒く)’が結合した複合動詞‘흩어뿌리다(ばらまく)’である。
このように、この意味分野では日韓両言語の語構成の違いが見られる。
　次に、日本語の‘拠る’に対応する韓国語は‘의(依)하다、의거(依據)하
다’のような漢語を語幹にもつ動詞である。なお、韓国語では、日本語
の‘元、基’に対応する語として‘근본(根本)、근원(根源)、기초(基礎)、토
대(土台)’のような漢語がよく用いられる。これは、日本語と韓国語の語
種の差である。そのうち、‘의(依)하다、근본(根本)、기초(基礎)’は、韓
国語の「小学生基本語彙」に選定されている。

(3) 〈.1200〉(有無・在不在) － 日本語が有意に大

　この意味分野の日本語には有情物か無情物かによって使い分ける‘<u>い</u>
<u>る</u>’と‘<u>ある</u>’があるが、韓国語ではそのような使い分けをしないので、韓
国語には日本語の‘いる’と‘ある’に対応する語として‘<u>있다</u>’1語しか入っ
ていない。このように、有情物か無情物かによって動詞‘いる’と‘ある’
を使い分けるのは日本語の特徴である。なお、日本語には‘ご<u>ざいます</u>’
のような語が入っているが、これは‘いる’の丁寧語である。これも日本
語の特徴である。日韓両言語において、‘いる－<u>いらっしゃる</u>、있다－<u>계</u>
<u>시다</u>’のように‘いる’や‘있다’の尊敬語があるのは共通しているが、韓国

語には日本語の‘ございます’に相当する丁寧語はない。

　一方、この意味分野の日本語には〈.1200〉のコードが与えられている語として‘<u>あり</u>がとうござ<u>い</u>ます、おはようござ<u>い</u>ます、おめでとうござ<u>い</u>ます’のようなあいさつ言葉がある。

(4)〈.1240〉(存在) － 日本語が有意に大

　この意味分野で差が生じているのは、日本語に‘打ち<u>消す</u>、<u>尽きる</u>、<u>尽くす</u>、取り<u>消す</u>、<u>滅びる</u>、<u>滅ぶ</u>、<u>滅ぼす</u>、見<u>失う</u>、見<u>落とす</u>’のような語が含まれているからである。そのうち、‘打ち消す、取り消す、滅びる、滅ぶ、見落とす’に対応する韓国語の動詞は‘부정(否定)하다(打ち消す)、취소(取消)하다(取り消す)、망(亡)하다・멸망(滅亡)하다(滅びる・滅ぶ)、간과(看過)하다(見落とす)’のような漢語を語幹にもつ動詞である。なお、‘滅ぼす’には混種語‘멸망(滅亡)시키다’か固有語‘망치다’が対応する。このように、韓国語には漢語の影響を受けている動詞が多い。

　次に、日本語の‘尽きる、尽くす’は単純語であるが、それに対応する韓国語は副詞‘다(すべて)’と動詞‘하다(する)’が結合した複合動詞‘다하다’である。なお、‘見失う’のような動詞は韓国語にはなく、‘일행을 <u>잃다</u>(連れを<u>見失う</u>)’のように、‘<u>잃다</u>(失う)’が用いられる。

(5)〈.1250〉(保存・除去) － 日本語が有意に大

　この意味分野では、日本語に‘<u>要る</u>、追い<u>払う</u>、<u>保つ</u>、<u>取れる</u>、<u>除く</u>、<u>塵取り</u>、<u>省く</u>’のような語が含まれていることが原因で差が生じている。韓国語の「小学生基本語彙」には、‘要る、追い払う、保つ’に対応する語として‘필요(必要)하다(要る)、내쫓다(追い払う)、보전(保全)하다・유지(維持)하다(保つ)’のような語が選定されている。ここでも、「漢語＋하다」構成の語が目立つ。なお、‘追い払う’と‘내쫓다(追い払う)’は語構成が異なる。日本語の‘追い払う’は「動詞＋動詞」の複合語であるが、韓国

語の'내쫓다(追い払う)'は'쫓다(追う)'に'外へ・外に向かって'の意味を表わす接頭辞「내-」が付いた派生語である。次に、'取れる'には色々な意味があるが、この意味分野の語としては'取っ手が<u>取れる</u>(손잡이가 <u>빠지다</u>)、ボタンが<u>取れる</u>(단추가 <u>떨어지다</u>)'のように用いられる'取れる'であり、それには'<u>빠지다</u>(抜ける)、<u>떨어지다</u>(落ちる)'のような韓国語が対応する。なお、'除く、省く'に対応する韓国語も、'제거(除去)하다・제외(除外)하다(除く)、생략(省略)하다(省く)'のような、漢語を語幹もつ語であるが、文脈によって'不安を<u>除く</u>(불안감을 <u>없애다</u>)・名簿から<u>除く</u>(명부에서 <u>빼다</u>)・邪魔者を<u>除く</u>(방해자를 <u>죽이다</u>)、手間を<u>省く</u>(수고를 <u>덜다</u>)・費用を<u>省く</u>(비용을 <u>줄이다</u>)・むだを<u>省く</u>(쓸 데 없는 것을 <u>없애다</u>)'のように別の語が対応する場合もある。しかし、'<u>없애다</u>(無くす)、<u>빼다</u>(抜く)、<u>죽이다</u>(殺す)、<u>덜다・줄이다</u>(減らす)'はこの意味分野の語ではない。また、日本語の'<u>塵取り</u>'に対応する韓国語は'<u>쓰레받기</u>'であり、後部要素に動詞の名詞形が使われている点は共通しているが、日本語はその動詞が'取る'であるのに対して、韓国語は日本語の'受ける'に対応する'받다'であることが異なる。

(6) 〈.130〉(様相・整備・繁簡) － 日本語が有意に大

　この意味分野では、'<u>揃う</u>－<u>揃える</u>、<u>散らかる</u>－<u>散らかす</u>、<u>整う</u>－<u>整える</u>、<u>乱れる</u>－<u>乱す</u>'のように、自他対応の関係にある動詞が日本語に多く含まれている。しかも、これらの語はすべて単純語である。韓国語には自他対応の関係にある動詞が'<u>갖추어</u>지다(揃う)－<u>갖추다</u>(揃える)'しかない。そのうち、'<u>갖추어지다</u>(揃う)'は'<u>갖추다</u>(揃える)'に補助動詞'지다'が接続したものである。このように、単純語動詞において自他の対応が整然としているのは日本語の特徴である。

(7) 〈.1340〉(調和・調子・出来) － 日本語が有意に大

　この意味分野の日本語には、〈.1340〉のコードが与えられている‘張る’を語構成要素としてもつ‘威張る、頑張る、張り切る、引っ張る、欲張う’のような語が多く含まれている。‘張る’に対応する韓国語‘치다’は日本語のように語構成要素としては用いられない。このように、この意味分野では日本語の語構成的特徴が見られる。

(8) 〈.1501〉(変化・改新・変換) － 日本語が有意に大

　この意味分野に属する日本語のうち、‘代わり、代わる’にはそれぞれ韓国語の漢語‘대신(代身)’と混種語‘대신(代身)하다’が対応する。韓国語において、‘대신(代身)’のような漢語が形成されたのは、‘가람(江／代身)→강(江)／대신(代身)’のような固有語における同音衝突が原因である。なお、日本語には‘仲直り、乗り換え、引き換え’のような語が入っているが、‘仲直り’に対応する韓国語は漢語‘화해(和解)’であり、‘乗り換え、引き換え’に対応する韓国語‘갈아타기(乗り換え)〈갈아타다(乗り換える)、바꿈(換え)〈바꾸다(換える)’は名詞としては熟していない語である。また、‘切り替える、取り換える、見直す、遣り直す’のような複合動詞がこの意味分野の日本語に含まれているが、そのうち、‘切り替える、取り換える’に対応する韓国語は両方とも単純語動詞‘바꾸다(換える)’である。一方、‘見直す、遣り直す’の場合は、韓国語でも日本語の‘直す’に対応する動詞‘고치다’を使って‘고쳐 보다(見直す)、고쳐 하다(遣り直す)’のように表わすことができるが、それよりは‘다시 보다(また見る)、다시 하다(また遣る)’のように副詞‘다시(また)’を用いるのが一般的である。このように、この意味分野では日本語と韓国語の語構成の違いが見られる。

　次に、日本語には〈.1501〉のコードが与えられている擬態語‘ぐんぐん(ぐん＋ぐん)、どんどん(どん＋どん)’が入っているが、この意味分野の韓国語には擬態語が含まれていない。「小学生基本語彙」全体においても、韓国語より日本語の方に擬音語・擬態語が多く含まれている。

(9) 〈.1502〉(開始・終了) － 日本語が有意に大

　この意味分野の日本語にも、'<u>済む</u>－<u>済ます</u>、<u>始まる</u>－<u>始める</u>、<u>止む</u>－<u>止める</u>'のように自他対応の関係にある動詞が多く含まれている。なお、日本語には、'<u>始まり</u>・<u>始め</u>：시작(始作)、<u>始まる</u>：시작(始作)되다、<u>始める</u>：시작(始作)하다'のように、韓国語の漢語や漢語を語幹にもつ動詞に対応する和語が含まれている。これは、日本語と韓国語の語種による差である。また、日本語には'<u>終わる</u>、<u>済む</u>'のような類義語が入っているが、両方とも韓国語の'끝나다'が対応する。

　次に、日本語には'済みません'という語が入っているが、それに対応する韓国語は'미안(未安)합니다・죄송(罪悚)합니다'である。

(10) 〈.1503〉(連続) － 日本語が有意に大

　この意味分野にはその所属語が日本語しかない。それを示すと、'<u>継ぐ</u>、<u>続き</u>、<u>続く</u>、<u>続ける</u>、<u>手続き</u>、<u>ぴたり</u>'のような語である。この意味分野の日本語にも'ぴたり'という擬態語が入っている。上記の語のうち、'継ぐ'に対応する韓国語は'잇다'であるが、その基本的な意味は'繋ぐ'であるため、〈.1554〉(結び・重ね・積み)の意味分野に入っている。なお、韓国語の「小学生基本語彙」には'続き、続く、続ける'に対応する語としてそれぞれ'계속(継続)、계속(継続)되다、계속(継続)하다'のような語が選定されている。また、「小学生基本語彙」には選定されていないが、'수속(手續)'は韓国語では漢語である。ここでも、韓国語の動詞が漢語の影響を強く受けていることが分かる。

(11)〈.1515〉（据え・置き・つり・掛けなど）− 日本語が有意に大

　この意味分野では、日本語に'掛け、掛かり、掛ける'が語構成要素として用いられている'<u>掛け</u>声、気<u>掛かり</u>、切っ<u>掛け</u>、心<u>掛け</u>、腰<u>掛け</u>、仕<u>掛け</u>、手<u>掛かり</u>、出<u>掛ける</u>、見<u>掛け</u>、見<u>掛ける</u>、目<u>掛ける</u>、呼び<u>掛ける</u>'のような語が多く含まれているため、差が生じている。韓国語にも、'목(首)＋<u>걸이</u>('걸다'の名詞形)→목걸이(ネックレス)、<u>걸ー</u>('걸다'の語幹)＋상(床)　→걸상(ー床：腰掛け)'のように、日本語の'掛ける'に対応する動詞'걸다'が語構成要素として使われている例があるが、日本語のように多くはない。上記の日本語のうち、名詞に対応する韓国語を示すと、'掛け声：구호(口号)、気掛かり：걱정(心配)・근심(心配)・염려(念慮)、切っ掛け：계기(契機)・동기(動機)、心掛け：마음가짐、腰掛け：걸상(ー床)、仕掛け：장치(装置)、手掛かり：단서(端緒)・실마리(糸口)、見掛け：외관(外観)・겉보기'のようになる。そのうち、動詞が語構成要素として用いられている語は'마음가짐(心掛け)、걸상(ー床：腰掛け)、겉보기(見掛け)'であり、'걸상(ー床：腰掛け)'は、上記のように、日本語と同じ意味の動詞が使われているが、'마음가짐(心掛け)、겉보기(見掛け)'は、'마음가짐(心掛け)←마음(心)＋<u>가지다</u>(持つ)、겉보기(見掛け)←겉(表)＋<u>보다</u>(見る)'のように、別の動詞が使われている。なお、上記の日本語の動詞に対応する韓国語は'出掛ける：나가다(出て行く)・외출(外出)하다、見掛ける：보다(見る)・얼핏　보다(ちらっと見る)、目掛ける：목표(目標)로하다(目標にする)・노리다(狙う)、呼び掛ける：부르다(呼ぶ)・호소(呼訴)하다'の通りである。これらの語においても、日本語の'掛ける'に対応する'걸다'は使われていない。

　また、この意味分野の日本語には、〈.1515〉のコードが与えられている語を含む'心<u>構え</u>、<u>釣り</u>合い、<u>釣り</u>合う'のような語もある。そのうち、'心構え'は上記の韓国語'마음가짐'に対応し、'釣り合い、釣り合う'については前節に述べた通りである。

　以上のように、この意味分野における差は日韓両言語の語構成の違い
によるものである。

(12) 〈.1521〉(移動・発着) － 日本語が有意に大

　この意味分野でも、日本語に‘<u>移る</u>－<u>移す</u>、<u>ずれる</u>－<u>ずらす</u>、<u>逸れる</u>－
<u>逸らす</u>、<u>退く</u>－<u>退ける</u>、<u>届く</u>－<u>届ける</u>、<u>渡る</u>－<u>渡す</u>’のように自他対応の
関係にある動詞が多く含まれている。なお、日本語には‘追い<u>越す</u>、引<u>越</u>
<u>し</u>、引<u>越す</u>、<u>手伝い</u>、<u>手伝う</u>’のような複合語が入っているが、そのう
ち、‘追い越す、引越し、引っ越す’にはそれぞれ‘추월(追越)하다、이사
(移徙)、이사(移徙)하다’のような韓国語が対応する。また、‘手伝う’に対
応する韓国語は‘돕다・거들다(助ける・手伝う)’のような単純語動詞であ
り、‘手伝い’にはその名詞形‘도움・거듦(助け・手伝い)’が対応する。

(13) 〈.1531〉(込み) － 日本語が有意に大

　この意味分野において差が生じているのは、日本語に‘追い<u>抜く</u>、考
え<u>込む</u>、突っ<u>込む</u>、詰め込む(詰め＋<u>込む</u>)、閉じ<u>込める</u>、飛び<u>込む</u>、飲
み<u>込む</u>、引っ<u>込める</u>、引っ<u>込む</u>、見<u>込み</u>、見<u>抜く</u>、見<u>詰める</u>、申<u>込み</u>、
申し<u>込む</u>’のような語が多く含まれているからである。このように、‘抜
く、込む、込める、詰める’のような動詞が語構成要素としてよく用い
られているのは日本語の特徴である。そのうち、‘見込み、見抜く、申
込み、申込む’に対応する韓国語は‘가망(可望)・전망(展望)、간파(看破)하
다、신청(申請)、신청(申請)하다’のような漢語名詞または漢語を語幹にも
つ動詞である。

(14) 〈.1550〉(合い・組み・解け) － 日本語が有意に大

　この意味分野の日本語には'具<u>合</u>、<u>組</u>み合わせ(<u>組</u>み＋<u>合わ</u>せ)、組み合わせる(<u>組</u>み＋<u>合わせる</u>)、<u>組</u>み立てる、試<u>合</u>、仕<u>組</u>み、知り<u>合</u>い、付き<u>合う</u>、釣り<u>合</u>い、釣り<u>合う</u>、問い<u>合わ</u>せる、似<u>合う</u>、話し<u>合</u>い、話し<u>合う</u>、待ち<u>合わ</u>せる、割<u>合</u>'のような語が含まれている。そのうち、'組み合わせ、組み合わせる'に対応する韓国語'짜맞춤(組み合わせ)、짜맞추다(組み合わせる)'は、'짜－(組む)＋맞추－(合わせる)＋－ㅁ(名詞化接尾辞)→짜맞춤(組み合わせ)、짜－(組む)＋맞추다(合わせる)→짜맞추다(組み合わせる)'のように、その語構成が日本語に類似している。しかし、それ以外の語に対応する韓国語は語構成が日本語と違う。'釣り合い、釣り合う'については前節に述べてあるので、その他の語の日本語と韓国語の対応関係を見てみることにする。まず、漢語や「漢語＋하다」構成の動詞が対応する語を示すと、'具合：형편(形便)・상태(状態)、組み立てる：조립(組立)하다、試合：시합(試合)、仕組み：구조(構造)、問い合わせる：문의(問議)하다・조회(照会)하다、話し合い：의논(議論)、話し合う：의논(議論)하다、割合：비율(比率)'のようになる。次に、'付き合う、似合う'にはそれぞれ'사귀다(付き合う)、어울리다(似合う)'のような単純語動詞が対応する。なお、'知り合い'には'아는 사람(知っている人)'のような名詞句か漢語'친지(親知)'が対応する。'待ち合わせる'は、韓国語では'만나기로 하다(会うことにする)'のように表わす。

(15) 〈.1560〉(接触・接近) － 日本語が有意に大

　この意味分野では、日本語に'付く、付ける'を後部要素にもつ語が多いのが目立つ。それを示すと、'後片<u>付</u>け、言い<u>付</u>ける、受<u>付</u>、追い<u>付</u>く、顔<u>付</u>き、片<u>付</u>く、片<u>付</u>ける、考え<u>付</u>く、くっ<u>つ</u>く、くっ<u>つ</u>ける、しがみ<u>つ</u>く、近<u>付</u>く、飛び<u>付</u>く、取り<u>付</u>ける、見<u>付</u>かる、見<u>付</u>ける、結び<u>付</u>ける、遣っ<u>付</u>ける'のような語である。一方、この意味分野の韓国語

には'붙다(付く)'を後部要素にもつ語は含まれていない。韓国語でも、
'따라붙다(追い付く)、달라붙다・들러붙다(しがみつく)'のような語の後部
要素として'붙다(付く)'が用いられているが、このような例はそれほど多
くはない。このように、'付く、付ける'が複合語の後部要素としてよく
使われるのは、日本語の語構成の特徴である。

(16) 〈.1564〉(押し・引き・突き・すれなど) － 日本語が有意に大

　この意味分野において、有意差の原因となっている日本語を示すと、
'嘘吐き、押し入れ、取引、引き受ける、引き換え、引き出し、引き分
け、引越し、引っ越す'のような語である。そのうち、'引越し、引っ越
す'は先に述べた通りであり、'引き換え、引き分け'に対応する語とし
て、韓国語では'인환(引換)・교환(交換)、무승부(無勝負)'のような漢語が
よく用いられる。なお、'取引、引き出し、引き受ける'にはそれぞれ'거
래(去来)、서랍、떠맡다・인수(引受)하다'のような語が対応する。また、
'押し入れ'は日本の家屋構造に関連する語である。一方、'嘘吐き'のよ
うな「名詞＋動詞の連用形」構成の語が人を表わすのは日本語の特徴であ
る。これに対応する韓国語は'거짓말쟁이'であるが、'ー쟁이'は接尾辞で
ある。なお、似たような構成である'酒飲み'に対応する韓国語'술꾼'にも
接尾辞'ー꾼'が用いられる。

(17) 〈.1570〉(変形) － 日本語が有意に大

　この意味分野の日本語には'折り紙、竜巻、捩じる、捩じれる、捻
る、歪む'のような語が含まれているが、それに対応する韓国語は「小学
生基本語彙」には選定されていない。その他に、日本語には'畳、寝巻
き、鉢巻'のような語が入っているが、そのうち、'畳'も日本の家屋構造
に関連する語である。一方、'寝巻き、鉢巻'に対応する韓国語は'잠옷
(寝巻き)、머리띠(鉢巻)'のような語であり、その語構成は'잠('자다'(寝

る)の名詞形）＋옷(服)→잠옷(寝巻き)、머리(頭)＋띠(帯)→머리띠(鉢巻)’の
通りである。

(18)〈.1571〉(破壊・切断など) － 日本語が有意に大

　この意味分野の日本語には‘切れる－切る、崩れる－崩す、壊れる－
壊す、裂ける－裂く、千切れる－千切る、潰れる－潰す、剥げる－剥が
す、破れる－破る、割れる－割る’18語の自他対応の関係にある動詞が
あるが、韓国語にはそれが‘갈라지다(割れる)－가르다(割る)、깨지다(砕
ける)－깨다(砕く)、끊어지다(切れる)－끊다(切る)、찢어지다(裂ける)－찢
다(裂く)’8語しかない。日本語と韓国語の自他対応を比較してみると、
日本語は両方とも単純語であるが、韓国語は他動詞に補助動詞‘지다’が
結合して自動詞が形成されている。ここでも、単純語動詞における自他
の対応が日本語の特徴であることを確認することができる。

　また、日本語には‘裏切る、売り切れる、切っ掛け、切手、切符、切
り替える、刺し身、締め切り、締め切る、物指、踏切り、見破る、役
割、割、割合、割り当てる’のような語が入っているが、これらは日本
語に特有な語構成による語である。そのうち、‘切っ掛け、切り替える’
については先に述べた通りである。その他の語のうち、‘切手、切符、
刺し身、役割、割、割合’に対応する韓国語は‘우표(郵票)、표(票)、회
(膾)、역할(役割)、할(割)、비율(比率)’のような漢語である。なお、‘裏切
る、見破る、割り当てる’には‘배반(背反)하다、간파(看破)하다、할당(割
当)하다’のような混種語が対応する。‘売り切れる’は、‘다 팔리다(すべて
売れる)’のように表わすか、漢語を語幹にもつ動詞‘매진(賣盡)되다’が用
いられる。なお、‘締め切り、物指’に対応する韓国語はそれぞれ単純語
‘마감(締め切り)、자(物指)’であり、‘마감’に‘하다(する)’が結合したのが
‘마감하다(締め切る)’である。次に、‘踏切り’には、‘건너다(渡る)’の冠形
詞形‘건널’に名詞‘목(首)’が結合した複合語‘건널목(踏切り)’が対応する。

(19) 〈.162〉(期間)、〈.1634〉(日) － 韓国語が有意に大

　この二つの意味分野に属する韓国語には'겨울철(冬季)・봄나들이(春の
行楽)・봄바람(春風)・봄비(春雨)・여름방학(－放学：夏休み)・여름철(夏季)・
철새(渡り鳥)(以上、〈.162〉)、날마다(日毎)・다음날(明くる日)・보름달(満
月)・설날(元日)・앞날(将来)・어린이날(子供の日)・옛날(昔)・오늘날(今日)・
이튿날(明くる日)・추석(秋夕)날(お盆)(以上、〈.1634〉)'のような複合語が
多く含まれており、それが原因で有意差が生じている。

(20) 〈.164〉(過去・現在・未来) － 日本語が有意に大

　この意味分野の日本語には'今朝、明日(あす)、明日(あした)、明後
日、一昨年'のような語があるが、韓国語にはそれに対応する語が入って
いない。そのうち、韓国語の「小学生基本語彙」には'明日(あす・あした)'
に対応する語として漢語'내일(來日)'が選定されている。なお、'今朝'に
は'오늘 아침(今日の朝)'のような語が対応するが、それが分かち書きされ
るので、「小学生基本語彙」には選定されなかったと考えられる。一方、
'明後日、一昨年'に対応する'모레、재작년(再昨年)'は韓国語の「小学生基
本語彙」には選定されていない。

(21) 〈.1651〉(終始) － 韓国語が有意に大

　この意味分野の韓国語には日本語'終わり'に対応する語が'끝、마지
막'2語あり、それが語構成要素として用いられた'끝나다(終わる)、끝내
다(終える)、끝없이(限り無く)、끝내(遂に)'のような複合語が含まれてい
る。これを見ると、日本語'終わる、終える'は単純語であるが、それに
対応する韓国語は複合語であるという違いが見られる。なお、語形は同
じであるが、名詞としての'처음(初め)'と副詞としての'처음(初めて)'が
入っている。

(22) 〈.166〉(新旧・遅速) － 韓国語が有意に大

　この意味分野に属する韓国語を見ると、韓国語に'새(新)、옛(昔の)、헌(古)'のような冠形詞があるのが特徴である。なお、それが語構成要素として用いられた'새로(新たに)、새롭다(新ただ)、새마을(新しい村)、새싹(新芽)、새해(新年)、옛날(昔)'のような複合語も多く含まれている。また、日本語の'幼い、若い'に対応する'어리다、젊다'の冠形詞形'어린、젊은'が語構成要素となっている'어린애(子供)・어린아이(子供)・어린이날(子供の日)・어린이회(－会：子供会)、젊은이(若人)'のような複合語もある。

(23) 〈.174〉(左右・上下) － 日本語が有意に大

　この意味分野の日本語には、'中'という語が含まれている語として、'おなか(御腹)、背中、中々、夜中'のような語が入っているが、それに対応する韓国語は'배(御腹)、등(背中)、좀처럼(中々)、밤중(－中：夜中)'である。そのうち、'배(御腹)、등(背中)'は単純語であり、'밤중(－中：夜中)'は固有語'밤(夜)'と漢語'중(中)'の結合による複合語である。なお、'좀처럼(中々)'は'좀(少し)＋처럼(格助詞：のように)'のような語構成である。また、日本語には'上、下'が含まれている'上着、上履き、靴下、下着、その上、身の上'のような語が入っている。韓国語の「小学生基本語彙」には、'靴下、身の上'に対応する漢語'양말(洋襪：靴下)、신세(身世：身の上)'と'上着、その上'に対応する固有語の単純語'저고리(上着)、더구나(その上に)'がそれぞれ選定されている。しかし、'上履き、下着'に対応する'실내화(室内靴)、속옷(下着)・내의(内衣)'は選定されていない。

(24) 〈.1820〉(角・円・三角形など) － 日本語が有意に大

　この意味分野に所属する日本語には‘<u>粗筋</u>、<u>険しい</u>、<u>凸凹</u>、掌(ての<u>ひ</u><u>ら</u>)、平仮名、四つ<u>角</u>’のような語がある。そのうち、‘粗筋、険しい、掌’に対応する‘줄거리(粗筋)、험(険)하다(険しい)、손바닥(掌)’は韓国語にも入っているが、‘줄거리(粗筋)’は単純語、‘험(険)하다(険しい)’は混種語、‘손바닥(掌)’は固有語‘손(手)’と‘바닥(平面)’の複合語である。一方、上記の日本語のうち、‘平仮名’は日本の文字を表わす語であるので、日本語にしかない語であるが、その他の語に対応する韓国語は「小学生基本語彙」には選定されていない。

　また、日本語には‘<u>平たい</u>、<u>平べったい</u>’のような類義語、‘<u>丸</u>’とその強調形‘真ん<u>丸</u>’、形容詞から派生した‘<u>丸</u>める、<u>緩</u>む、<u>緩</u>める’のような動詞も含まれている。

(25) 〈.1830〉(玉・凹凸・うず・しわなど) － 日本語が有意に大

　この意味分野において、差の原因となった日本語を示すと、‘<u>過</u>、お玉杓子、シャボン<u>玉</u>、<u>玉</u>、<u>玉</u>入れ、卵(た<u>まご</u>)、<u>玉</u>葱、<u>粒</u>’のようになる。そのうち、韓国語には「卵」の意味である‘알’が選定されているが、この意味分野ではなく、〈.5780〉(卵)の意味分野に所属する語である。なお、この‘알’は「玉、粒」の意味としても用いられる。一方、上記の日本語のうち、‘卵、玉、粒’以外の語に対応する韓国語は「小学生基本語彙」には選定されていない。

(26) <u>〈.1921〉(厚い・太い・大きい) － 韓国語が有意に大</u>

　この意味分野で有意差が生じているのは、韓国語に入っている‘<u>할아버</u><u>지</u>(祖父)、<u>할머니</u>(祖母)、<u>큰할머니</u>(大伯母)、<u>친</u>(親)<u>할머니</u>(父方の祖母)、<u>외</u>(外)<u>할아버지</u>(母方の祖父)、<u>외</u>(外)<u>할머니</u>(母方の祖母)、<u>큰삼촌</u>(－三

寸：父方の伯父）、작은아버지（結婚している父方の叔父）、큰엄마（父方の
伯父の配偶者）、큰오빠（長兄）、큰누나（長姉）’のような親族名称に、‘크다
（大きい）、작다（小さい）’の冠形詞形‘큰、작은’が含まれているからであ
る。なお、‘할아버지（祖父）、할머니（祖母）’における‘할’は、死語になった
古語‘하다（大きい）’の冠形詞形‘한’が語形変化したものであるが、このよ
うな語に化石として残っている。このように、長幼の序によって親族名
称を区別するのは韓国語の特徴であるが、その背景には儒教文化があ
る。

(27) 〈.196〉（単位）、〈.2000〉（われ・なれ・かれ・だれ）、〈.2050〉（老少） −
韓国語が有意に大

　これらの意味分野においては、単語コードにおける差がそのまま語素
コードの差として現われている。そこで、それぞれ前節の〈1.196〉（単
位）、〈1.2000〉（われ・なれ・かれ・だれ）・〈1.2050〉（老少）の意味分野を見
ていただきたい。

(28) 〈.1993〉（かなり・はなはだ） − 韓国語が有意に大

　この意味分野の日本語には‘やたら’1語しか入っていないが、韓国語
には‘꽤（かなり）、너무（あんまり）、너무나（余りにも）、대단히・몹시（大
層）、마구（無闇に）、막（丁度）、매우・무척・아주（とても）、참（実に）、퍽（随
分）、함부로（無闇に）’のような副詞が多く含まれている。日本語の「小学
生基本語彙」にも似たような意味を表わす副詞として‘あまり、実に、随
分、相当、大して、大分、大変、丁度、とても、中々、非常に、無闇
に、余程、割合に’のような語が選定されているが、その語構成や語種
が韓国語と異なる。

(29) 〈.2030〉(神仏・精霊) － 日本語が有意に大

　この意味分野に属する日本語を示すと、'鬼、鬼ごっこ、神、雷(かみなり)、木霊、仏'のようになる。その下線部の語はすべて和語であるが、韓国語の「小学生基本語彙」には'귀신(鬼神)、선녀(仙女)、신(神)、신령(神靈)、영(靈)、천사(天使)'のような漢語が選定されている。このように、この意味分野では日本語と韓国語の語種による差が見られる。

(30) 〈.2150〉(親戚) － 日本語が有意に大

　この意味分野の日本語には'従兄弟、叔父、叔父さん、叔母、叔母さん、姪'のような親族名称があるが、韓国語には'조카(姪)'1語しか入っていない。その原因は、上記の日本語はすべて和語であるが、'姪'以外の語に対応する語として韓国語の「小学生基本語彙」に選定されている親族名称は、'사촌(四寸：従兄弟)、삼촌(三寸：父方の叔父)、외삼촌(外三寸：母方の叔父)、이모(姨母：母方の叔母)、큰삼촌(－三寸：父方の伯父)'のように、漢語か混種語であるからである。ここでも、日本語と韓国語の語種の差を見ることができる。

(31) 〈.26〉(社会) － 日本語が有意に大

　この意味分野に属する語のうち、日本語と韓国語の両方に入っているのは'寺：절、店：가게'2語である。その他に、日本語には'世、世の中、運動場(うんどうば)、工場(こうば)、広場(ひろば)、役場(やくば)'のような語が含まれている。そのうち、韓国語の「小学生基本語彙」には'世、世の中、運動場、工場'に対応する語'세상(世上)、운동장(運動場)、공장(工場)'のような漢語がある。なお、「小学生基本語彙」には選定されていないが、'広場、役場'に対応する韓国語も'광장(廣場)、사무소(事務所)'のような漢語である。

(32) 〈.3020〉(対人感情) － 日本語が有意に大

　　この意味分野の日本語には'<u>仰ぐ</u>、<u>憧れ</u>、<u>憧れる</u>、<u>己惚れる</u>、<u>恨む</u>、<u>妬む</u>'のような語があるが、それに対応する韓国語は「小学生基本語彙」には選定されていない。なお、日本語に'<u>可愛い</u>・<u>可愛</u>らしい、<u>憎い</u>・<u>憎</u>らしい'のような類義語と、形容詞から派生した動詞'<u>可愛</u>がる、<u>憎む</u>'があるのが特徴である。

(33) 〈.3030〉(表情) － 日本語が有意に大

　　この意味分野に属する日本語には、'くすくす(<u>くす</u>＋<u>くす</u>)、しくしく(<u>しく</u>＋<u>しく</u>)、にこにこ(<u>にこ</u>＋<u>にこ</u>)、<u>にっこり</u>、めそめそ(<u>めそ</u>＋<u>めそ</u>)'のような擬音語・擬態語が多く含まれているが、韓国語には'빙그레(にっこり)'1語しか入っていない。なお、この意味分野の日本語'<u>唸る</u>、<u>囀る</u>、<u>顰める</u>、<u>吠える</u>'に対応する韓国語は「小学生基本語彙」には選定されていない。また、日本語に入っている'微笑み、微笑む'のうち、韓国語には漢語'미소(微笑)'のみが選定されている。

(34) 〈.3040〉(自我・信念・努力・忍耐など) － 日本語が有意に大

　　この意味分野の韓国語は'<u>견디다</u>・<u>참다</u>(堪える)'2語しかないが、日本語は'<u>勇</u>ましい、<u>賢</u>い、<u>そそっかしい</u>、<u>堪</u>らない、<u>躊躇</u>う、<u>努める</u>、取り<u>敢えず</u>、<u>励ます</u>、<u>励む</u>'9語である。しかし、'そそっかしい、堪らない'以外の語に対応する韓国語も「小学生基本語彙」には選定されている。それを示すと、'용감(勇敢)하다(勇ましい)、똑똑하다(賢い)、망설이다(躊躇う)、노력(努力)하다(努める)、우선(于先：取り敢えず)、북돋우다(励ます)、힘내다(励む)'の通りである。しかし、これらの語は語構成や語種の面において日本語と異なる。

(35) 〈.3042〉（欲望・期待など）－ 日本語が有意に大

　この意味分野に属する日本語と韓国語を示すと、日本語'拗ねる、で
しゃばる、惚ける、恥、誇り、誇る'6語、韓国語'뽐내다(誇る)'1語であ
る。韓国語の「小学生基本語彙」では、'誇り'に対応する'자랑(自慢)'が
〈.3041〉（自信・名誉・勇気）の意味分野に入っている。しかし、それ以外
の日本語に対応する韓国語は「小学生基本語彙」には選定されていない。

(36) 〈.3090〉（見聞き）－ 日本語が有意に大

　この意味分野の日本語にも、韓国語には入っていない'きょろきょろ
(きょろ＋きょろ)、じろじろ(じろ＋じろ)'のような擬態語が含まれてい
る。なお、日本語には'見る'が含まれている'見失う、見送る、見落と
す、見掛け、見掛ける、見事だ、見込み、見付かる、見付ける、見通
し、見抜く、見逃す、見張り、見本、見舞い、見破る、見分ける'のよ
うな語が多い。そのうち、'見失う、見落とす、見掛け、見掛ける、見
込み、見抜く、見破る'は先に述べた通りであり、'見舞い'も前節に述べ
たので、ここでは、それ以外の語について述べる。'見通し、見張り、
見本'に対応する韓国語はそれぞれ'전망(展望)、망(望)、견본(見本)'のよ
うな漢語である。次に、その他の語の韓国語との対応関係を示すと、
'見送る：배웅하다(見送りする)・전송(餞送)하다、見事だ：훌륭하다(立派
だ)・멋지다(素晴らしい)、見付かる：발견(発見)되다、見付ける：발견(発
見)하다、見逃す：놓치다(逃す)、見分ける：분별(分別)하다・분간(分揀)하
다'の通りである。このように、'見る'が語構成要素として多く用いられ
ているのは日本語の特徴である。

(37) 〈.3101〉(言語) － 韓国語が有意に大

　この意味分野で有意差が生じたのは、韓国語に‘말(言葉)’が含まれている‘거짓말(嘘)、말놀이(言葉遊び)、말씀(お話)、말씀드리다(申し上げる)、말씀하다(おっしゃる)、말짓기(造語)、말하다(話す)、우리말(国語)、정(正)말(真実)、정(正)말(本当に)、참말(真実)’のような語が多いからである。そのうち、‘말씀(お話)、정(正)말(真実)’は‘말(言葉)’にそれぞれ接尾辞「－씀」と接頭辞「정(正)－」が付いた派生語である。それ以外の語はすべて複合語である。

(38) 〈.3120〉(発言・沈黙) － 日本語が有意に大

　この意味分野において、差の原因となっている日本語を示すと、‘言い付ける、言い訳、囁く、知らせ、黙る、伝える、伝わる、呟く、怒鳴る、申込み、申し込む、申し訳ない’のような語である。そのうち、‘言い訳、申込み、申し込む、申し訳ない’については先に述べた通りである。韓国語には‘言い付ける、伝える、伝わる’に対応する語として‘명령(命令)하다、전(伝)하다、전(伝)해지다’のような混種語が入っている。なお、‘囁く、呟く’に対応する‘속삭이다、중얼거리다’のような語も韓国語にはあるが、これらの語は「擬音語‘속삭、중얼’＋動詞化接尾辞‘－이다、－거리다’」のような語構成をもつ。一方、‘知らせ、騙す、怒鳴る’に対応する語は韓国語の「小学生基本語彙」には選定されていない。

(39) 〈.3130〉(話) － 日本語が有意に大

　この意味分野の日本語を見ると、‘語る、話す、述べる’のような類義語があるのが特徴である。なお、日本語には‘答え、答える、問い合わせる、話し合い、話し合う、話し掛ける、物語、手応え’のような語が

あるが、そのうち、'問い合わせる、話し合い、話し合う'については先
に述べた通りである。なお、'話し掛ける'は韓国語では'말을　걸다(話を
掛ける)'のように表わす。その他の語に韓国語を対応させてみると、'答
え：답(答)・대답(対答)、答える：답(答)하다・대답(対答)하다、物語：이
야기(話)・전설(伝説)、手応え：반응(反応)'のようになる。

(40) 〈.3154〉(文章) － 韓国語が有意に大

　この意味分野はその所属語が韓国語しかない。それを示すと、'글
(文)、글감(文の素材)、글자(一字：文字)、글짓기(作文)、우리글(国文)、
짧은글(短文)'のような語である。日本語の「小学生基本語彙」には漢語
'文、文字、作文'が選定されている。ここでは、日本語と韓国語の語種
の差が見られる。

(41) 〈.3330〉(生活・衣食住) － 日本語が有意に大

　この意味分野では、日本語に'上着、上履き、着物、暮らし、下着、
住まい、食べ物、履き物、水着'のような語が含まれているため有意差
が生じている。そのうち、'上着、上履き、下着'については先に述べた
通りである。なお、'着物、履き物'には韓国語の単純語名詞'옷、신'が
対応し、'暮らし、住まい、食べ物、水着'には'생활(生活)、주거(住居)、
음식(飲食)、수영복(水泳服)'のような漢語が対応する。この意味分野に
おいても、日本語と韓国語の語種の違いによる差が生じている。

(42) 〈.339〉(立ち居・動作) － 日本語が有意に大

　この意味分野の日本語にも、韓国語には入っていない'てくてく(てく＋
てく)、とぼとぼ(とぼ＋とぼ)、むしゃむしゃ(むしゃ＋むしゃ)、よちよち
(よち＋よち)'のような擬態語がある。なお、この意味分野の日本語に

入っている'拝む、睨む、暴れる、躓く、跨る、跨ぐ、くすぐる、絞る、
抓る、引っ掻く、毟る、齧る、舐める、吐く'などのような語に対応する
韓国語は「小学生基本語彙」には選定されていない。

(43) 〈.3420〉(行為) － 日本語が有意に大

　この意味分野では、日本語に'試合(しあい)、仕上がる、仕上げ、幸
せ(しあわせ)、仕返し、仕掛け、仕方、仕方が無い、仕切り、仕切る、
仕組み、仕事、躾(しつけ)、仕向ける、仕業'のような語が多く含まれて
いるため有意差が生じている。このように、動詞'する'の連用形'し'を
前部要素にもつ語が多いのは日本語の特徴である。

(44) 〈.3510〉(応接)、〈.3683〉(脅迫・愚弄・中傷) － 日本語が有意に大

　この二つの意味分野に属する日本語には'出迎え・迎え・別れ・待ち合
わせる(以上、〈.3510〉)、苛める・労る・脅かす・騙す・誤魔化す・宥める
(以上、〈.3683〉)'のような語があるが、韓国語の「小学生基本語彙」には
それらの語に対応する語が選定されていない。

(45) 〈.3700〉(取得・経済) － 日本語が有意に大

　この意味分野において、有意差の原因となっている日本語は'獲物、
金持ち、気持ち、貯える、取り敢えず、取り換える、取り消す、持ち
主、持て成す、横取り'のような語である。そのうち、'取り敢えず、取
り換える、取り消す、取引'については先に述べた通りである。なお、
韓国語の「小学生基本語彙」には、'金持ち、気持ち、貯える'に対応する
語として、'부자(富者)、기분(氣分)、저축(貯蓄)하다'のような語が選定さ
れている。その他の語に対応する韓国語は'獲物：사냥감、持ち主：소유
주(所有主)・임자、持て成す：대접(待接)하다、横取り：횡령(橫領)'の通

りである。そのうち、'임자(持ち主)'は単純語であり、'사냥감(獲物)'は
'사냥(狩り)'に接尾辞'ー감'が付いた語である。このように、この意味分
野では、日本語と韓国語の語構成や語種の違いが見られる。

(46) 〈.3820〉(工業) － 日本語が有意に大

　この意味分野に属する韓国語は'빚다(醸す)'1語のみであるが、日本語
は'築く、鍛える、刷る、建つ、建物、建てる'6語である。日本語の「小
学生基本語彙」には'醸す'はない。一方、韓国語の「小学生基本語彙」に
選定されている'건물(建物)'は漢語である。なお、'築く、刷る、建つ、
建てる'にはそれぞれ'쌓다(積む)、찍다(付ける)、세워지다(立つ)、세우다
(立てる)'が対応するが、別の意味分野に入っている。しかし、'鍛える'
に対応する'단련(鍛錬)하다'は韓国語の「小学生基本語彙」には選定されて
いない。

(47) 〈.3851〉(練り・塗り・射ち) － 日本語が有意に大

　この意味分野では、単語コードにおける差がそのまま語素コードにも
現われているので、前節の〈2.3851〉(練り・塗り・射ちその他)の意味分野
を見ていただきたい。

(48) 〈.3860〉(製造) － 韓国語が有意に大

　この意味分野の韓国語には、日本語の'作る'に対応する語が'만들
다、짓다'2語入っている。また、'글짓기(作文)、농사짓기(耕作)、농사짓
다(耕作する)、말짓기(造語)、지은이(作者)'のように、'짓다(作る)'が語
構成要素として入っている語も多く含まれている。なお、'꾸리다(荷造
りをする)、만들기(作ること)、보따리(包み)'のような語も日本語には
入っていない。このように、この意味分野の韓国語には複合語や日本

語には入っていない語がある。

(49) 〈.4000〉(物品) － 日本語が有意に大

　この意味分野は日本語しかない意味分野である。それを示すと、'入れ<u>物</u>、獲<u>物</u>、贈り<u>物</u>、落し<u>物</u>、金<u>物</u>、着<u>物</u>、果<u>物</u>、<u>品</u>、<u>品物</u>、建<u>物</u>、食べ<u>物</u>、手<u>品</u>、飲み<u>物</u>、乗り<u>物</u>、履<u>物</u>、本<u>物</u>、<u>物</u>差、忘れ<u>物</u>'のようになる。そのうち、'獲物、着物、建物、食べ物、履物、物差'は先に述べた通りであり、'落し物、忘れ物'についても前節に述べてある。それでは、その他の語について見てみることにする。'飲み物、乗り物、本物、果物'以外の語には'용기(容器)、선물(膳物)、철물(鉄物)、물건(物件)、물품(物品)、요술(妖術)'のような漢語が対応する。次に、'飲み物、乗り物'には、動詞'마시다(飲む)、타다(乗る)'の冠形詞形'마실、탈'に依存名詞'것(もの)'を後接させた'마실것(飲み物)、탈것(乗物)'か漢語'음료(飲料)、교통기관(交通機關)'が対応する。なお、'本物、果物'に対応する語はそれぞれ'진짜(真－：本物)、과일(果物)'である。そのうち、'진짜(真－：本物)'は接頭辞'진(真)－'と接尾辞'－짜'の結合によるものである。

(50) 〈.4210〉(衣服) － 韓国語が有意に大

　この意味分野の所属語は'갑옷(甲－：鎧)、옷(服)、옷감(服地)、옷자락(裾)、옷장(－欌：箪笥)、옷차림(身なり)'のような韓国語のみである。特に、'옷(服)'を含む複合語が目立つ。

(51) 〈.43〉(食料) － 韓国語が有意に大

　この意味分野の韓国語のうち、'<u>도시락</u>(弁当)、<u>국수</u>(麺)、송편(松－：松餅)、아침밥(朝飯)、저녁밥(夕飯)、<u>찌개</u>(汁物)、톱밥(鋸屑)、<u>김장</u>(キム

チの漬け込み）、<u>김치</u>(キムチ)、<u>고기</u>잡이(漁猟)、<u>물고기</u>(魚)、<u>꿀</u>(蜜)、<u>꿀벌</u>(蜜蜂)、<u>소금물</u>(塩水)、<u>담배</u>(タバコ)、<u>비누</u>(石鹸)’のような語に対応する日本語はこの意味分野には入っていない。日本語の「小学生基本語彙」では、‘弁当、タバコ、石鹸’が別の語種に入っている。上記の韓国語のうち、‘송편(松－：松餅)、김장(キムチの漬け込み)、김치(キムチ)’は韓国の伝統食品である。このような語が韓国語の「小学生基本語彙」に選定されているのは、食文化と関わりがあると思われる。

(52) 〈.4460〉（戸・カーテン・テント・畳など）－ 日本語が有意に大

　この意味分野の所属語は日本語しかない。それを示すと、‘<u>戸</u>、<u>戸締</u>まり、<u>戸棚</u>、<u>扉</u>、<u>襖</u>’のような語である。韓国語が入っていないのは、‘戸、扉’に対応する語が漢語‘문(門)’であるからだと考えられる。よって、この意味分野における差は語種の違いによるものであるといえよう。なお、上記の日本語のうち、‘襖’は日本の家屋に特有なものである。

(53) 〈.451〉（容器）－ 日本語が有意に大

　この意味分野に所属する日本語のうち、‘<u>壺</u>、<u>鉢巻</u>、飛び<u>箱</u>、<u>箱</u>、筆<u>箱</u>、浮き<u>袋</u>、<u>手袋</u>、<u>袋</u>、<u>笊</u>’に対応する韓国語はこの意味分野には入っていない。‘鉢巻’については先に述べた通りである。なお、‘箱、筆箱、手袋、袋’に対応する韓国語は‘상자(箱子)、필통(筆筒)、장갑(掌匣)、봉지(封紙)’のような漢語である。このように、この意味分野では、日本語と韓国語の語種の違いが見られる。

(54) 〈.455〉（刃物・武器） － 韓国語が有意に大

　この意味分野の韓国語'쇠도끼(金の斧)、낫(鎌)、송곳(錐)、톱니(鋸の歯)、톱밥(鋸屑)、활(弓)'に対応する日本語は「小学生基本語彙」には選定されていない。

(55) 〈.4700〉（地類） － 韓国語が有意に大

　この意味分野に属する韓国語には日本語の'庭'に対応する語が'뜰、마당'2語ある。なお、韓国語には、日本語には入っていない'꽃밭(花畑)、논밭(田畑)、놀이터(遊び場)、모래밭(砂場)、싸움터(戦場)、일터(仕事場)、잔디밭(芝生)、장터(場－：市場)、풀밭(草地)'のような語がある。

(56) 〈.5030〉（音） － 韓国語が有意に大

　この意味分野の韓国語には、日本語には入っていない'귀뚤귀뚤(蟋蟀の鳴き声)、깍깍(かあかあ)、맴맴(みんみん)、멍멍(わんわん)、짹짹(雀の鳴き声)'のような動物や昆虫の鳴き声が多く含まれている。なお、韓国語には、その鳴き声から命名された'개구리(蛙)、귀뚜라미(蟋蟀)、꾀꼬리(鶯)、매미(蝉)、뻐꾸기(閑古鳥)'のような動物や昆虫の名が入っている。このように、動物や昆虫をその鳴き声によって命名しているのは韓国語の特徴である。その語構成を示すと次の通りである。

・개굴개굴(蛙の鳴き声)〉개굴＋-이(接尾辞)〉개구리(蛙)

・귀뚤귀뚤(蟋蟀の鳴き声)〉귀뚤＋-아미(接尾辞)〉귀뚜라미(蟋蟀)

・꾀꼴꾀꼴(鶯の鳴き声)〉꾀꼴＋-이(接尾辞)〉꾀꼬리(鶯)

・맴맴(蝉の鳴き声)〉맴＋-이(接尾辞)〉매미(蝉)

・뻐꾹뻐꾹(閑古鳥の鳴き声)〉뻐꾹＋-이(接尾辞)〉뻐꾸기(閑古鳥)

(57) 〈.5040〉(におい)、〈.5750〉(皮・毛髪・羽毛) ー 日本語が有意に大

　　この二つの意味分野に属する語のうち、'<u>香り</u>・<u>臭い</u>・<u>匂う</u>・<u>ぷんぷん</u>
（以上、〈.5040〉）、<u>髪</u>・<u>髪の毛</u>・<u>剃刀</u>・<u>毛糸</u>・<u>毛虫</u>・<u>跳</u>・<u>眉</u>（以上、〈.5750〉）'
のような語に対応する韓国語は「小学生基本語彙」には選定されていな
い。

(58) 〈.5050〉(味) ー 日本語が有意に大
　　　〈.5530〉(枝・葉・花など) ー 韓国語が有意に大

　　この二つの意味分野における差は、単語コードの差が語素コードにも
現われたものであるから、〈.5050〉は前々節の〈3.505〉(味)、〈.5530〉は前
節の〈1.5530〉(枝・葉・花など)の意味分野をそれぞれ見ていただきたい。

(59) 〈5.1010〉・〈5.1921〉・〈5.3590〉(接頭辞) ー 日本語が有意に大

　　これらの接頭辞は日本語にしかないものである。次に、それぞれの接
頭辞が与えられている語を示す。各語における下線部にコードが与えら
れている。

〈5.1010〉ー<u>素</u>直だ、<u>素</u>早い、<u>素</u>晴らしい、<u>真</u>心、<u>誠</u>（まこと）に、<u>真</u>っ
　　　　赤だ、<u>真</u>っ暗だ、<u>真</u>っ黒だ、<u>真</u>っ青だ、<u>真</u>っ先に、<u>真</u>っ白
　　　　だ、<u>真</u>っ直ぐ、<u>真</u>ん中、<u>真</u>ん丸
〈5.1921〉ー<u>大</u>-、<u>大</u>型、<u>大</u>袈裟だ、<u>大</u>勢、<u>大</u>水、<u>小</u>-、<u>小</u>型、<u>小</u>遣い、
　　　　<u>小</u>包、<u>小</u>鳥、<u>小</u>屋
〈5.3590〉ー<u>御</u>（お）-、<u>御</u>出で、<u>御</u>母さん、<u>御</u>帰りなさい、<u>御</u>陰、<u>お</u>か
　　　　ず、<u>御</u>代わり、<u>御</u>浚い、<u>御</u>祖父さん、<u>御</u>辞儀、<u>御</u>洒落、
　　　　<u>御</u>世辞、<u>御</u>玉杓子、<u>御</u>父さん、<u>御</u>腹、<u>御</u>祖母さん、<u>御</u>化
　　　　け、<u>御</u>早よう御座います、<u>御</u>日様、<u>御</u>百姓さん、<u>御</u>盆、

御呪い(おまじない)、御巡りさん、御目出度う御座います、御休みなさい、御八つ、御(おん)ー、味方

　上記の接頭辞が韓国語にはないことを考えると、これらの接頭辞は日本語に特有な接頭辞であるといえよう。中でも、尊敬や丁寧の接頭辞「御(お・おん)ー」があり、それがよく用いられていることが最も特徴的である。

(60) 〈5.1730〉(接頭辞) － 韓国語が有意に大

　この接頭辞は韓国語にしかないものである。その例を以下に示す。

〈5.1730〉ー내놓다(取り出す)、내밀다(差し出す)、내보내다(送り出す)、내주다(渡す)、내쫓다(追い出す)、들이마시다(吸い込む)

　上記の接頭辞のうち、「내ー」は'外へ、外に向かって'の意味であり、「들이ー」は'内へ、内に向かって'の意味である。このような接頭辞は韓国語に特有なものである。日本語では、これらの接頭辞に対応する語として'出す、込む'が用いられていることが上記の例から分かる。

(61) 〈6.0060〉(挿入音) － 日本語が有意に大

　〈6.0060〉は、第2章にも述べたように、日本語と韓国語の挿入音に与えたコードであるが、ここで日本語が有意に大であるのを見ると、韓国語よりも日本語の方に音が挿入されている語が多いのが分かる。

(62) 〈7.0010〉(名詞化接尾辞)、〈7.0050〉(副詞化接尾辞) – 韓国語が有
　　意に大

　この二つの接尾辞で韓国語が有意に大であるのは、韓国語の動詞や形
容詞が名詞として機能するためには必ず名詞化接尾辞が必要であり、形
容詞が副詞に派生する場合も副詞化接尾辞が必要であるからである。一
方、日本語の場合は、動詞や形容詞の連用形がそれぞれ名詞と副詞とし
て機能し得る。ただ、形容詞が名詞に派生する時のみ名詞化接尾辞「－
さ」または「－み」を必要とする。
　このように、ここでは、日韓両言語の言語構造の違いを見ることがで
きる。

(63) 〈7.0020〉(動詞化接尾辞)、〈7.0030〉(形容詞化接尾辞)、〈7.0060〉
　　（連体詞語尾) – 日本語が有意に大

　これらの接尾辞は日本語にしか与えていない。その理由は、それぞれ
の言語の構造に合わせてコード付けをしたからである。よって、これら
の接尾辞における差も言語構造による差であるといえよう。

(64) 〈7.11202〉・〈7.34202〉・〈7.34203〉・〈7.3670〉(接尾辞) – 韓国語が
　　有意に大

　これらの接尾辞は韓国語にしかないものである。それぞれ、
〈7.11202〉は動詞化接尾辞「－되다」に、〈7.34202〉は動詞化接尾辞「－하
다」に、〈7.34203〉は形容詞化接尾辞「－하다」に、〈7.3670〉は動詞化接尾
辞「－시키다」と使動詞化接尾辞「－이・－히・－리・－기・－우・－추」に与
えられている。このような接尾辞が含まれている語が多いのを見る
と、これらの接尾辞が韓国語の動詞や形容詞の形成に大きな役割を果
たしていることが分かる。ここから、韓国語における動詞や形容詞の言

語構造上の特徴を見ることができる。

(65) 〈7.1140〉(接尾辞) － 韓国語が有意に大

　このコードは日本語の形容詞化接尾辞「－らしい」と韓国語の形容詞化接尾辞「－답다・－롭다・－스럽다・－지다」に与えたものである。日韓両言語に似たような接尾辞があることが注目される。ただ、韓国語の方にその種類が多いだけである。

(66) 〈7.1300〉・〈7.1730〉(接尾辞) － 日本語が有意に大

　この接尾辞は日本語にしかないものである。以下にその例を示す。下線部は前記同様である。

〈7.1300〉－暖<u>か</u>い、暖<u>か</u>だ、甘<u>やか</u>す、穏<u>やか</u>だ、可哀<u>想</u>だ、細<u>か</u>い、細<u>か</u>だ、爽<u>やか</u>だ、静<u>か</u>だ、和<u>やか</u>だ、なだ<u>らか</u>だ、滑<u>らか</u>だ、賑<u>やか</u>だ、長閑(のど<u>か</u>)だ、華<u>やか</u>だ、遥<u>か</u>、冷<u>やか</u>す、柔<u>らか</u>い、柔<u>らか</u>だ、豊<u>か</u>だ、緩<u>やか</u>だ

〈7.1730〉－こ<u>ちら</u>、こっ<u>ち</u>、そ<u>ちら</u>、そっ<u>ち</u>、あ<u>ちら</u>、あっ<u>ち</u>、ど<u>ちら</u>、どっ<u>ち</u>

　ここでは、日本語の語構成の特徴を見ることができる。

(67) 〈7.1990〉(接尾辞) － 韓国語が有意に大

　この接尾辞は「程度」の意味をもつものである。以下に、ここに所属する日本語と韓国語を示す。

日本語－痛<u>み</u>、大き<u>さ</u>、重<u>さ</u>、寒<u>さ</u>、高<u>さ</u>、楽し<u>み</u>、長<u>さ</u>

韓国語－걸<u>치</u>다(掛ける)、그까<u>짓</u>(それしきの)、깨<u>뜨리</u>다(打ち砕く)、넘<u>치</u>다(溢れ
る)、놓<u>치</u>다(逃す)、뒷받<u>침</u>하다(裏付ける)、떨어<u>뜨리</u>다(落とす)、마음<u>껏</u>
(思い切り)、받<u>치</u>다(支える)、받<u>침</u>(下敷き)、실<u>컷</u>(思う存分)、쓰러<u>뜨리</u>다
(倒す)、정성(精誠)<u>껏</u>(丹念に)、터<u>뜨리</u>다(破裂させる)、퍼<u>뜨리</u>다(広め
る)、펼<u>쳐</u>지다(広げられる)、펼<u>치</u>다(広げる)、하여<u>금</u>(～をして・(～で)
もって)、힘<u>껏</u>(精一杯)

　　上記の韓国語の接尾辞は強調の意味を添えるものである。このような
接尾辞が付いた語が多いのは韓国語の特徴であるといえよう。

(68) 〈7.3420〉(接尾辞) － 日本語が有意に大

　　〈7.3420〉は、日本語のサ変動詞を形成する「－する」と韓国語の動詞化
接尾辞「－이다・－거리다」に対するコードである。

　　日本語における「－する」には和語動詞の不足を補う重要な役割があ
る。一方、韓国語に色々な動詞化接尾辞があるのが特徴である。

(69) 〈7.4100〉(接尾辞) － 韓国語が有意に大

　　このコードは「材料」の意味を表わす韓国語の接尾辞「-감」に与えた
コードである。その例を示すと、'글<u>감</u>(文の素材)、놀잇<u>감</u>(おもちゃ)、물
<u>감</u>(絵の具)、옷<u>감</u>(服地)、장난<u>감</u>(おもちゃ)'の通りである。このように、
「材料」の意味を表わす接尾辞があるのは韓国語の特徴である。

(70)〈8.0010〉(格助詞）－ 日本語が有意に大

　　〈8.1140〉(助詞）－ 韓国語が有意に大

　格助詞は、単語コードでは韓国語の方が有意に大であったが、語素コードではそれが逆転している。これは、日本語の格助詞が語構成要素としてよく用いられているということを意味する。このように、ここでは、日韓両言語の格助詞の使われ方の違いを見ることができる。

　一方、〈8.1140〉は、日本語の助動詞‘ようだ’に近い意味をもつ韓国語の格助詞‘대로、처럼’に与えたものである。このような助詞があるのは韓国語の特徴である。

　それ以外の助詞は単語コードの場合と同様であるので、省略する。

(71)〈10〉(補助用言）－ 韓国語が有意に大

　ここには韓国語しか入っていない。その原因は、韓国語の補助用言は日本語と違って複合動詞の語構成要素としてよく用いられるからである。これは韓国語の語構成の特徴である。

(72)〈9〉(助動詞）－ 日本語が有意に大

　　〈12〉(語尾）－ 韓国語が有意に大

　助動詞は日本語にしかないものであり、語尾は〈12.00902〉(動詞表示語尾)以外は韓国語にしかないものであるから、ここで差が生じたのは当然のことである。しかし、このようなコード付けをするのは、語彙の意味分野別構成に言語構造の違いを反映させるためである。

3．2 漢字語素コードによる考察

まず、小数点以下第1位〜第4位までの分析結果を示す。

[表27] 漢字語素コードの小数点以下第1位までの意味分野別構造

分類	主たる意義	日　本　語		韓　国　語	
		単位数	割　合	単位数	割　合
17.1	抽象的関係	1294	16.48	1463	16.28
17.2	人間活動の主体	216	2.75	367	4.08
17.3	人間活動	919	11.70	1016	11.31
17.4	生産物	203	2.58	278	3.09
17.5	自然	316	4.02	391	4.35
17.0070	（接尾辞）	7	0.09	9	0.10
17.0080	（助詞）	0	0.00	1	0.01
合　　計		2955	37.63	3525	39.23

[表28] 漢字語素コードの小数点以下第2位までの意味分野別構造

分類	主たる意義	日本語	韓国語
17.10	こそあど	93	106
17.11	類・関係・接続	91	132
17.12	有無・在不在	75	75
17.13	様相・整備・調子	93	100
17.14	力	21	30
17.15	作用・変化	295	321
17.16	時間	153	157
17.17	空間・位置・場所	136	178
17.18	形	45	71
17.19	量・過不足・程度	292	293

分類	主たる意義	日本語	韓国語
17.20	人間	68	90
17.21	家族	21	31
17.22	相手	9	9
17.23	人物	8	26
17.24	職	23	41
17.25	区画	28	79
17.26	社会	45	48
17.27	機関	7	32
17.28	団体	7	11
17.30	心・意識・感動	331	346
17.31	言動・ことば・間投	155	140
17.32	芸術・創作・応答	26	33
17.33	生活・仕事・あいさつ	77	87
17.34	行為・身上・云々	67	54
17.35	交わり・交際・待遇	63	68
17.36	人事・態度	56	81
17.37	取得・経済	75	83
17.38	産業	69	124
17.40	物品	20	28
17.41	資材	21	40
17.42	衣服	15	18
17.43	食料	20	26
17.44	住居	32	48
17.45	道具	40	74
17.46	機械	25	24
17.47	土地	30	20
17.50	刺激	35	47
17.51	自然	95	124
17.52	天地	53	83

分類	主たる意義	日本語	韓国語
17.55	植物・性	24	31
17.56	動物	20	18
17.57	からだ	44	37
17.58	生命・健康	45	51
17.0070	（接尾辞）	7	9
17.0080	（助詞）	0	1
合　　計		2955	3525

[表29] 漢字語素コードの小数点以下第3位までで有意差の生じた意味
分野(29)

危険率	日本語が有意に大			韓国語が有意に大		
0.1% 以下	なし			なし		
1% 以下	〈17.120〉 〈17.359〉	〈17.163〉	〈17.310〉	〈17.255〉 〈17.502〉	〈17.274〉	〈17.381〉
5% 以下	〈17.300〉	〈17.346〉	〈17.374〉	〈17.122〉 〈17.231〉 〈17.259〉	〈17.155〉 〈17.242〉 〈17.412〉	〈17.170〉 〈17.253〉 〈17.457〉
10% 以下	〈17.113〉 〈17.550〉	〈17.157〉 〈17.574〉	〈17.196〉	〈17.112〉 〈17.524〉	〈17.385〉	〈17.451〉

[表30] 漢字語素コードの小数点以下第4位までで有意差の生じた意味
分野(32)

危険率	日本語が有意に大	韓国語が有意に大
0.1% 以下	なし	なし
1% 以下	〈17.1200〉〈17.1633〉〈17.3060〉 〈17.3590〉	〈17.2550〉〈17.2740〉〈17.3810〉 〈17.5020〉
5% 以下	〈17.1632〉〈17.3101〉〈17.3460〉 〈17.3740〉	〈17.1220〉〈17.1700〉〈17.1731〉 〈17.2310〉〈17.2420〉〈17.2530〉 〈17.2590〉〈17.4120〉〈17.4570〉
10% 以下	〈17.1130〉〈17.1920〉〈17.1960〉 〈17.3000〉〈17.5500〉〈17.5740〉	〈17.1110〉〈17.1120〉〈17.1550〉 〈17.3046〉〈17.5240〉

　以上、漢字語素コードによる意味分野別構造分析を行ってみた結果、
全体的に見て、〈.3〉(人間活動)の意味分野では日本語が優勢で、〈.2〉(人
間活動の主体)と〈.4〉(生産物)の意味分野では韓国語が優勢である。
　次に、漢字語素コードにおける差の原因を考える時、対象とする意味
分野をまとめておく。

[表31]

分類	主たる意義	日本語	韓国語
17.1110	関係	16	34
17.1120	相互・異同	21	40
17.1130	包摂・整い方	15	7
17.1200	有無・在不在	37	19
17.1220	確立・成立・発生	7	21
17.1550	合い・組み・解け	12	26
17.157	変形・破壊・切断	11	4

分類	主たる意義	日本語	韓国語
17.1632	月	7	1
17.1633	週・週日	19	6
17.1700	空間・場所	29	56
17.1731	方面・方角	5	20
17.1920	長短・広狭	30	19
17.1960	単位	40	30
17.2310	人民	3	13
17.2420	軍人	1	10
17.2530	国	9	27
17.2550	政治的区画	2	15
17.2590	固有地名	4	15
17.2740	軍	3	20
17.3000	心・意識・感覚	52	39
17.3046	誠・徳・義・信・恩など	7	18
17.3060	思考・認識・知解	39	21
17.3101	言語	11	3
17.3460	用事・みずから	6	0
17.3590	尊敬	10	0
17.3740	給与・料金・利子	7	0
17.3810	農漁など	4	22
17.385	設備・作業・手当て・処理	22	43
17.4120	木・石・金	3	14
17.451	容器	8	21
17.4570	おもちゃなど	1	10
17.47	地類・道路・橋	30	20
17.5020	色	6	26
17.5240	地形・山野	22	41
17.5500	生物・生・性	6	1
17.5740	腹・筋・神経・内臓	9	3

　以下においては、[表31]の意味分野における差の原因について考えて
みることにする。ここでも、語例の下線部にコードが与えられている。

(1)〈17.1110〉(関係) － 韓国語が有意に大

　この意味分野に属する韓国語には'공비(共<u>匪</u>)、공산(共産)、공산군(<u>共</u>
<u>産軍</u>)、공산당(<u>共産黨</u>)、공산주의(<u>共産主義</u>)、공산주의자(<u>共産主義者</u>)、
공영(共<u>榮</u>)、궤도(<u>軌</u>道)、반공(反<u>共</u>)、불구(不<u>拘</u>)하고、이후(<u>以後</u>)、이전
(<u>以前</u>)、중공군(中<u>共軍</u>)、합주(<u>合</u>奏)、대(<u>対</u>)하다(－する)、속(<u>屬</u>)하다(－
する)、의(<u>依</u>)하다(拠る)'のような語があるが、そのうち、日本語の「小
学生基本語彙」には'의(<u>依</u>)하다(拠る)'に対応する和語'拠る'1語しか選定
されていない。

　ここで、注目されるのは'공비(共<u>匪</u>)、공산(共産)、공산군(<u>共産軍</u>)、공
산당(<u>共産黨</u>)、공산주의(<u>共産主義</u>)、공산주의자(<u>共産主義者</u>)、반공(反
<u>共</u>)、중공군(中<u>共軍</u>)'のような語が韓国語の「小学生基本語彙」に選定さ
れていることである。前節にも述べたように、その背景には朝鮮戦争が
ある。

(2)〈17.1120〉(相互・移動) － 韓国語が有意に大

　この意味分野の日本語には'的'の付いた語が'具体<u>的</u>、積極<u>的</u>、徹底
<u>的</u>'3語あるのに対して、韓国語には'경제적(經濟<u>的</u>)、과학적(科學<u>的</u>)、구
체적(具體<u>的</u>)、대표적(代表<u>的</u>)、민주적(民主<u>的</u>)、비교적(比較<u>的</u>)、세계적
(世界<u>的</u>)、신체적(身體<u>的</u>)、역사적(歷史<u>的</u>)、창조적(創造<u>的</u>)、평화적(平
和<u>的</u>)、효과적(效果<u>的</u>)'12語ある。このように、韓国語の方に'的'の付い
た語が多く選定されているのは、語彙調査の単位が原因であるかもしれ
ないが、韓国語では、そのような語がそのままの形で日本語の連体詞に
相当する冠形詞として機能し得ることも関係しているのではないかと考
えられる。なお、韓国語には、日本語に入っていない'동생(<u>同生</u>：弟・

妹)、동지(同志)、동포(同胞)、상대(相対：相手)、상대방(相対方：相手
方)、상대편(相対便：相手方)、상부(相扶：相互に扶助すること)、상조
(相助：互助)、차이(差異)、평균대(平均台)’のような語が含まれている。
そのうち、‘동생(同生)、상대(相対)、상대방(相対方)、상대편(相対便)、
상부(相扶)、상조(相助)’は韓国語に特有な漢語である。なお、‘동생(同
生)：弟・妹、상대(相対)：相手、상대방(相対方)・상대편(相対便)：相手
方’のような語においては、日本語と韓国語の語種の違いが見られる。
次に、‘동지(同志)、동포(同胞)’のような語が韓国語に入っているのは、
前節にも述べたように、韓国人の同族意識の現われではないかと考えら
れる。

(3) 〈17.1130〉(包摂・整い方) － 日本語が有意に大

この意味分野では、日本語に入っている‘環境、混雑、混乱、分担、
包帯’のような漢語が韓国語の「小学生基本語彙」には選定されていな
い。また、日本語には‘介抱、辛抱、雑巾、頂戴’のような日本語特有の
漢語が含まれている。

(4) 〈17.1200〉(有無・在不在) － 日本語が有意に大

この意味分野では、日本語に接頭辞「不－、無－」の付いた語が非常に
多いため有意差が生じている。そのうち、韓国語には入っていないもの
を示すと、‘不安、不可能、不機嫌、不規則、不気味だ、不潔、不公
平、無事、不思議だ、不自然、不自由、不十分、不断、不注意、不必
要、不真面目、不満、不要、不利、無邪気、無数、無責任、無断、無
闇に、無料’のような語である。そのうち、‘不機嫌、不気味だ、不思議
だ、不真面目、無邪気、無闇に’は日本語に特有な語である。

(5) 〈17.1220〉(確立・成立・発生) － 韓国語が有意に大

　この意味分野の韓国語にある'개발(開発)、구성(構成)、농산물(農産物)、산업(産業)、소식(消息)、수산(水産)、수산업(水産業)、의거(義擧)、중흥(中興)'のような漢語は日本語には入っていない。なお、韓国語には、漢語を語幹にもつ'개발(開発)되다(－される)、개발(開発)하다(－する)、구성(構成)되다(－される)、달성(達成)하다(－する)、발휘(発揮)하다(－する)、성공(成功)하다(－する)'のような動詞が多く含まれている。

(6) 〈17.1550〉(合い・組み・解け) － 韓国語が有意に大

　この意味分野において、差の原因となっている語を示すと次の通りである。

구성(構成)、구성(構成)되다(－される)、구조(構造)、발사(発射)、발전(発電)、발전소(発電所)、방송국(放送局)、방학(放学)、여름방학(－放学：夏休み)、연합(聯合)、연합군(聯合軍)、용해(溶解)되다(－される)、조합(組合)、종합(綜合)、해방(解放)、협동(協同)하다(－する)、협력(協力)하다(－する)

(7) 〈17.157〉(変形・破壊・切断) － 日本語が有意に大

　この意味分野でも、日本語に入っている'横断歩道、裁縫、刺激、破壊、爆弾、爆発'のような語が韓国語の「小学生基本語彙」には選定されていない。なお、日本語には'折角、退屈'のような日本語特有の漢語も含まれている。

(8) 〈17.1632〉(月) － 日本語が有意に大

　この意味分野に属する日本語を示すと、'下旬、月給、今月、正月、上旬、先月、来月'の通りである。そのうち、韓国語の「小学生基本語彙」には'正月'に対応する固有語'설날'のみが選定されている。

(9) 〈17.1633〉(週・週日) － 日本語 が有意に大

　この意味分野の日本語には'月曜、火曜、水曜、木曜、金曜、土曜、日曜、曜日、週、週間、来週'のような語があるが、そのうち、'土曜、日曜、曜日'以外の語は韓国語の「小学生基本語彙」には入っていない。

(10) 〈17.1700〉(空間・場所) － 韓国語が有意に大

　この意味分野でも、韓国語に日本語には入っていない語が多く含まれているため差が生じている。それを示すと、次のような語である。

공간(空間)、관광지(観光地)、교류(交流)、구역(区域)、대각선(対角線)、대답(対答：答え)、대답(対答)하다(答える)、대비(対備)하다(備える)、대상(対象)、대응(対応)하다(－する)、대화(対話)、도읍지(都邑地：都)、등지(等地：などの地)、묘지(墓地)、반공(反共)、반대(反対)하다(－する)、반칙(反則)、발전소(発電所)、방방곡곡(坊坊曲曲：津々浦々)、산소(山所：墓)、산지(山地)、상대(相対：相手)、상대방(相対方：相手方)、상대편(相対便：相手方)、상처(傷処：傷)、소득(所得)、소문(所聞：噂)、소용(所用：使い道)、소원(所願)、소중(所重)하다(大切だ)、소중(所重)히(大切に)、수효(数爻：物事の数)、실지(実地)、읍사무소(邑事務所：村役場)、중심지(中心地)、지대(地帯)、지점(地点)、향상(向上)、향상(向上)시키다(－させる)、향(向)하다(向く)

　上記の語を見ると、韓国語に特有な漢語にはだいたい日本語の和語が対していることが分かる。

(11)〈17.1731〉(方面・方角) ― 韓国語が有意に大

　この意味分野の韓国語には、日本語には入っていない'남도(南道)、북도(北道)、남부(南部)、서부(西部)、남북(南北)、남침(南侵)、남해(南海)、동해(東海)'のような語があるが、そのうち、'남부(南部)、서부(西部)'を除いてある程度韓国語に特有な漢語であると思われる。'남도(南道)、북도(北道)'は韓国の行政区分を表わす語であり、'남북(南北)'は韓国と北朝鮮を同時に呼ぶ時に用いられる語である。なお、'남침(南侵)'は朝鮮戦争関連の語である。また、'남해(南海)、동해(東海)'は国土に面する海を呼び分ける語である。

　その他に、韓国語には'동(東)、서(西)、남(南)、북(北)、동(東)쪽(東側)、서(西)쪽(西側)、남(南)쪽(南側)、북(北)쪽(北側)'のような語も含まれている。それに対応する日本語はすべて和語であるが、韓国語において'동(東)、서(西)、남(南)、북(北)'のような漢語が使われるようになった原因は前節に述べた通りである。

(12)〈17.1920〉(長短・広狭) ― 日本語が有意に大

　この意味分野においても、日本語に入っている'永久、延長、玄関、高級、高校、広告、高等、最低、身長、短縮、直径、半径、望遠鏡'などのような漢語は韓国語の「小学生基本語彙」には選定されていない。

(13)〈17.1960〉(単位) ― 日本語が有意に大

　この意味分野の日本語に入っている'行列、項目、順番、二重、番地、満点'のような語は韓国語には含まれていない。なお、日本語にある‘<u>軒</u>、<u>足</u>、<u>頭</u>、<u>匹</u>、<u>歩</u>、<u>本</u>’のような単位名詞に対応する韓国語は固有
語である。

(14) 〈17.2310〉(人民)、〈17.2420〉(軍人)、〈17.2530〉(国)、〈17.2550〉
　　 (政治的区画)、〈17.2590〉(固有地名)、〈17.2740〉(軍) — 韓国語が有
　　 意に大

　まず、それぞれの意味分野において韓国語にのみ入っている語を示
す。

〈17.2310〉—농민(農<u>民</u>)、민국(<u>民国</u>)、민속(<u>民俗</u>)、민요(<u>民謠</u>)、민주(<u>民
　　　　　　主</u>)、민주적(<u>民主的</u>)、민주주의(<u>民主主義</u>)、시민(<u>市民</u>)、
　　　　　　신하(<u>臣</u>下)、주민(住<u>民</u>)、피난민(避難<u>民</u>)
〈17.2420〉—군사(軍<u>士</u>)、대장(<u>大將</u>)、병사(<u>兵</u>士)、왜병(<u>倭兵</u>)、의병(<u>義
　　　　　　兵</u>)、장군(<u>將軍</u>)、장병(<u>將兵</u>)、장수(<u>將帥</u>)
〈17.2530〉—각국(<u>各国</u>)、건국(<u>建国</u>)、고국(<u>故国</u>)、국군(<u>軍国</u>)、국내(<u>国
　　　　　　内</u>)、국력(<u>国力</u>)、국립(<u>国立</u>)、국방(<u>国</u>防)、국보(<u>国寶</u>)、국
　　　　　　토(<u>国土</u>)、민국(<u>民国</u>)、삼국(<u>三国</u>)、애국(<u>愛国</u>)、애국가(<u>愛
　　　　　　国歌</u>)、애국자(<u>愛国</u>者)、외국인(<u>外国人</u>)、조국(<u>祖国</u>)、한
　　　　　　국인(<u>韓国</u>人)
〈17.2550〉—군청(<u>郡庁</u>)、남도(<u>南道</u>)、도(<u>道</u>)、도시(<u>都市</u>)、도청(<u>道
　　　　　　庁</u>)、동(<u>洞</u>)、동(<u>洞</u>)네(村)、북도(<u>北道</u>)、시가(<u>市街</u>)、시
　　　　　　내(<u>市内</u>)、시민(<u>市民</u>)、시장(<u>市</u>場)、읍내(<u>邑内</u>)、읍사무소
　　　　　　(<u>邑</u>事務所)
〈17.2590〉—가야금(<u>伽倻</u>琴)、고려자기(<u>高麗</u>磁器)、당(<u>唐</u>)나귀(<u>驢馬</u>)、
　　　　　　대한(<u>大韓</u>)、소련군(<u>蘇聯軍</u>)、왜구(<u>倭寇</u>)、왜군(<u>倭軍</u>)、왜
　　　　　　병(<u>倭兵</u>)、왜적(<u>倭敵</u>)、일제(<u>日</u>帝)、임진왜란(<u>壬辰倭</u>亂：
　　　　　　文禄の役)、중공군(<u>中共軍</u>)、한국인(<u>韓国人</u>)、한복(<u>韓服</u>)

〈17.2740〉―공군(空軍)、공산군(共産軍)、국군(国軍)、군(軍)、군사(軍士)、군사(軍事)、군인(軍人)、부대(部隊)、소련군(蘇聯軍)、수군(水軍)、연합군(聯合軍)、왜군(倭軍)、음악대(音楽隊)、장군(將軍)、적군(敵軍)、중공군(中共軍)、청군(靑軍)、해군(海軍)

　〈17.2310〉の意味分野において、韓国語にのみある語のうち、'農民'が日本語の「小学生基本語彙」に選定されていないのは、日本語では'百姓'を「農民」の意味としてよく用いるからであると考えられる。なお、'민국(民国)'は韓国の国名と関係のある語であり、'피난민(避難民)'は朝鮮戦争関連の語である。また、'민주(民主)、민주적(民主的)、민주주의(民主主義)'は韓国の政治的状況が背景となってよく使われていると考えられる。

　〈17.2420〉と〈17.2740〉の意味分野は前節に述べた通りである。

　〈17.2530〉の意味分野にも韓国の国名と関係のある語として'민국(民国)'がある。'건국(建国)、고국(故国)、조국(祖国)'については前節に述べた通りである。ここでは、新たに'애국(愛国)、애국가(愛国歌)、애국자(愛国者)'のような語が注目される。このような語が「小学生基本語彙」に選定されているのは韓国における教育方針とも関わりがあると考えられる。

　〈17.2550〉の意味分野における差は、前節に述べた通りである。

　〈17.2590〉の意味分野の所属語を見ると、「軍人」や「軍」を表わす語が多く含まれていることが分かる。よって、この意味分野は〈17.2420〉と〈17.2740〉の意味分野の影響により差が生じたといえる。

(15) 〈17.3000〉(心・意識・感覚) － 日本語が有意に大

　この意味分野では、日本語に'意地悪だ、気掛かりだ、気軽だ、気取る、気の毒、気持ち、気楽だ、残念だ、心配、得意だ、呑気だ、平気、本気、無邪気'のような語が多く含まれているため有意差が生じている。特に、'気'と和語との混種語が目立つ。これは、韓国語にはない語構成である。このように、この意味分野では、日本語の語構成の特徴も見られる。

(16) 〈17.3046〉(誠・徳・義・信・恩など) － 韓国語が有意に大

　この意味分野に属する韓国語には、'성실(誠実)하다(－だ)、신의(信義)、예절(礼節)、예절(礼節)바르다(礼儀正しい)、의거(義擧)、의병(義兵)、의사(義士)、정성(精誠：真心)、정성(精誠)껏(丹念に)、죄(罪)、충성(忠誠)、효도(孝道)'のような語があるが、日本語の「小学生基本語彙」には選定されていない語である。そのうち、'의거(義擧)、의병(義兵)、의사(義士)'については前節に述べた通りである。なお、韓国語の「小学生基本語彙」に'신의(信義)、예절(礼節)、충성(忠誠)、효도(孝道)'のような語が選定されているのは、儒教思想と関係があるのではないかと考えられる。

(17) 〈17.3060〉(思考・認識・知解) － 日本語が有意に大

　この意味分野の日本語のうち、'意識、怪獣、解説、確実、疑問、空想、誤解、参考、自覚、常識、承認、信用、信頼、智慧、納得、予想'のような語は韓国語の「小学生基本語彙」には選定されていない。なお、日本語には'遠慮、臆病、稽古、迷惑'のような漢語が入っているが、このような漢語は韓国にはないものであるかめったに使わないものである。

(18) 〈17.3101〉(言語)、〈17.3460〉(用事・みずから)、〈17.3590〉(尊敬)、
　　　〈17.3740〉(給与・料金・利子) － 日本語が有意に大

　　〈17.3101〉の意味分野に属する日本語のうち、'英語、敬語、語句、辞
書、辞典、単語、発言、方言'は韓国語の「小学生基本語彙」には選定さ
れていない。

　　また、〈17.3460〉、〈17.3590〉、〈17.3740〉の意味分野の所属語は日本語
しかない。そのうち、〈17.3590〉は日本語の「小学生基本語彙」に多く選定
されているあいさつ言葉に含まれている接頭辞「御(ご)－」に与えたコード
である。次に、〈17.3460〉と〈17.3740〉の意味分野に属する日本語をそ
れぞれ示すと、'急用・自覚・自習・自慢・用・用事(以上、〈17.3460〉)、運
賃・給料・月給・代金・無料・料金(以上、〈17.3740〉)'の通りである。その
うち、韓国語では'急用、用、用事、運賃、給料'はあまり使わない。

(19) 〈17.3810〉(農漁など) － 韓国語が有意に大

　　この意味分野では、韓国語に入っている多くの語が日本語の「小学生
基本語彙」には選定されていないため、有意差が生じている。そこで、
ここでは、差の原因となっている語のみを示す。

농민(農民)、 농부(農夫)、 농사(農事)、 농사일(農事－：農事)、 농사짓기
(農事－：耕作)、 농사(農事)짓다(耕作する)、 농산물(農産物)、 농악(農
楽)、 농약(農薬)、 농작물(農作物)、 농장(農場)、 농지(農地)、 농촌(農村)、
농토(農土)、 목동(牧童)、 벼농사(－農事：稲作)、 재배(栽培)하다(－する)

(20) 〈17.385〉(設備・作業・手当て・処理) － 韓国語が有意に大

　　この意味分野で有意差が生じたのは、韓国語に複合語が多く含まれて
いるからである。ここでも、有意差の原因となった語のみを示す。

건설(建設)하다(ーする)、설계도(設計図)、설치(設置)하다(ーする)、이사
회(理事会)、조심조심(操心操心：恐る恐る)、조심(操心)하다(用心する)、
처리(処理)하다(ーする)、색칠(色漆：色塗り)、색칠(色漆)하다(色を塗
る)、연구(研究)하다(ーする)、주사기(注射器)、칠(漆)하다(塗る)、크레파
스칠(ー漆：クレパス塗り)、사용(使用)되다(ーされる)、사용(使用)하다
(ーする)、이용(利用)되다(ーされる)、이용(利用)하다(ーする)、학용품(学
用品)、활용(活用)하다(ーする)

(21) 〈17.4120〉(木・石・金) ― 韓国語が有意に大

この意味分野に属する韓国語のうち、日本語には入っていないのを示
すと、'발판(ー板：踏み台)、수판(数板：算盤)、유리(琉璃：ガラス)、유
리병(琉璃瓶：ガラス瓶)、유리창(琉璃窓：ガラス窓)、종이판(ー板：厚
紙)、판(板)、판자(板子)、판지(板紙)'のようになる。これを見ると、こ
の意味分野における差は日本語と韓国語の語種の違いによるものである
ことが分かる。

(22) 〈17.451〉(容器) ― 韓国語が有意に大

この意味分野における差の原因は、韓国に入っている'고려자기(高麗
磁器)、기악(器楽)、도자기(陶磁器)、용기(容器)、기반(基盤)、나침반(羅
針盤)、상(床：お膳)、어항(魚缸：金魚鉢)、유리병(琉璃瓶：ガラス瓶)、
쟁반(錚盤：お盆)、화분(花盆：植木鉢)、수조(水槽)'のような語が日本語
の「小学生基本語彙」には選定されていないからである。

(23) 〈17.4570〉(おもちゃなど) – 韓国語が有意に大

　この意味分野の韓国語には、日本語には入っていない‘농구(籠球)、동상(銅像)、배구(排球)、상(像)、연(鳶)、축구(蹴球)、탁구(卓球)’のような語がある。そのうち、‘농구(籠球)、배구(排球)、축구(蹴球)’には外来語‘バスケットボール、バレーボール、サッカー’が対応し、‘연(鳶)’には和語‘凧’が対応する。このように、この意味分野では、日韓両言語の語種の違いを見ることができるが、上記の語のうち、日本語の「小学生基本語彙」に選定されているのは‘サッカー、凧’のみである。

(24) 〈17.47〉(地類・道路・橋) – 日本語が有意に大

　この意味分野では、単語コードのところでも見たように、日本語に入っている‘横断歩道、高速道路、車道、水道、線路、通路、鉄橋、鉄道、歩道、歩道橋’のような語が韓国語の「小学生基本語彙」には選定されていないため、有意差が生じている。

(25) 〈17.5020〉(色) – 韓国語が有意に大

　この意味分野における有意差の原因となっている韓国語を示すと、‘녹말(綠末：澱粉)、녹색(綠色)、단백질(蛋白質)、단풍(丹楓：紅葉)、단풍(丹楓)잎(紅葉)、백로(白鷺)、백조(白鳥)、색(色)、색(色)깔(色彩)、색(色)종이(色紙)、색칠(色漆：色塗り)、색칠(色漆)하다(色を塗る)、적십자(赤十字)、청(靑)개구리(靑ガエル)、청군(靑軍：靑組み)、초록(草綠：綠)、초록(草綠)빛(綠色)’の通りである。

　上記の韓国語を見ると、‘色、綠色’は韓国語では漢語であるが、日本語では和語であるという語種の違いが見られる。

(26)〈17.5240〉(地形・山野）− 韓国語が有意に大

　この意味分野において、韓国語にのみ入っている語を示すと、'강산
(<u>江</u>山：山川)、고지(高<u>地</u>)、광산(鑛<u>山</u>)、굴(<u>窟</u>：洞)、그림지도(ー<u>地図</u>：
絵地図)、내륙(内<u>陸</u>)、농지(農<u>地</u>)、뒷산(ー<u>山</u>：裏山)、땅굴(ー<u>窟</u>：洞
穴)、산(<u>山</u>)、산간(<u>山</u>間)、산(<u>山</u>)골(山里)、산(<u>山</u>)골짜기(谷)、산(<u>山</u>)길(山
道)、산림(<u>山</u>林)、산(<u>山</u>)마루(尾根)、산(<u>山</u>)새(山鳥)、산지(<u>山</u>地)、산촌
(<u>山</u>村)、산(<u>山</u>)토끼(山兔)'のようになる。この中には日本語の和語が対
応する語も多いが、前節にも述べたように、韓国語の'강(江)、산(山)'
は、固有語同士の同音衝突を解消するために、漢語に代替されたもので
ある。そのため、上記のような語が多く形成されたのである。このよう
に、この意味分野では日本語と韓国語の語種の違いによって差が生じて
いる。

(27)〈17.5500〉(生物・生・性)、〈17.5740〉(腹・筋・神経・内臓）− 日本語
　　が有意に大

　この二つの意味分野では、日本語にのみ'消<u>毒</u>・女<u>性</u>・男<u>性</u>・中<u>毒</u>・<u>毒</u>
(以<u>上</u>、〈17.5500〉)、<u>胃</u>・<u>腸</u>・<u>脳</u>・<u>肺</u>・<u>膜</u>(以<u>上</u>、〈17.5740〉)'のような語が
入っているため、有意差が生じている。

３．３外来語語素コードによる考察

　外来語語素コードによる意味分野別構造分析を行ってみた結果、有意
差が生じている意味分野はすべて日本語が有意に大であった。これは、
日本語の「小学生基本語彙」に外来語が多く含まれているからである。
　次に、固有語語素コードと漢字語素コードの場合と同様の手順を踏ん
で、小数点以下第1位〜第4位までの分析において有意差が生じている意
味分野のうち、その原因を考える時、対象とする意味分野をまとめてみ

ることにする。

[表32]

分類	主たる意義	日本語	韓国語
18.1	抽象的関係	26	15
18.2	人間活動の主体	9	3
18.31	言動・ことば・間投	7	1
18.3374	スポーツ	9	1
18.4230	下着・羽織・ズボン・コートなど	8	0
18.4340	菓子	6	0
18.44	家屋・へや・棚・戸・家具	11	1
18.4540	農工具など	5	0
18.4560	楽器	11	4
18.46	燈火・レンズ・電気機具・機械・乗物	24	11
18.5030	音	9	0
18.5520	植物名	12	2
18.56	動物	6	0

　以下においては、[表32]の意味分野における差の原因について考えて
みることにする。ただし、〈18.1〉(抽象的関係)、〈18.2〉(人間活動の主
体)、〈18.5030〉(音)のみを対象とする。その他の意味分野における差は
単語コードにおける差がそのまま語素コードに反映されたものであるか
ら、単語コードの関連する意味分野を参照していただきたい。

(1) 〈18.1〉(抽象的関係) － 日本語が有意に大

　この意味分野に属する外来語のうち、それぞれの言語にのみ入ってい
るものを示すと、日本語にのみ入っているのは'コース、スタート、カ
バー、ブレーキ、ポスト、チャンス、ドッジボール、カーブ、ボールペ
ン、スピード、ゼロ、キロ、グラム、グループ、セット、スーパーマー
ケット'16語、韓国語にのみ入っているのは'고을(ゴール)、다스(ダー
ス)、달러(ドル)、센티미터(センチメートル)'4語である。日本語にのみ
入っている外来語のうち、'スピード、ゼロ'は韓国語ではあまり用いら
れない外来語である。それよりは、漢語'속도(速度)・속력(速力)、영(零)'
がよく用いられる。

(2) 〈18.2〉(人間活動の主体) － 日本語が有意に大

　この意味分野に属する韓国語の外来語は'호텔(ホテル)、아파트(アパー
ト)、팀임(チーム)'3語のみであり、それは日本語にもすべて入っている
語であるが、日本語にはその他に'ジャガ芋、スーパーマーケット、ガソ
リンスタンド、デパート、クラブ、クラス'6語の外来語が含まれてい
る。そのうち、'ジャガ芋'は地名にちなんだ命名であるが、それに対応
する韓国語は固有語'감자'である。それ以外は韓国語にもある外来語で
あるが、そのうち、'ガソリンスタンド'は韓国語ではあまり使わない。
それよりは、漢語'주유소(注油所)'がよく用いられる。

(3) 〈18.5030〉(音) － 日本語が有意に大

　この意味分野にはその所属語が日本語しかない。それを示すと、'ド
レミファソラシド、メロディー'2語である。

第4章

おわりに

　本研究では、集団規範語彙として選定した日本語と韓国語の「小学生基本語彙」を対象として、語彙総体論の立場から、比較語彙論的方法による日韓両言語の語彙の比較研究を実践してきた。その目的は、語彙における日本語と韓国語の相違点を明らかにし、その背後に潜んでいる原因を究明することであった。差を指摘するための方法としては、語彙分析法として最も有効な分析法である意味分野別構造分析法を使っているが、先行研究における意味分野別構造分析法を継承して、本研究独自に差を細かく指摘するための方法を模索し、それを試している。なお、その方法により指摘された差について、その原因を色々と考えてみた。その結果、資料による差もかなりあったが、そのような中で、わずかではあるが、語彙に反映された文化を捉えられたことを考えると、比較語彙研究の意義ある一実践であったと思う。

　以下、本研究で述べたことを簡単にまとめてみることにする。

　第1章では、比較の対象語彙として日韓両言語の「小学生基本語彙」を選定した。「小学生基本語彙」は、日韓両言語にとって最も基本的といえる語を選び出したもので、集団的規範語彙の性格をもつ。それを選定するために用いた資料は、本研究の目的に照らし合わせ、現段階において最も適切であると思われるもので、日本語と韓国語の資料が似たような性格をもつと判断されたものである。なお、本研究が用いた日本語と韓国語の語彙資料には収録されていない付属語を両言語の小学校6年生の国語教科書から抽出し、「小学生基本語彙」には付属語も反映させた。その理由は、比較語彙研究では、文法論や音韻論の立場から見れば、言語のあらゆる要素が文法論や音韻論の対象であるのと同様に、語彙論の立場から見た場合の言語のすべての要素は語彙論の対象であると考えるからである。しかし、一口に言語のすべての要素といっても、その中には、アクセント、イントネーションなどのように、語彙論の対象としては扱いきれないものもある。そこで、比較語彙研究では、コード化が可能であるかどうかを目安にして、少なくとも文字として固定できる要素は語彙論の対象とすべきであると考える。

　第2章では、意味分野別構造分析のためのコード付けの基準について述べた。そこでは、主に日韓比較語彙研究を念頭においたコード付けの基準を考えている。コード付けの基準はなるべく同等の基準である必要があるが、言語構造の面においては、日韓両言語の言語構造に即したコード付けの基準を立てている。特に、付属語に対するコード付けの基準がそうである。これは、語彙の意味分野別構成に言語構造の違いを反映させるためである。なお、『漢字語素コード』には概略的にしか示されていない、漢語を構成する漢字一字一字に対するコード付けの基準を、漢語の構成原理に基づいて細かく設定し、それを実践した。

　第3章では、第2章で述べたコード付けの基準にしたがって個々の語に与えた単語コードと語素コードによる意味分野別構造分析を行った。その前に、意味分野別構造分析法により、差を細かく指摘するためには、コードの小数点以下第1位〜第4位まで使った分析をすべて行い、それぞれの分析結果を比較してみる必要があること、また、同様の方法で、意味分野別の構成比のみによる分析と語種別の意味分野別構造分析の両方を行ってみる必要があることを実証し、提案した。それにより、かなり細かな差まで指摘することができた。他の比較語彙研究に利用されることを期待する。

　意味分野別構造分析では、上記の方法により、有意差が検定された意味分野に対して、差が生じた原因を色々と考察してみた。しかし、その際、原因別に分けた考察を行っていないため、分析の結果が雑然としており、やや理解しにくい面もあったと思われる。特に、単語コードによる意味分野別構造分析の場合がそうである。単語コードにおける差を原因別に分けてみると、資料による差、言語構造による差、語種による差、文化による差に大別される。

　そこで、以下においては、それを補足する意味で、単語コードによる
意味分野別構造分析の結果、有意差が検定された意味分野を差が生じた
原因別にまとめてみることにする。意味分野によっては、複数の原因が
交錯しているものもあるが、そのような意味分野に対しては、差が生じ
るのに主要な原因として働いた原因を基準にする。

（1）資料による差が見られた意味分野

・日本語が有意に大－〈1.134〉（調和・調節・混乱など）／〈1.1503〉（変
　換）／〈1.150〉（作用・変化・開始・連続）の固有語と漢語／〈1.151〉
　（動き・停止・起立）の漢語／〈1.152〉（過程・移動・通行など）／
　〈1.3062〉（注意・認識・了解）の全体と漢語／〈1.3066〉（想像・推測・
　判断など）／〈1.3374〉（スポーツ）・〈1.4230〉（下着・羽織・ズボン・
　コートなど）・〈1.4340〉（菓子）・〈1.44〉（住居・家屋・門・へや・屋根・
　棚・戸・家具）・〈1.46〉（燈火・鏡・電気機具・機械・計器・乗物）・
　〈1.5520〉（植物名）・〈1.56〉（動物・獣・鳥類・はちゅう類・魚・虫）の
　外来語／〈1.4540〉（農工具）の全体と外来語／〈1.42〉（衣料・布・織
　物など）／〈1.3850〉（設備・作業・手当て・処理）の漢語／〈1.4710〉
　（道路・橋）の漢語／〈2.368〉（待遇）の全体と固有語／〈2.3851〉（練
　り・塗り・射ちその他）の固有語／〈3.30〉（意識・感覚）の固有語／
　〈3.301〉（驚き・楽しい・快い）／〈3.3100〉（ことば）／〈3.34〉（身上・
　偉い・純情・がんこ・強気・快活・みずから・熱心・細心）／
　〈3.3410〉（偉い・けち・ずるい・不届き）の固有語／〈3.5050〉（味）／
　〈4.3310〉（あいさつ）
・韓国語が有意に大－〈1.1650〉（順序）の全体と固有語／〈1.1770〉（内外）
　の全体と固有語／〈1.1912〉（整数・対数など）／〈1.3064〉（計算・し
　んしゃく・測定・評価）の固有語／〈1.241〉（職業）の全体と漢語／

〈1.2620〉（現場）／〈2.12〉（存在・成立・保存）・〈2.150〉（改新・開始・
連続）・〈2.152〉（移動・通過・往復）・〈2.305〉（まね・学習・慣れ）・
〈2.3062〉（試験・計量・探求・発見）・〈2.3063〉（推測・判断）・
〈2.309〉（見聞き）・〈2.313〉（談話・問答）・〈2.33〉（労働・生活・動作）・
〈2.34〉（行為・失敗）・〈2.352〉（約束・交渉）・〈2.353〉（競争・攻防・勝
敗）・〈2.370〉（所有・取得）・〈2.3852〉（扱い・使用）の混種語／
〈2.1584〉（発達）／〈2.3021〉（対人感情）／〈2.3065〉（研究・実験・調
査・検査など）／〈2.308〉（計画）／〈2.3540〉（協力・参加）／〈2.3701〉
（所有）／〈3.1660〉（久しい・若い・早い）

（2）言語構造による差が見られた意味分野

- ・日本語が有意に大－〈1.1730〉（方向・たてよこ）の全体と固有語／
　　〈1.4010〉（持物・売物・みやげなど）の固有語／〈2.1330〉（取合せ・
　　つりあい）／〈2.1550〉（合い・組み・解け）／〈2.13〉（整備）・
　　〈2.1550〉（合い・組み・解け）の固有語／〈2.339〉（動作・立ち居）／
　　〈2.5060〉（凝り・粘り・澄み）／〈5〉（接頭辞）／〈9〉（助動詞）／
　　〈8.0020〉（並列助詞）／〈8.0040〉（接続助詞）／〈8.0050〉（終助詞・間
　　投助詞）／〈8.0070〉（副助詞）
- ・韓国語が有意に大－〈1.196〉（単位）の固有語／〈1.20〉（人称・自他・人
　　間）／〈1.2000〉（われ・なれ・かれ・だれ）・〈1.2050〉（老少）の固有
　　語／〈1.5530〉（枝・葉・花など）／〈2.3420〉（行為）の全体と固有語／
　　〈3.1000〉（こそあど）／〈3.11〉（関係・相互・異同）／〈3.1120〉（相互・
　　異同）の固有語／〈3.1600〉（時）／〈3.19〉（量・過不足・程度）／
　　〈3.1950〉（多い・少ない）・〈3.1993〉（かなり・はなはだ）の固有語／
　　〈10〉（補助用言）／〈12〉（語尾）／〈8.0010〉（格助詞）／〈8.0080〉（補助
　　詞）

（3）語種による差が見られた意味分野

　　・日本語が有意に大―〈1.304〉（自我・自信・願望・態度・意志）の固有語／
　　　　〈1.3123〉（伝達・報知）／〈1.3162〉（辞書・目録・暦）／〈1.31〉（言動・
　　　　語・発言・話・宣言・読み書き）の外来語と漢語／〈1.3320〉（勤務・労
　　　　働）の固有語／〈1.352〉（対面・応接・紹介など）／〈1.35〉（交わり・集
　　　　会・対面・約束・協力・平和・攻防・勝敗・軍事）の固有語／〈1.44〉
　　　　（住居・家屋・門・へや・屋根・棚・戸・家具）の固有語／〈2.3063〉（推
　　　　測・判断）の固有語／〈3.13〉（繁簡・普通・特別・良不良）・〈3.1950〉
　　　　（多い・少ない）・〈3.34〉（身上・偉い・純情・がんこ・強気・快活・み
　　　　ずから・熱心・細心）・〈3.36〉（公式・公平・対人感情）の漢語／
　　　　〈3.199〉（限り・くらい・およそ・かなり）の漢語
　　・韓国語が有意に大―〈1.17〉（空間・位置・場所）の混種語／〈1.1731〉（方
　　　　面・方角）の漢語／〈1.2030〉（神仏・精霊）の漢語／〈1.25〉（公私・家・
　　　　郷里など）／〈1.2530〉（国）の漢語／〈1.41〉（資材）の漢語／〈1.4500〉
　　　　（道具）・〈1.451〉（容器・びん・桶・箱・袋・籠）の漢語／〈1.5240〉（地
　　　　形・山野）／〈1.52〉（天地）の漢語と混種語／〈3.1340〉（調子・出来）・
　　　　〈3.1990〉（限り・全く）・〈3.33〉（風俗・禍福・仕事・衣食住・吉凶・身
　　　　のふるまい）・〈3.3700〉（経済）の混種語

（4）文化による差が見られた意味分野

　　・日本語が有意に大―〈1.4470〉（家具）
　　・韓国語が有意に大―〈1.21〉（家族・親戚）の混種語／〈1.230〉（人種・民
　　　　族・国民・住民）／〈1.23〉（人種・民族・国民・住民）の漢語／
　　　　〈1.2420〉（軍人）／〈1.2740〉（軍）／〈1.3600〉（支配・政治・革命）／
　　　　〈1.5520〉（植物名）の固有語／〈1.56〉（動物・獣・鳥類・はちゅう類・
　　　　魚・虫）の固有語

　単語コードによる意味分野別構造分析において、有意差が生じた意味
分野を原因別に分けてみると、だいたい上記のようになる。それを見る
と、資料によって差が生じた意味分野がかなりあるが、その主な原因
は、「小学生基本語彙」を選定するために用いた日本語と韓国語の語彙資
料の語彙調査単位の違いにあった。日本語の語彙資料の場合は、ほぼ形
態素に相当する β 単位や短単位の語が基本になっているのに対して、韓
国語の語彙資料の場合は、だいたい日本語の文節に相当する分かち書き
を基準にして語彙調査を行っているからである。しかし、これは分析を
行ってみてはじめて分かったことである。そのため、本研究は客観的な
方法による「小学生基本語彙」の選定に拘ったのであるが、今後、なるべ
くこのような差が出ないように注意する必要があり、そのような差が出
た場合の処理方法も考える必要があると思われる。なお、日本語の語彙
資料と違って、韓国語の語彙資料はすべて教科書語彙を参考資料として
用いているが、それが原因で有意差が生じた意味分野もあった。また、
日本語の「小学生基本語彙」に、韓国語の「小学生基本語彙」には選定され
ていない外来語、擬音語・擬態語、あいさつ言葉などが多く含まれてい
ることも有意差の原因であった。

　しかし、上記のような差は、厳密な方法により選定された日韓両言語
の「小学生基本語彙」に見られるところの差であるので、指摘すべき重要
な差である。

　次に、言語構造による差が顕著に現われているのは付属語においてで
あるが、そのうち、助詞においては日韓両言語の助詞分類上の違いによ
る差も見られた。その他に、日本語と韓国語の語構成、指示語の意味・
用法、表現形式などの違いによっても有意差が生じている。また、日本
語の単純語動詞における自他の対応、韓国語の母音交替による意味の分
化、人称代名詞、冠形詞などが原因で差が生じている意味分野もある。

　一方、語種による差は主に日本語の和語に対応する韓国語が漢語であ

　るため生じているが、その原因は、韓国語の変遷過程において、固有語同士の同音衝突、または、固有語と漢語との意味衝突が起こり、それを解消するために、意味の分化が行われたからである。なお、それぞれの言語に特有な漢語があることが原因で有意差が生じた意味分野もあった。

　その他に、いくつかの意味分野においては、韓国の儒教思想・歴史的背景・政治的状況、韓国人の民族意識や同族意識、日本と韓国の建物の構造・自然環境・食文化などの違いによる差が見られた。比較語彙研究は、その根底に異文化の比較・理解ということをもって出発した新しい学問分野であるが、比較語彙論的方法により、上記のような文化の差も指摘できるという可能性の一端は示せたと思われる。

　以上が、単語コードにおける差の原因であるが、語素コードによる意味分野別構造分析では、単語コードにおける差がそのまま語素コードの差として現われた場合も多いが、単語コードでは捉えられなかった日韓両言語の語構成の特徴がはっきりと浮かび上がってきた。なお、言語構造の違いも単語コードの場合よりはさらに細かく捉えることができた。

　以上のことから、比較語彙研究の意味分野別構造分析では、単語コードによる考察と語素コードによる考察の両方が必要であることが分かる。

　本研究の主な関心は、語彙における日韓両言語の相違点にあったが、それも十分に記述できたとは決していえない。なお、日本語と韓国語の語彙を詳細に特徴付けるためには、類似点についての記述も必要であると考える。その意味で、本研究はまだ不完全なものであり、比較語彙論的方法による日韓比較語彙研究の第一歩を踏み出したに過ぎない。今後、新たな方法論の模索とともに、不足を補っていくことを期する。

　現在、比較語彙論の提唱者である愛知学院大学の田島毓堂氏を代表とする語彙研究会では、定期的に研究発表会を開くなど比較語彙論の発展のために活発な研究活動を行っている。ホームページ(http://wwwsoc.nii.ac.jp/goi-ken/home.html)も運営しているので、関心のある多くの方々に是非ご覧頂きたい。

参考文献

－日本語文献－

◉ 浅見徹(1971)「古代の語彙Ⅱ」(『国語史3 語彙史』)

◉ 井手至(1971)「古代の語彙Ⅰ」(『国語史3 語彙史』)

◉ 岩原信九郎(1957)『教育と心理のための推計学』(日本文化科学社)

◉ 王春(1999)「日中語彙の比較語彙論的研究－基幹語彙を対象としての試み－」
(『開発・文化叢書30 比較語彙研究の試み3』名古屋大学大学院国際開発研究科)

◉ 大野晋(1956)「基本語彙に関する二三の研究－日本の古典文学作品に於ける－」
(『国語学』24)

◉ 加藤彰彦(1990)「教育基本語」(『講座日本語と日本語教育7』)

◉ 樺島忠夫(1954)「現代文における品詞の比率とその増減の要因について」(『国語学』18)

◉ 樺島忠夫(1955)「類別した品詞の比率に見られる規則性」(『国語国文』250)

◉ 工藤真由美(1996)『児童生徒に対する日本語教育のための基本語彙調査』(横浜国立大学教育学部)

◉ 窪田富男(1989)「基本語・基礎語」(『講座日本語と日本語教育6』)

◉ 黒田晃代(1981)「三字漢語の語構成」(『国文学会誌』16 京都教育大学)

◉ 国立国語研究所(1962)『現代雑誌九十種の用語用字(第一分冊)』

◉ 国立国語研究所(1964)『分類語彙表』(大日本図書)

◉ 国立国語研究所(1971)『電子計算機による新聞の語彙調査(Ⅱ)』

◉ 国立国語研究所(1984)『日本語教育のための基本語彙調査』

◉ ザイド・モハマドズイン(2000)「マレー・日本両言語の比較語彙論的研究－体の類(名詞)の意味分野別構造分析－」(『開発・文化叢書35 比較語彙研究の試み5』名古屋大学大学院国際開発研究科)

◉ 阪倉篤義(1960)「万葉語彙の構造－(その一)名詞について－」(『万葉』34)

◉ 佐藤亨(1993)「日本語の語彙体系と漢語・漢字」(『日本語学』12－7)

■ ジョジョック・スパルジョ(1997)「日本語・インドネシア語の比較語彙研究－日・イの基幹語彙的なるものを使っての試み－」(『開発・文化叢書21 比較語彙研究の試み』名古屋大学大学院国際開発研究科)

■ 申玟澈(1997)「日・韓語素コード付けの試み－助詞・助動詞を中心に－」(『「語彙研究法」報告2 語彙研究の可能性』名古屋大学大学院文学研究科)

■ 申玟澈(1998)「日韓比較語彙研究－『新約聖書』を対象としての試み－」(『開発・文化叢書27 比較語彙研究の試み2』名古屋大学大学院国際開発研究科)

■ 杉田暉道・津田忠美(1968)『統計学入門』(医学書院)

■ 宋永彬(1993)「『分類語彙表』による日韓基本漢語の対照」(『文学研究科紀要』別冊 第20集 文学・芸術学編、早稲田大学大学院)

■ 田島毓堂(1992a)「語彙論的語の単位試論－意味単位と分類単位と－」(『日本語論究2 古典日本語と辞書』)

■ 田島毓堂(1992b)「語彙論の課題－集団的規範と個別的実現－」(『名古屋大学国語国文学』71)

■ 田島毓堂(1995a)「比較語彙論の構想－異文化比較研究のために－」(『国際開発研究フォーラム2』名古屋大学大学院国際開発研究科)

■ 田島毓堂(1995b)「源氏物語と絵巻詞書の語彙－比較語彙論的考察試案－」(『日本語論究4』)

■ 田島毓堂(1995c)「語彙と単語」(『日本語学』14－5)

■ 田島毓堂(1999)「比較語彙研究の対象語彙としての教育基本語彙」(『開発・文化叢書30 比較語彙研究の試み3』名古屋大学大学院国際開発研究科)

■ 田島毓堂(2000)「コード付けの諸問題－単語コードと語素コード・比較語彙論のために(その4)－」(『開発・文化叢書35 比較語彙研究の試み5』名古屋大学大学院国際開発研究科)

■ 田島毓堂(2001)「コード付けの基準－単語コードと語素コード・比較語彙論のために(その5)－」(『名古屋大学文学部論集 文学47』)

■ 田島毓堂編(1999)『「語彙研究法」報告3 漢字語素コード』(名古屋大学大学院文学研究科)

◉ 田島毓堂・広瀬英史(1997)「語素コードに関する提案－比較語彙論のために(その2)－」(『「語彙研究法」報告2　語彙研究の可能性』名古屋大学大学院文学研究科)

◉ 田中章夫(1978)『国語語彙論』(明治書院)

◉ 田中章夫(1996)「基本語彙の選定」(『国文学』41－11)

◉ 野村雅昭(1974a)「三字漢語の構造」(『電子計算機による国語研究VI』国立国語研究所報告51)

◉ 野村雅昭(1974b)「四字漢語の構造」(『電子計算機による国語研究VII』国立国語研究所報告54)

◉ 野村雅昭(1988)「二字漢語の構造」(『日本語学』7－5)

◉ 林四郎(1971)「語彙調査と基本語彙」(『電子計算機による国語研究III』国立国語研究所報告39)

◉ 広瀬英史(2000)「比較語彙論的方法による語彙研究の可能性とその方法」(『開発・文化叢書31 比較語彙研究の試み4』名古屋大学大学院国際開発研究科)

◉ 福沢周亮・岡本まさ子(1983)『定着をめざした学習基本語彙の指導』(教育出版)

◉ 水谷静夫(1958)「基本語彙と語彙調査」(『国語教育のための国語講座4』)

◉ 宮島達夫(1977)「語彙の体系」(『岩波講座日本語9』)

◉ 宮島達夫(1980)「意味分野と語種」(『研究報告集II』国立国語研究所報告65)

－韓国語文献－

◉ 姜信沆(1991)『현대국어 어휘 사용의 양상(現代国語語彙使用の様相)』(태학사)

◉ 국어연구소(国語研究所1986)『国民学校教育用語彙(1、2、3学年用)』

◉ 국어연구소(国語研究所1987)『国民学校教育用語彙(4、5、6学年用)』

◉ 국어연구소(国語研究所1988)『中学校教科書語彙(国語・国史)』

◉ 국어연구소(国語研究所1989)『中学校教科書語彙(道徳・社会)』

◉ 金光海(1989)『고유어와 한자어의 대응 현상(固有語と漢字語の対応現象)』(国語学会)

◉ 金光海(1995)『어휘연구의 실제와 응용(語彙研究の実際と応用)』(집문당)

■ 金圭哲(1980)「漢字語 單語形成에 관한 研究—固有語와 比較하여—(漢字語の単語形成に関する研究—固有語と比較して—)」(国語研究会)

■ 金宗澤(1971)「意味衝突(meaning clash)現象에 대하여(意味衝突現象について)」(『국어국문학(国語国文学)』51)

■ 朴英燮(1986)「国語 漢字語의 起源的 系譜 研究—現用 漢字語를 중심으로—(国語漢字語の起源的系譜研究—現用漢字語を中心に—)」(成均館大学校大学院 博士学位論文)

■ 朴英燮(1995)『国語漢字語彙論』(박이정)

■ 박홍길(1997)『어휘 변화의 원인별 연구(語彙変化の原因別研究)』(한국문화사)

■ 成煥甲(1983)『固有語의 漢字語 代替에 관한 研究(固有語の漢字語代替に関する研究)』(中央大学校大学院　博士学位論文)

■ 安秉禧(1967)「韓国語発達史 中・文法史」(『韓国文化史大系Ⅴ　言語・文学史』高麗大学校 民族文化研究所)

■ 李基文(1990)『国語音韻史研究』(塔出版社)

■ 李崇寧(1967)「韓国語発達史 下・語彙史」(『韓国文化史大系Ⅴ　言語・文学史』高麗大学校 民族文化研究所)

■ 李應百(1972)「국민학교 学習用 基本語彙(国民学校学習用基本語彙)」(『국어교육(国語教育)』18—20)

■ 李應百(1978)「국민학교 入門期 学習用 基本語彙 調査 研究(国民学校入門期学習用基本語彙調査研究)」(『국어교육(国語教育)』32)

■ 李應百・李仁燮・金承烈(1982)「국민학교 아동의 語彙力 조사 研究—低・中・高 学年別 표준 語彙目録의 작성—(国民学校児童の語彙力調査研究—低・中・高学年別標準語彙目録の作成—)」(『국어교육(国語教育)』42・43)

■ 임지룡(1992)『국어 의미론(国語意味論)』(塔出版社)

■ 趙世用(1986)『漢字語에서 改鑄된 歸化語 研究—15世紀 以後의 朝鮮漢字音과 中国 中原音으로 書寫된 漢字語를 中心으로-(漢字語から改鋳された帰化語研究—15世紀以後の朝鮮漢字音と中国中原音に書写された漢字語を中心に—)』(漢陽大学校大学院 博士学位論文)

■ 千時權・金宗澤(1997)『国語意味論』(蛍雪出版社)

［資料］「小学生基本語彙」の意味分野別分類表

凡例

1. 本資料は、単語コードを基準に、日韓両言語の「小学生基本語彙」を意味分野別に分類したものである。

2. 各意味分野がどういう意味分野であるかは、整数部分が1〜4のものは『分類語彙表』を、その他のものは本書の付属語に対する新設コードをそれぞれ参照していただきたい。

3. 各意味分野の所属語は、日本語は五十音順に、韓国語はハングル字母(가나다)順に並べてある。

4. 各意味分野の所属語の最後の〈　　〉の中の数字は所属語数を表わし、所属語が1語もない時は〈0〉で示した。

5. 韓国語のうち、漢字表記できるものは(　　)の中に示してある。

6. 元々の資料には単語コードと語素コードが付けられており、品詞と語種の情報も入っているが、紙幅の関係で単語コード以外は全て割愛した。

分類	日本語	韓国語
1.1000	あれ これ それ どれ 何(なに) 何(なん) 物〈7〉	각기(各其)(各々) 것(もの・こと) 그것(それ) 기타(其他)(其の他) 무엇(何) 아무것(何) 웬일(何事) 이(これ) 이것(これ) 저것(あれ)〈10〉
1.1010	事 事件 事故 出来事 物事〈5〉	대상(対象) 바(こと) 사건(事件) 사고(事故)〈4〉
1.1020	項目〈1〉	사항(事項)〈1〉

分類	日本語	韓国語
1.1030	現実 実際 真実 秘密〈4〉	비밀(秘密) 사실(事実) 실제(実際) 실지(実地) 정(正)말(真実) 참(真実) 참말(真実) 현상(現象)〈8〉
1.1040	代わり 候補 実物 正体 資料 他(た) 代表 代理 標本 副(ふく) 外(ほか) 本物 見本〈13〉	가짜(假-)(偽物) 대신(代身)(代わり) 대표(代表) 외(外) 자료(資料) 표본(標本)〈6〉
1.1100	一種 形式 式 種類 手本 例(れい)〈6〉	가지(種類) 각종(各種) 보기(例) 본(本)(手本) 부문(部門) 식(式) 에(例) 종(種) 종류(種類) 종목(種目) 품종(品種) 형식(形式)〈12〉
1.1101	基準 位(くらい) 高級 高等 上等 標準〈6〉	계급(階級) 기준(基準) 등(等) 수준(水準) 층(層)〈5〉
1.1110	関係 仲〈2〉	관계(関係)〈1〉
1.1111	基礎 基本 元(もと)〈3〉	근본(根本) 기반(基盤) 기본(基本) 기초(基礎) 터전(基盤)〈5〉
1.1112	影響 甲斐 結果 原因 効果 条件 所為〈7〉	결과(結果) 보람(遣り甲斐) 영향(影響) 원인(原因) 조건(条件) 효과(効果)〈6〉
1.1113	手段 証拠 目当て 目的 目標 理由 訳(わけ)〈7〉	까닭(訳) 때문(故) 목적(目的) 목표(目標) 소용(所用)(使い道) 수단(手段) 쓸모(使い道) 용(用)도(用途) 이유(理由)〈9〉
1.1120	〈0〉	대로(通り) 마찬가지(似たり寄ったり) 차이(差異) 차이점(差異点)〈4〉
1.1130	あべこべ 逆(ぎゃく) 絶対 反対〈4〉	반대(反対) 평행(平行)〈2〉
1.1131	接続 付属 連絡〈3〉	연결(連結) 연락(連絡)〈2〉

分類	日本語	韓国語
1.1210	実現 出現 発生〈3〉	〈0〉
1.1211	登場〈1〉	중흥(中興)〈1〉
1.1230	完成 仕上げ〈2〉	어려움(難しさ)〈1〉
1.1240	存在 対立 中立 独立〈4〉	광복(光復)(独立) 독립(独立) 분포(分布)〈3〉
1.1242	留守〈1〉	〈0〉
1.1243	全滅〈1〉	〈0〉
1.1250	保存〈1〉	고유(固有) 보존(保存)2
1.1300	有様 異常 景気 状態 様子〈5〉	듯(そう) 상태(状態)〈2〉
1.1301	事情〈1〉	사정(事情) 소식(消息) 정세(情勢) 형편(形便)(形勢)〈4〉
1.1302	気配 調子〈2〉	멋(趣) 분위기(雰囲気)〈2〉
1.1303	具合 順調〈2〉	〈0〉
1.1310	見掛け〈1〉	생김새(見掛け) 옷차림(身なり)〈2〉
1.1320	構造 仕掛け 仕組み 成分 組織 内容 中身〈7〉	구성(構成) 구조(構造) 내용(内容) 성분(成分) 실질(実質) 짜임(組み立て) 짜임새(仕組み)〈7〉
1.1330	質(しつ) 性(せい) 性格 性質 質(たち)〈5〉	동물성(動物性) 바탕(質) 성격(性格) 성질(性質) 소질(素質) 중요성(重要性) 질(質) 특성(特性) 품질(品質) 필요성(必要性)〈10〉
1.1331	短所 長所 特色 特徴〈4〉	특색(特色) 특징(特徴)〈2〉

分類	日本語	韓国語
1.1340	緊張 調和 釣り合い 纏まり〈4〉	균형(均衡) 질서(秩序)〈2〉
1.1341	整頓 調節〈2〉	〈0〉
1.1342	混雑 混乱 人混み〈3〉	〈0〉
1.1343	是非〈1〉	〈0〉
1.1344	危険 故障 困難 都合〈4〉	고장(故障) 위험(危険)〈2〉
1.1400	エネルギー 強力 実力 勢力 全力 力(ちから) 力(りょく)〈7〉	세력(勢力) 실력(実力) 에너지(エネルギー) 힘(力)〈4〉
1.1401	〈0〉	수력(水力) 압력(圧力) 원자력(原子力) 전력(電力)〈4〉
1.1402	体力 暴力〈2〉	국력(国力) 무력(武力) 체력(体力)〈3〉
1.1403	勢い〈1〉	〈0〉
1.1404	能力 働き〈2〉	기능(機能) 능력(能力)〈2〉
1.1500	作用 反応〈2〉	작용(作用)〈1〉
1.1501	変化〈1〉	변화(変化)〈1〉
1.1503	安定 一定 交換 交替 乗り換え 引き換え〈6〉	〈0〉
1.1504	回復 改良〈2〉	〈0〉
1.1505	開始 始まり 初め〈3〉	시작(始作)(始まり)〈1〉
1.1506	中止〈1〉	〈0〉
1.1507	続き 連続〈2〉	계속(継続)〈1〉

分類	日本語	韓国語
1.1510	動き 運転 自動〈3〉	움직임(動き)〈1〉
1.1511	振動〈1〉	〈0〉
1.1512	停電〈1〉	〈0〉
1.1513	起立 逆立 着席〈3〉	물구나무서기(逆立ち)〈1〉
1.1520	コース 近道 成り行き 寄道〈4〉	과정(過程) 궤도(軌道) 회로(回路)〈3〉
1.1521	移動 出発 スタート 速達 転校 到着 発(はつ) 発車 引越し〈9〉	이동(移動) 이사(移徙)(引越し) 전학(転学)(転校) 출발(出発)〈4〉
1.1522	航海 行進 通行 遠回り〈4〉	교류(交流) 행진(行進)〈2〉
1.1523	流れ〈1〉	미끄럼(滑り) 흐름(流れ)〈2〉
1.1524	通過〈1〉	〈0〉
1.1526	進行〈1〉	약진(躍進)〈1〉
1.1527	御出で 下り(くだり) 下校〈3〉	〈0〉
1.1528	往復 通勤〈2〉	왕래(往来)(行き来)〈1〉
1.1530	早退 退院 出入り 入院 入場〈5〉	나들이(外出)〈1〉
1.1533	カバー〈1〉	〈0〉
1.1540	上下 墜落〈2〉	올림(上げ)〈1〉
1.1541	沈没〈1〉	〈0〉
1.1550	合同 集合 集中〈3〉	연합(連合) 종합(綜合) 합동(合同)〈3〉
1.1551	組み合わせ 統一〈2〉	통일(統一)〈1〉
1.1553	公開 戸締まり〈2〉	〈0〉

分類	日本語	韓国語
1.1561	衝突 摩擦〈2〉	문지르기(擦り)〈1〉
1.1563	邪魔 障害 ブレーキ 妨害 防止 予防〈6〉	예방(予防) 장애물(障碍物)(障害物)〈2〉
1.1572	破壊〈1〉	〈0〉
1.1580	追加〈1〉	〈0〉
1.1581	満員〈1〉	〈0〉
1.1582	延期 延長 拡大 短縮〈4〉	〈0〉
1.1584	進歩 発達 発展〈3〉	발달(発達) 발전(発展) 향상(向上)〈3〉
1.1600	位置 立場 地位 場合 場面 ポスト〈6〉	경우(境遇)(場合) 벼슬(官位) 위치(位置) 장면(場面) 지위(地位) 처지(処地)(立場)〈6〉
1.1610	一時 時間 時 暇〈4〉	때(時) 새(間) 세월(歳月) 순간(瞬間) 시간(時間) 여가(余暇) 적(時) 한때(一時)〈8〉
1.1610	一時 時間 時 暇〈4〉	때(時) 새(間) 세월(歳月) 순간(瞬間) 시간(時間) 여가(余暇) 적(時) 한때(一時)〈8〉
1.1611	何時 何時か 機会 期限 切っ掛け 締め切り チャンス〈7〉	기회(機会) 언제(何時)〈2〉
1.1612	頃 序で 日にち 間際〈4〉	날짜(日付) 무렵(頃) 시각(時刻)〈3〉
1.1613	度(たび) 不断 毎朝 毎日 毎晩 臨時〈6〉	일상(日常) 임시(臨時) 평소(平素)〈3〉

分類	日本語	韓国語
1.1620	学期 期間 時期〈3〉	기간(期間) 동안(間) 시기(時期) 오랫동안(長い間) 초기(初期) 학기(学期) 후기(後期)〈7〉
1.1621	一生 永久〈2〉	일생(一生) 평생(平生)(一生)〈2〉
1.1623	現代 古代 時代 世紀〈4〉	고대(古代) 세기(世紀) 시대(時代) 현대(現代)〈4〉
1.1624	秋 季節 四季 夏 春 冬〈6〉	가을(秋) 겨울(冬) 겨울철(冬季) 계절(季節) 봄(春) 시절(時節) 여름(夏) 여름철(夏季) 철(季節)〈9〉
1.1630	年(とし)〈1〉	연도(年度) 풍년(豊年) 해(年)〈3〉
1.1631	御盆 クリスマス 秋分 春分 新年〈5〉	단오(端午) 명절(名節)(節日) 새해(新年) 설날(元日) 추석(秋夕)(御盆) 추석(秋夕)날(御盆) 크리스마스(クリスマス)〈7〉
1.1632	下旬 正月 上旬〈3〉	〈0〉
1.1633	火曜 金曜 月曜 週(しゅう) 週間 水曜 土曜 日曜 木曜 曜日〈10〉	요일(曜日) 일요일(日曜日) 주일(週日) 토요일(土曜日)〈4〉
1.1634	誕生日 日(ひ)〈2〉	날(日) 생일(生日)(誕生日) 어린이날(子供の日)〈3〉
1.1635	明け方 朝 午後 午前 晩 昼 昼間 夕方 昨夜 夜(よ) 夜中 夜(よる)〈12〉	낮(昼) 달밤(月夜) 밤(夜) 밤중(-中)(夜中) 새벽(明け方) 아침(朝) 오전(午前) 오후(午後) 저녁(夕方) 저녁때(夕方) 점심(点心)때(昼頃) 종일(終日)〈12〉

分類	日本語	韓国語
1.1641	今 今日(きょう) 今朝 現在 今年 今月 今日(こんにち) 今晩 今夜〈9〉	금년(今年) 오늘(今日) 오늘날(今日) 올해(今年) 이제(今) 지금(只今)(今) 현재(現在)〈7〉
1.1642	一昨日 一昨年 昨日(きのう) 去年 最近 昨日(さくじつ) 昨年 先月 先週 昔〈10〉	과거(過去) 그저께(おととい) 근래(近来) 어제(昨日) 예(昔) 옛날(昔) 요즈음(最近) 작년(昨年) 전(前) 최근(最近)〈10〉
1.1643	明後日 明日(あした) 明日(あす) 将来 未来 来月 来週 来年〈8〉	내년(来年) 내일(来日)(明日) 앞날(将来) 장래(将来)〈4〉
1.1650	順 順番 先頭〈3〉	넷째(四番目) 다섯째(五番目) 둘째(二番目) 셋째(三番目) 순서(順序) 앞장(先頭) 으뜸(トップ) 제일(第一) 차례(次例)(順序) 첫째(一番目)〈10〉
1.1651	終わり 最後 最初 仕舞〈4〉	극(極) 끝(終わり) 마지막(最後) 처음(初め) 최초(最初)〈5〉
1.1652	盛り(さかり) 次(つぎ) 途中〈3〉	다음(次) 도중(途中) 한창(真最中)〈3〉
1.1660	遅刻 手遅れ 同時〈3〉	〈0〉
1.1670	後(あと) 前(ぜん) 前後 当時 後(のち)〈5〉	그전(-前)(以前) 나중(後) 당시(当時) 앞뒤(前後) 이전(以前) 이후(以後) 지(以来) 후(後)〈8〉
1.1671	今度 当分 翌日〈3〉	다음날(明くる日) 이번(-番)(今度) 이튿날(明くる日)〈3〉

分類	日本語	韓国語
1.1700	あそこ 此処 住所 其処 団地 何処 所(ところ) 場所 方々(ほうぼう)〈9〉	거기(そこ) 곳(所) 곳곳(所々) 공간(空間) 관광지(観光地) 데(所) 등지(等地)(等地("などの地"の意)) 어디(どこ) 여기(ここ) 여기저기(あちこち) 이곳(ここ) 자리(場所) 장소(場所) 저기(あそこ) 제자리(元の場所) 중심지(中心地) 지점(地点) 한데(一所)〈18〉
1.1710	重心 終点 重点 焦点 手掛かり 手元 点〈7〉	고울(ゴール) 꼭지점(-点)(頂点) 점(点)〈3〉
1.1720	跡 座席 席 地域 範囲〈5〉	고적(古跡) 구역(区域) 발자국(足跡) 범위(範囲) 분야(分野) 자취(形跡) 지대(地帯) 지역(地域)〈8〉
1.1721	国境〈1〉	국경(国境)〈1〉
1.1730	あちら あっち こちら こっち 逆さ 逆様 そちら そっち 縦 どちら どっち 斜め 方(ほう) 方向 向き〈15〉	가로(横) 그쪽(そっち) 방향(方向) 세로(縦) 저쪽(あっち) 쪽(方)〈6〉
1.1731	北 手前 西 東 方角 南 向こう〈7〉	남(南) 남(南)쪽(南側) 남부(南部) 남북(南北) 너머(向こう) 동(東) 동(東)쪽(東側) 방위(方位) 북(北) 북(北)쪽(北側) 사방(四方) 서(西) 서(西)쪽(西側) 서부(西部)〈14〉
1.1740	左右 左 左側 右 右側〈5〉	오른쪽(右側) 왼쪽(左側)〈2〉
1.1741	上 屋上 空中 下 地下 地上〈6〉	공중(空中) 아래(下) 아래위(上下) 아래쪽(下側) 위(上) 위쪽(上側) 육상(陸上) 지하(地下) 해상(海上)〈9〉

分類	日本語	韓国語
1.1742	芯 隅 隅っこ 中央 中心 頂上 天辺 中(なか) 真ん中〈9〉	가운데(中) 구석(隅) 꼭대기(てっぺん) 중부(中部) 중심(中心) 중앙(中央) 한가운데(真ん中)〈7〉
1.1750	一面 裏 表 地面 斜面 正面 表面 面〈8〉	겉(表) 뒤쪽(後側) 땅바닥(地面) 면(面) 밑면(-面)(底面) 바닥(平面) 수면(水面) 양(両)쪽(両側) 옆면(-面)(側面) 지면(地面) 편(便)(側) 평면(平面) 표면(表面) 한쪽(片側)〈14〉
1.1760	間(あいだ) 後ろ 先(さき) 端(はし) 前(まえ) 目の前〈6〉	간(間) 눈앞(目の前) 뒤(後ろ) 사이(間) 앞(前) 중간(中間)〈6〉
1.1770	内(うち) 外部 外(そと) 中(ちゅう) 内部〈5〉	교내(校内) 내부(内部) 물속(水の中) 바깥(外) 바깥쪽(外側) 바닷속(海の中) 밖(外) 속(中) 시내(市内) 실내(室内) 안(内) 안쪽(内側) 안팎(内外) 읍내(邑内)(町内) 중(中)〈15〉
1.1771	奥 陰 底 隣 日向(ひなた) 懐 横 他所(よそ)〈8〉	그늘(陰) 밑(底) 옆(横) 이웃(隣) 품(懐)〈5〉
1.1780	辺り(あたり) 環境 近所 周囲 傍(そば) 近く 遠く 附近 縁(ふち) 辺(へん) 畔(ほとり) 回り 身の回り〈13〉	가(辺) 가장자리(縁) 강(江)가(川辺) 곁(側) 근처(近処)(近所) 길가(道端) 냇가(川辺) 둘레(周り) 물가(水辺) 바닷가(海辺) 부근(附近) 주변(周辺) 주위(周囲) 환경(環境)〈14〉
1.1800	大型 型(かた) 形(かたち) 小型 姿勢 姿 図形〈7〉	꼴(恰好) 도형(図形) 모습(姿) 모양(模様)(恰好) 부채꼴(扇形) 자세(姿勢) 형태(形態)〈7〉

分類	日本語	韓国語
1.1810	カーブ 筋 線 直線〈4〉	금(線) 대각선(対角線) 밑줄(下線) 선(線) 선분(線分) 수직선(垂直線) 줄(線) 직선(直線) 출발선(出発線) 휴전선(休戦線)〈10〉
1.1820	円 角(かど) 三角 三角形 四角 直角 丸(まる) 真ん丸〈8〉	각(角) 네모(四角) 동그라미(円) 모(角) 모서리(角) 사각형(四角形) 삼각형(三角形) 세모(三角) 원(円) 정사각형(正四角形)(正方形) 직각(直角) 직사각형(直四角形)(長方形)〈12〉
1.1830	渦 塊 皺 玉 粒 四つ角〈6〉	모퉁이(曲がり角) 원(圓)뿔(円錐) 정육면체(正六面体 주름살(皺) 직육면체(直六面体)〈5〉
1.1840	穴 入口 隙間 出口 罅(ひび) 窓口〈6〉	구멍(穴) 틈(隙間)〈2〉
1.1850	柄(がら) 縞(しま) 染み 斑(むら) 目盛り 模様〈6〉	눈금(目盛り) 무늬(模様) 얼룩(染み)〈3〉
1.1860	欠片(かけら) 行列 切れ 束 欄(らん) 列 枠〈7〉	단(段) 도막(切れ端) 묶음(束) 볏단(稲束) 조각(切れ端) 줄(列) 쪽(かけら) 토막(切れ)〈8〉
1.1900	分量 量〈2〉	분량(分量) 생산량(生産量) 양(量)〈3〉
1.1910	数(かず) 人口 数(すう) 点数 人数 番号〈6〉	개수(個数) 번호(番号) 수(数) 수효(数爻)(物事の数) 인구(人口) 점수(点数) 횟수(回数)〈7〉
1.1911	金額 年齢〈2〉	금액(金額) 나이(年齢)〈2〉

分類	日本語	韓国語
1.1912	〈0〉	분모(分母) 분수(分数) 소수(小数) 정수(整数) 짝수(-数)(偶数) 홀수(-数)(奇数)〈6〉
1.1920	大きさ 間隔 距離 身長 寸法 背(せい) 体積 高さ 直径 長さ 幅 半径 面積〈13〉	간격(間隔) 거리(距離) 겉넓이(表面積) 고도(高度) 굵기(太さ) 규모(規模) 길이(長さ) 깊이(深さ) 나비(幅) 넓이(広さ) 높이(高さ) 면적(面積) 반(半)지름(半径) 부피(嵩) 지름(直径) 치수(-数)(サイズ) 크기(大きさ) 키(背丈) 폭(幅)〈19〉
1.1930	重さ 温度 角度 気温 湿度 体重 目方〈7〉	각도(角度) 기온(気温) 몸무게(体重) 무게(重さ) 밝기(明度) 온도(温度) 채도(彩度)〈7〉
1.1940	スピード 拍子 リズム〈3〉	리듬(リズム) 빠르기(速さ) 속도(速度) 속력(速力) 장단(長短)(拍子)〈5〉
1.1950	幾つ 幾ら 一(いち) 一月 一日(いちにち) 五つ 億 九(きゅう) 九(く) 九月 五 五月 九日 九つ 三(さん) 三月 四(し) 四月 七(しち) 七月 十(じゅう) 十一月 十月 十二月 ゼロ 千 一日(ついたち) 十(とお) 十日(とおか) 七(なな) 七つ 七日 二(に) 二月 二重 二十歳(はたち) 八(はち) 八月 二十日(はつか) 一つ 一人(ひとり) 百(ひゃく) 二つ 二人(ふたり) 二日(ふつか) 万(まん) 三日(みっか) 三つ 六日(むいか) 六つ 八つ 八日(ようか) 四日(よっか) 四つ 四(よん) 六(ろく) 六月〈57〉	넷(四つ) 다섯(五つ) 둘(二つ) 만(萬) 며칠(幾日) 몇(幾つ) 백(百) 사(四) 사월(四月) 사흘(四日) 삼(三) 삼백(三百) 삼월(三月) 셋(三) 수천(数千) 시월(十月) 십(十) 십일월(十一月) 아홉(九つ) 약간(若干) 억(億) 얼마(幾ら) 여덟(八つ) 여섯(六つ) 열(十) 오(五) 오월(五月) 이십(二十) 이십오(二十五) 이월(二月) 이틀(二日) 일(一) 일곱(七つ) 일월(一月) 일일(一日) 조(兆) 천(千) 칠(七) 칠월(七月) 팔월(八月) 하나(一つ) 하루(一日) 혼자(一人)〈43〉

分類	日本語	韓国語
1.1951	大勢 少数〈2〉	여럿(多数)〈1〉
1.1960	位(い) 階(かい) 回(かい) 巻(かん) 行(ぎょう) 軒(けん) 個(こ) 号 冊 隻 足(そく) 台 単位 度(ど) 頭(とう) 人(にん) パーセント 杯 番 匹 ページ 歩 本 枚 羽〈25〉	개(個) 권(巻) 그루(本) 낱개(-個)(一個) 다스(ダース) 단위(単位) 대(台) 도(度) 마리(匹) 명(名) 발짝(歩) 번(番) 벌(着) 섭씨(摂氏) 위(位) 자루(本) 장(張)(枚) 차(次) 채(軒) 척(隻) 퍼센트(パーセント) 페이지(ページ) 호(号) 회(回)〈24〉
1.1961	円 キロ キログラム キロメートル グラム メートル〈6〉	달러(ドル) 리(里) 미터(メートル) 센티미터(センチメートル) 원(ウォン) 킬로그램(キログラム) 킬로미터(キロメートル) 푼(分)〈8〉
1.1962	月(がつ) 才(さい) 時(じ) 何時(なんじ) 日(にち) 年(ねん) 秒(びょう) 分(ふん)〈8〉	개월(個月) 년(年) 분(分) 살(歳) 세(歳) 시(時) 월(月) 일(日) 초(秒) 학년(学年)〈10〉
1.1963	割(わり)〈1〉	만(ぶり) 할(割)〈2〉
1.1970	差(さ) 能率 倍 比例 平均 割合〈6〉	능률(能率) 배(倍) 비(比) 비율(比率) 차(差) 평균(平均)〈6〉
1.1971	計 合計〈2〉	축척(縮尺) 합(合)(合計) 합계(合計)〈3〉
1.1972	余り 付き 残り 余分 余裕〈5〉	나머지(残り) 미만(未満) 여유(余裕)〈3〉
1.1980	一部 一部分 多く 全て 全員 全体 全部 大部分 半ば 半分 部分 皆(みな) 皆(みんな)〈13〉	대부분(大部分) 모두(皆) 반(半) 부분(部分) 일반(一般) 일부(一部) 전부(全部) 전체(全体)〈8〉

分類	日本語	韓国語
1.1981	片方 組(くみ) グループ 集団 セット 対(つい) 等(とう) 両方〈8〉	등(等)(など) 따위(など) 떼(群れ) 무리(群れ) 분단(分団) 분단별(分団別) 쌍(雙)(番) 일행(一行) 집단(集団) 짝(対)〈10〉
1.1990	以下 以外 以上 以内 程度〈5〉	가량(假量)(ばかり・程) 만큼(ほど・くらい) 뿐(だけ・のみ) 영하(零下) 이상(以上) 이외(以外) 이하(以下) 정도(程度) 채(きり)〈9〉
1.2000	貴方 彼女 彼 君 誰 僕 私(わたくし) 私(わたし) 私達(わたしたち) 我々〈10〉	개(その子) 그(彼) 그분(その方) 나(我) 내(我) 너(君) 너희(君たち) 누구(誰) 누구누구(誰々) 당신(当身)(あなた) 아무(誰) 애(この子) 여러분(皆さん) 우리(我々) 이놈(こいつ) 자네(君) 저(わたくし) 저희(私達) 제(私)〈19〉
1.2010	自身 自分 他人 本人〈4〉	각자(各自) 남(他人) 상대방(相対方)(相手方) 상대편(相対便)(相手方) 자기(自己) 자신(自身) 주인공(主人公)〈7〉
1.2020	方(かた) 者(しゃ) 人物 人間 人(ひと) 者(もの)〈6〉	녀석(奴) 놈(奴) 분(方) 사람(人) 선비(士) 이(人) 인간(人間) 인물(人物) 자(者)〈9〉
1.2030	鬼(おに) 御化け 神 仏〈4〉	귀신(鬼神) 선녀(仙女) 신(神) 신령(神霊) 영(霊) 천사(天使) 하느님(神)〈7〉
1.2040	男 女 女子 女性 男子 男女 男性 婦人〈8〉	남녀(男女) 남자(男子) 부인(婦人) 여자(女子)〈4〉

分類	日本語	韓国語
1.2050	赤ちゃん 大人 子供 児童 少女 少年 年寄 老人〈8〉	꼬마(子供) 노인(老人) 소녀(少女) 소년(少年) 아가(赤ちゃん) 아가씨(乙女) 아기(幼子) 아이(子供) 아저씨(おじさん) 아주머니(おばさん) 애(子供) 어른(大人) 어린애(子供) 어린이(子供) 영감(令監)(老人) 젊은이(若人) 청년(青年)〈17〉
1.2100	親子 家族 父兄〈3〉	가족(家族) 겨레(同族) 식구(食口)(家族) 자녀(子女)〈4〉
1.2110	夫 皇后 妻 夫婦〈4〉	남편(男便)(夫) 아내(妻)〈2〉
1.2120	御母さん 御祖父さん 御父さん 御祖母さん 親 先祖 父 父親 母 母親 父母 両親〈12〉	부모(父母) 부모(父母)님(父母) 아버지(父親) 아빠(パパ) 어머니(母親) 어머님(お母さん) 어미(親) 어버이(親) 엄마(母) 외(外)할머니(外祖母) 외(外)할아버지(外祖父) 조상(祖上)(先祖) 친(親)할머니((親身の)祖母) 큰할머니(大叔母) 할머니(祖母) 할아버지(祖父)〈16〉
1.2130	子 子孫 長女 長男 孫 息子 娘 嫁〈8〉	공주(公主)(王女) 공주(公主)님(王女さま) 딸(娘) 손자(孫子)(孫) 아들(息子) 왕자(王子) 자식(子息) 후손(子孫)〈8〉
1.2140	兄 姉 妹 弟 兄弟 兄さん 姉さん〈7〉	누나(姉) 동생(同生)(弟·妹) 아우(弟·妹) 언니(姉) 오빠(兄) 큰누나(長姉) 큰오빠(長兄) 형(兄) 형(兄)님(兄さん) 형제(兄弟)〈10〉

分類	日本語	韓国語
1.2150	従兄弟 伯父 叔父 伯父 叔父さん 伯母 叔母 伯母 叔母さん 親戚 姪〈7〉	사촌(四寸)(従兄弟) 삼촌(三寸)(叔父) 외삼촌(外三寸)(母方の叔父) 이모(姨母)(叔母) 작은아버지(叔父) 조카(甥) 집안(身内) 친척(親戚) 큰삼촌(-三寸)(伯父) 큰엄마(伯母)〈10〉
1.2200	相手 敵 仲間 味方〈4〉	동지(同志) 상대(相対)(相手) 왜구(倭寇) 왜적(倭敵) 적(敵)〈5〉
1.2210	知り合い 親友 友(とも) 友達 仲良し 友人〈6〉	동무(友) 벗(友) 친구(親舊)(友達)〈3〉
1.2220	奥さん 客 主人 主婦〈4〉	관광객(観光客) 손님(お客さん) 주인(主人)〈3〉
1.2300	民族〈1〉	민족(民族) 오랑캐(蛮夷) 한국인(韓国人)〈3〉
1.2301	外人 国民〈2〉	교포(僑胞)(海外同胞) 국민(国民) 동포(同胞) 시민(市民) 외국인(外国人) 주민(住民) 피난민(避難民)〈7〉
1.231	〈0〉	공중(公衆) 백성(百姓)(民) 신하(臣下)〈3〉
1.2320	王様 天皇〈2〉	대왕(大王) 대통령(大統領) 왕(王) 용왕(竜王) 용왕(龍王)님(竜王さま) 임금(王) 임금님(王さま)〈7〉
1.2330	〈0〉	하인(下人)〈1〉

分類	日本語	韓国語
1.2340	嘘吐き 御洒落 金持ち 乗客 素人 選手 寝坊 馬鹿 博士 犯人 病人 迷子 名人〈13〉	공산주의자(共産主義者) 구두쇠(けちん坊) 나그네(旅人) 바보(馬鹿) 박사(博士) 벙어리(啞者) 부자(富者)(金持ち) 선수(選手) 신사(紳士) 심술(心術)쟁이(意地悪) 애국자(愛国者) 열사(烈士) 욕심(慾心)쟁이(欲張り) 용사(勇士) 의사(義士) 잠꾸러기(寝坊) 행인(行人)(通行人) 환자(患者)〈18〉
1.2400	委員 職員〈2〉	선원(船員) 의원(議員)〈2〉
1.2410	医者 学者 学生 看護婦 小学生 生徒 探偵 歯医者 横綱〈9〉	과학자(科学者) 광대(役者) 교사(教師) 기술자(技術者) 기자(記者) 무당(巫女) 여학생(女学生) 음악가(音楽家) 의사(医師) 학생(学生) 학자(学者)〈11〉
1.2411	車掌 大臣 役人〈3〉	관리(官吏) 정승(政丞)(大臣)〈2〉
1.2412	〈0〉	상인(商人)〈1〉
1.2413	御百姓さん 農家〈2〉	나무꾼(樵) 농가(農家) 농민(農民) 농부(農夫) 목동(牧童) 사냥꾼(猟師) 어부(漁師) 포수(砲手)(猟師)〈8〉
1.2416	〈0〉	생산자(生産者) 인부(人夫) 일꾼(人夫)〈3〉
1.2417	御巡りさん 警官〈2〉	감시원(監視員) 경찰관(警察官) 소방관(消防官) 순경(巡警)(お巡りさん)〈4〉
1.2418	〈0〉	집배원(集配員)〈1〉
1.2419	泥棒〈1〉	간첩(間諜) 도둑(泥棒)〈2〉

分類	日本語	韓国語
1.2420	兵隊〈1〉	군사(軍士) 군인(軍人) 대장(大将) 병사(兵士) 왜병(倭兵) 의병(義兵) 장군(将軍) 장병(将兵) 장수(将帥)〈9〉
1.2430	議長 校長 長(ちょう)〈3〉	교장(校長) 반장(班長) 선장(船長) 시장(市長) 원(員)님(郡守) 장관(長官) 회장(会長)〈7〉
1.2440	先生 弟子〈2〉	부하(部下) 선생(先生) 선생(先生)님(先生) 스승(師匠) 제자(弟子) 지도자(指導者)〈6〉
1.2450	係り 当番 役員〈3〉	당번(当番)〈1〉
1.2451	観客 作者 著者 読者〈4〉	주자(走者) 지은이(著者)〈2〉
1.2452	監督 持ち主〈2〉	소비자(消費者)〈1〉
1.2500	個人〈1〉	개인(個人)〈1〉
1.2510	家(いえ) 家(うち) 家庭〈3〉	가정(家庭) 집(家)〈2〉
1.2520	故郷(こきょう) 故郷(ふるさと)〈2〉	고향(故郷)〈1〉
1.2530	外国 国(くに) 国際 国家 全国〈5〉	각국(各国) 고국(故国) 국가(国家) 국내(国内) 국제(国際) 나라(国) 방방곡곡(坊坊曲曲)(津々浦々) 삼국(三国) 외국(外国) 일제(日帝) 전국(全国) 조국(祖国) 해외(海外)〈13〉

分類	日本語	韓国語
1.2540	田舎 郊外 商店街 地方 都会 町(まち) 都(みやこ) 村(むら)〈8〉	고을(郡) 고장(地方) 농촌(農村) 도시(都市) 도읍지(都邑地)(都) 동(洞)네(村) 마을(村) 산(山)골(山里) 산촌(山村) 새마을(新しい村) 서울(首都) 수도(首都) 시골(田舎) 어촌(漁村) 지방(地方)〈15〉
1.2550	県(けん) 市(し)〈2〉	남도(南道) 도(道) 동(洞) 북도(北道) 시(市) 영토(領土)〈6〉
1.2590	西洋 東洋 日本〈3〉	대한(大韓) 동양(東洋) 민국(民国) 서양(西洋)〈4〉
1.2600	社会 世間 世の中〈3〉	사회(社会) 세상(世上)(世の中)〈2〉
1.2610	地獄 世界 世(よ)〈3〉	세계(世界) 시장(市場)〈2〉
1.2620	場(じょう)〈1〉	놀이터(遊び場) 싸움터(戰場) 어장(漁場) 일자리(勤め口) 일터(仕事場) 직장(職場) 진(陣)〈7〉
1.2630	学校 教会 高校 小学校 神社 大学 中学 中学校 寺(てら) 幼稚園〈10〉	고아원(孤児院) 교회(教会) 대학(大学) 대학교(大学校) 서당(書堂)(村塾) 유치원(幼稚園) 전교(全校) 절(寺) 중학교(中学校) 학교(学校)〈10〉
1.2640	駅 会社 銀行 工場(こうじょう) 工場(こうば) 所(しょ) 停留所〈7〉	공장(工場) 방송국(放送局) 역(駅) 은행(銀行) 장(場)(市) 장(場)터(市場) 정거장(停車場) 정류장(停留場) 회사(会社)〈9〉

分類	日本語	韓国語
1.2650	ガソリンスタンド 劇場 魚屋 商店 スーパーマーケット デパート 店(てん) 動物園 図書館 売店 博物館 花屋 病院 ホテル 店(みせ) 八百屋 薬局 旅館〈18〉	가게(店) 극장(劇場) 대장간(-間)(鍛冶屋) 도서관(図書館) 동물원(動物園) 박물관(博物館) 방앗간(-間)(精米所) 백화점(百貨店) 병원(病院) 빵집(パン屋) 상점(商店) 약국(薬局) 약방(薬房)(薬局) 호텔(ホテル)〈14〉
1.2660	アパート 受付 教室 交番〈4〉	감옥(監獄) 교실(教室) 댁(宅) 도장(道場) 아파트(アパート)〈5〉
1.2700	〈0〉	기관(機関) 기구(機構) 본부(本部) 부(部)〈4〉
1.2710	省(しょう) 政府 内閣 役所 役場〈5〉	관청(官庁) 군청(郡庁) 도청(道庁) 읍사무소(邑事務所)(村役場) 정부(政府)〈5〉
1.2720	警察 消防署 郵便局〈3〉	경찰(警察) 경찰서(警察署) 발전소(発電所) 소방서(消防署) 우체국(郵遞局)(郵便局)〈5〉
1.2730	議会 国会〈2〉	국회(国会) 위원회(委員会) 이사회(理事会)〈3〉
1.2740	軍隊〈1〉	공군(空軍) 공비(共匪) 공산군(共産軍) 국군(国軍) 군(軍) 군대(軍隊) 부대(部隊) 소련군(ソ連軍) 수군(水軍) 연합군(連合軍) 왜군(倭軍) 음악대(音楽隊) 적군(敵軍) 중공군(中共軍) 해군(海軍)〈15〉
1.2750	〈0〉	적십자(赤十字)〈1〉

分類	日本語	韓国語
1.2800	クラブ 団体〈2〉	공산당(共産党) 단체(団体) 소년단(少年団) 어린이회(-会)(子供会) 조합(組合)〈5〉
1.2810	学級 クラス チーム 班(はん)〈4〉	반(班) 청군(青軍)(青組) 티임(チーム) 학급(学級)〈4〉
1.3000	意識 気(き) 元気 心(こころ) 精神 度胸〈6〉	기(気) 기운(元気) 마음(心) 얼(魂) 정신(精神)〈5〉
1.3001	痛み 印象 勘(かん) 感覚 感激 感じ 感心 感動 興奮 手応え〈10〉	감격(感激) 감동(感動) 눈치(勘) 느낌(感じ) 인상(印象)〈5〉
1.3002	居眠り 睡眠 夢〈3〉	꿈(夢) 잠(眠り) 피로(疲労) 휴식(休息)〈4〉
1.3003	〈0〉	마음씨(気立て)〈1〉
1.3004	感情 機嫌 気分 気持ち 情熱〈5〉	기분(気分)〈1〉
1.3010	退屈 楽しみ〈2〉	기쁨(喜び) 재미(面白さ) 즐거움(楽しさ)〈3〉
1.3011	臆病 迷惑〈2〉	겁(怯)(怖じ気) 슬픔(悲しみ) 화(火)(立腹)〈3〉
1.3012	安心 気掛かり 心配 不安 不満 満足〈6〉	걱정(心配) 애(気苦労) 염려(念慮)(心配)〈3〉
1.3020	愛 愛情 憧れ 遠慮 親切 同情 情け 友情〈8〉	반공(反共) 사랑(愛) 애국(愛国) 애족(愛族) 정(情)(情け) 친절(親切)〈6〉
1.3021	感謝 鑑賞 孝行 信用 信頼 尊敬 尊重〈7〉	감사(感謝) 감상(鑑賞) 경애(敬愛) 고마움(有り難さ) 효도(孝道)(孝行)〈5〉

分類	日本語	韓国語
1.3030	笑顔 顔付き 溜め息 泣きべそ 表情 微笑み 笑い〈7〉	미소(微笑) 울음(泣き) 웃음(笑い) 표정(表情) 한숨(溜め息)〈5〉
1.3031	掛け声 声(こえ)〈2〉	고함(高喊)(叫び) 노랫소리(歌声) 목소리(声)〈3〉
1.3040	意地 我慢 苦労 強情 辛抱 努力 熱中 念(ねん) 勉強 夢中〈10〉	고생(苦生)(苦労) 공부(工夫)(勉強) 노력(努力) 신념(信念)〈4〉
1.3041	自信 自慢 恥 誇り 勇気〈5〉	긍지(矜持) 자랑(自慢) 자신(自信) 자주(自主)〈4〉
1.3042	期待 希望 食欲 望み 欲〈5〉	욕심(慾心)(欲) 희망(希望)〈2〉
1.3043	願い〈1〉	부탁(付託)(願い) 소원(所願) 축하(祝賀)〈3〉
1.3044	心掛け 心構え 自覚 趣味 態度 反省〈6〉	마음가짐(心構え) 반성(反省) 취미(趣味) 태도(態度)〈4〉
1.3045	意思 意志 自由 積もり 熱意 我儘(わがまま)〈6〉	자유(自由) 터(つもり)〈2〉
1.3046	悪 責任 罪(つみ) 道徳 真心 良心〈6〉	도덕(道徳) 신의(信義) 정성(精誠)(真心) 죄(罪) 책임(責任) 충성(忠誠)〈6〉
1.3047	御呪い 迷信〈2〉	불교(仏教) 종교(宗教) 천주교(天主教)〈3〉
1.3050	御浚い 学習 稽古 自習 習字 上達 避難 訓練 復習 真似 予習 練習〈11〉	복습(復習) 시늉(真似) 연습(練習) 학습(学習) 훈련(訓練) 흉내(真似) 흉내내기(真似)〈7〉

分類	日本語	韓国語
1.3051	思い出 記憶 記念 癖 経験 習慣 体験 〈7〉	경험(経験) 기념(記念) 버릇(癖) 습관(習慣)〈4〉
1.3060	意見 興味 常識 知恵·智慧〈4〉	슬기(智慧) 의견(意見) 지식(知識) 흥미(興味)〈4〉
1.3061	考え 感想 疑問 工夫〈4〉	감상(感想) 생각(思い)〈2〉
1.3062	解決 確認 関心 警戒 誤解 注意 納得 不注意 油断 用心 理解〈11〉	관심(関心) 조심(操心)(用心) 주의(注意)〈3〉
1.3063	区別 参考 仕切り 整理 抽選 分類〈6〉	간(間)막이(仕切り) 구분(区分) 분간(分揀)(見分け) 분류(分類) 비교(比較) 선택(選択) 정리(整理)〈7〉
1.3064	勘定 計算 測量 統計 予算〈5〉	계산(計算) 곱셈(掛け算) 구구(九九) 나눗셈(割り算) 덧셈(足し算) 뺄셈(引き算) 셈(計算)〈7〉
1.3065	研究 検査 検討 試験 実験 診察 身体検査 探検 調査 テスト 発明〈11〉	검사(検査) 과거(科挙) 관찰(観察) 보물(寶物)찾기(宝捜し) 시험(試験) 실험(実験) 연구(研究) 조사(調査) 탐험(探検)〈9〉
1.3066	空想 決心 結論 健康診断 想像 筈(はず) 判断 見込み 予想 理想〈10〉	결심(決心) 이상(理想)〈2〉
1.3067	決まり 決定 予定〈3〉	결정(決定) 다수결(多数決) 심판(審判) 예정(予定)〈4〉
1.3068	承認〈1〉	〈0〉

分類	日本語	韓国語
1.3070	粗筋 意味 宿題 主題 纏め 問題 要領〈7〉	뜻(意味) 문제(問題) 숙제(宿題) 요령(要領) 의미(意味) 주제(主題) 줄거리(荒筋)〈7〉
1.3071	議題 話題〈2〉	〈0〉
1.3072	嘘 出鱈目 道理 間違い 無理 理屈〈6〉	거짓(嘘) 거짓말(嘘) 리(理) 무리(無理) 이치(理致)(道理) 잘못(誤り)〈6〉
1.3073	証明〈1〉	〈0〉
1.3074	科学 学問 外科 算数 小児科 専門 地理 内科 理科〈9〉	과학(科学) 산수(算数) 학문(学問) 화학(化学)〈4〉
1.3075	説(せつ)〈1〉	〈0〉
1.3080	規則 原則 憲法 主義 主張 条約 方針 法律〈8〉	공산주의(共産主義) 규칙(規則) 민주(民主) 민주주의(民主主義) 법(法) 법률(法律) 주장(主張) 준칙(準則) 헌법(憲法) 헌장(憲章)〈10〉
1.3081	骨(こつ) 仕方 手続き 方法 遣り方〈5〉	방법(方法) 수(仕方) 줄(術)〈3〉
1.3082	〈0〉	제도(制度)〈1〉
1.3083	見当 仕度 準備 狙い 見通し 用意〈6〉	마련(用意) 준비(準備)〈2〉
1.3084	計画 設計〈2〉	계획(計画) 꾀(謀)〈2〉
1.3091	見学 見物 発見〈3〉	견학(見学) 구경(見物)〈2〉
1.3092	見張り 余所見 留守番〈3〉	한눈(一目)〈1〉

分類	日本語	韓国語
1.3093	掲示 指定 指名 展示 ヒント〈5〉	지시(指示) 표시(表示)〈2〉
1.3101	英語 国語 言葉〈3〉	국어(国語) 말(言葉) 우리말(国語)〈3〉
1.3102	氏名 姓名 題(だい) 名(な) 名前 番地〈6〉	말짓기(造語) 이름(名前) 제목(題目)〈3〉
1.3103	写生 表現 翻訳〈3〉	표현(表現)〈1〉
1.3110	訓(くん) 敬語 方言〈3〉	마침꼴(終止形)〈1〉
1.3111	語句 単語 段落 文句〈4〉	〈0〉
1.3112	発音〈1〉	사투리(訛り)〈1〉
1.3113	片仮名 漢字 字(じ) 数字 平仮名 文字(もじ) 文字(もんじ)〈7〉	글씨(字) 글자(-字)(字) 숫자(数字) 자(字) 한자(漢字)〈5〉
1.3114	記号 印(しるし) 信号 目印〈4〉	기호(記号) 부호(符号) 소수점(小数点) 신호(信号) 지표(指標)〈5〉
1.3115	音譜 楽譜 グラフ 図(ず) 地図 表(ひょう)〈6〉	그래프(グラフ) 그림지도(-地図)(絵地図) 설계도(設計図) 시간표(時間表) 지도(地図) 표(表)〈6〉
1.3120	発言〈1〉	〈0〉
1.3121	挨拶 合図 号令〈3〉	구령(口令)(号令) 세배(歳拜)(新年の挨拶) 인사(人事)(挨拶)〈3〉
1.3122	便り 通信 手紙 電報 電話〈5〉	전보(電報) 전화(電話) 통신(通信) 편지(便紙)(手紙)〈4〉

分類	日本語	韓国語
1.3123	広告 情報 知らせ 宣伝 通知 天気予報 ニュース 放送 報道〈9〉	방송(放送) 선전(宣伝)〈2〉
1.3130	御世辞 話(はなし) 悪口〈3〉	말씀(お話) 욕(辱)(悪口) 이야기(話)〈3〉
1.3131	会話 冗談 話し合い〈3〉	대화(対話)〈1〉
1.3132	クイズ 答え 質問 返事〈4〉	답(答え) 대답(対答)(答え) 물음(問い) 질문(質問)〈4〉
1.3133	会議 議論 討論〈3〉	의논(議論) 회담(会談) 회의(会議)〈3〉
1.3134	言い訳 皮肉 弁解 負け惜しみ〈4〉	〈0〉
1.3135	演説〈1〉	연설(演説)〈1〉
1.3136	解説 説明〈2〉	설명(説明)〈1〉
1.3140	発表〈1〉	〈0〉
1.3141	報告 申込み〈2〉	〈0〉
1.3142	噂 評判〈2〉	소문(所聞)(噂)〈1〉
1.3150	読書 朗読〈2〉	독서(読書)〈1〉
1.3151	記録 コピー 書記 清書 落書き〈5〉	기록(記録)〈1〉
1.3154	記事 文(ぶん) 文章〈3〉	글(文) 논설문(論説文) 문장(文章) 본문(本文) 우리글(国文) 짧은글(短文) 편(篇)〈7〉
1.3155	原稿 書類 メモ〈3〉	상장(賞状)〈1〉
1.3160	書物 図書 本(ほん)〈3〉	책(冊)(本)〈1〉

分類	日本語	韓国語
1.3161	絵本 教科書 雑誌 新聞〈4〉	교과서(教科書) 그림책(-冊)(絵本) 동화책(童話冊)(童話の本) 신문(新聞) 역사책(歴史冊)(歴史書) 잡지(雑誌)〈6〉
1.3162	カレンダー 暦(こよみ) 献立 辞書 辞典 番組 プログラム 目次〈8〉	달력(-暦)(カレンダー)〈1〉
1.3200	作品 作文 作曲 名作〈4〉	글짓기(作文) 작곡(作曲) 작품(作品) 창의(創意) 창조(創造)〈5〉
1.3210	歌(うた) 脚本 芸術 詩(し) 小説 尻取り 例え 伝記 伝説 童話 謎(なぞ) 文学 物語〈13〉	극본(劇本)(脚本) 노래(歌) 동시(童詩) 동화(童話) 민요(民謡) 소설(小説) 속담(俗談)(諺) 시(詩) 시조(時調) 예술(芸術) 전기(伝記) 표어(標語)〈12〉
1.3213	日記〈1〉	일기(日記)〈1〉
1.3220	絵(え) 写真 図画 スケッチ 美術 漫画〈6〉	그림(絵) 만화(漫画) 미술(美術) 사진(写真) 판화(版画)〈5〉
1.3230	曲(きょく)〈1〉	곡(曲) 악곡(楽曲) 애국가(愛国歌) 행진곡(行進曲)〈4〉
1.3231	演奏 音楽 合唱 伴奏〈4〉	기악(器楽) 농악(能楽) 돌림노래(輪唱) 연주(演奏) 음악(音楽) 합주(合奏) 합창(合唱) 휘파람(口笛)〈8〉
1.3240	映画 演劇 紙芝居 劇(げき) 芝居〈5〉	연극(演劇) 영화(映画)〈2〉
1.3300	伝統 文化 文明 流行 歴史〈5〉	문명(文明) 문화(文化) 민속(民俗) 역사(歴史) 전통(伝統) 풍습(風習)〈6〉

分類	日本語	韓国語
1.3310	運命 害(がい) 幸運 公害 幸福 災害 災難 幸せ 人生 遭難 被害 避難 不幸 豊作 まぐれ〈15〉	복지(福祉) 삶(人生) 운명(運命) 재해(災害) 피해(被害) 해(害) 행복(幸福)〈7〉
1.3320	休憩 勤務 仕事 出張 ストライキ 勤め 夏休み 春休み 昼休み 冬休み 休み 労働〈12〉	근로(勤労) 노동(労働) 방학(放学)(休み) 여름방학(-放学)(夏休み) 일(仕事)〈5〉
1.3330	暮らし 生活〈2〉	모듬살이(共同生活) 살림(生活) 살림살이(暮らし向き) 생활(生活) 식생활(食生活) 의식주(衣食住)〈6〉
1.3331	キャンプ 住まい 昼寝 夜更かし〈4〉	낮잠(昼寝) 도망(逃亡)〈2〉
1.3332	御代わり 御八つ 給食 食事 昼食 朝食 夕食 夕飯〈8〉	간식(間食) 식사(食事) 아침밥(朝飯) 잔치(宴) 저녁밥(夕飯) 점심(点心)(昼食)〈6〉
1.3333	服装〈1〉	무장(武装)〈1〉
1.3334	嗽(うがい) 海水浴 化粧 保健〈4〉	목욕(沐浴) 보건(保健) 세수(洗手)(洗面)〈3〉
1.3340	合格 進学 卒業 通学 入学 入学式〈6〉	진학(進学)〈1〉
1.3350	結婚〈1〉	의례(儀礼)〈1〉
1.3360	行事 葬式 祭り〈3	기도(祈祷) 성묘(省墓)(墓参り) 제사(祭祀) 차례(茶礼)(祭祀) 행사(行事)〈5〉

分類	日本語	韓国語
1.3370	レクリエーション〈1〉	오락(娯楽)〈1〉
1.3371	遠足 狩り 散歩 潮干狩り 旅(たび) 釣り ドライブ ハイキング 旅行〈9〉	관광(観光) 낚시(釣り) 달맞이(月見) 봄나들이(春の行楽) 사냥(狩り) 소풍(逍風)(遠足) 여행(旅行)〈7〉
1.3372	踊り ダンス 手品(てじな) フォークダンス 魔法〈5〉	무용(舞踊) 요술(妖術) 춤(踊り)〈3〉
1.3373	遊び 悪戯(いたずら) 鬼ごっこ 隠れん坊 じゃんけん 縄跳び 飯事(ままごと) 遊戯〈8〉	가위바위보(-褓)(じゃん券) 공놀이(ボール遊び) 놀이(遊び) 듣기놀이(聞き取りごっこ) 말놀이(言葉遊び) 소꿉장난(飯事) 술래잡기(鬼ごっこ) 연(鳶)날리기(凧上げ) 장난(悪戯) 줄넘기(縄跳び) 학교(学校)놀이(学校ごっこ)〈11〉
1.3374	運動 駆けっこ 競技 ゲーム サッカー 水泳 スキー スケート スポーツ 相撲 体操 玉入れ 綱引 テニス ドッジボール バスケットボール バドミントン マラソン 野球 リレー〈20〉	경기(競技) 공굴리기(玉転がし) 농구(籠球)(バスケットボール) 높이뛰기(高飛び) 멀리뛰기(幅跳び) 배구(排球)(バレーボール) 수영(水泳) 스케이트(スケート) 씨름(相撲) 야구(野球) 운동(運動) 이어달리기(継走) 줄다리기(綱引き) 체조(体操) 축구(蹴球)(サッカー) 탁구(卓球) 태권도(跆拳道) 헤엄(泳ぎ)〈18〉
1.3380	乱暴〈1〉	〈0〉
1.3390	握手 お辞儀 身振り〈3〉	경례(敬礼) 도리도리(かぶりかぶり。いやいや) 악수(握手) 절(お辞儀)〈4〉

分類	日本語	韓国語
1.3392	足踏み 駆け足〈2〉	걸음(歩き) 달리기(走り) 발구르기(足踏み)〈3〉
1.3393	手探り 拍手〈2〉	박수(拍手) 손뼉(拍手) 어깨동무(肩組み) 짝짜꿍(拍手)〈4〉
1.3400	義務 担任 分担 役(やく) 役目 役割〈6〉	구실(役目) 노릇(役) 담임(担任) 사명(使命) 역할(役割) 의무(義務) 임무(任務)〈7〉
1.3401	権利〈1〉	권리(権利) 선수권(選手権) 정권(政権) 주권(主権)〈4〉
1.3410	資格 身の上 身分〈3〉	신세(身世)(身の上)〈1〉
1.3420	人格 人柄〈2〉	인격(人格)〈1〉
1.3421	腕前 学力 技術 才能〈4〉	기능(技能) 기술(技術) 솜씨(腕前) 재(才)주(才) 재능(才能)〈5〉
1.3422	行儀 人気 礼儀〈3〉	예절(礼節)(礼儀)〈1〉
1.3430	行動 仕業 動作 冒険〈4〉	동작(動作) 짓(仕業) 행동(行動)〈3〉
1.3440	犯罪〈1〉	반칙(反則) 실천(実践)〈2〉
1.3450	活動 活躍〈2〉	활동(活動)〈1〉
1.3460	急用 用(よう) 用事〈3〉	심부름(お使い)〈1〉
1.3470	失敗 成功〈2〉	성공(成功) 실수(失手)(失敗) 실패(失敗)〈3〉
1.3480	成績 手柄〈2〉	공(功) 성적(成績) 업적(業績)〈3〉
1.3500	交際 仲直り〈2〉	어울림(交わり) 외교(外交)〈2〉

分類	日本語	韓国語
1.3501	喧嘩〈1〉	싸움(争い) 투쟁(闘争)〈2〉
1.3510	運動会 オリンピック 回(かい) 解散 学芸会 大会 展覧会〈7〉	대회(大会) 모임(集い) 발표회(発表会) 올림픽(オリンピック) 운동회(運動会) 웅변대회(雄弁大会) 총회(総会) 학예회(学芸会)〈8〉
1.3511	欠席 出席〈2〉	〈0〉
1.3520	案内 家庭訪問 招待 見舞い 面会〈5〉	초대(招待)〈1〉
1.3521	歓迎 出迎え 迎え 別れ〈4〉	〈0〉
1.3523	紹介〈1〉	〈0〉
1.3530	約束 予約〈2〉	약속(約束)〈1〉
1.3531	相談 頼み〈2〉	의지(依支)(頼り)〈1〉
1.3532	許可 賛成〈2〉	용서(容恕)(許し)〈1〉
1.3540	協同 協力〈2〉	협동(協同) 협력(協力)〈2〉
1.3541	犠牲 サービス〈2〉	봉사(奉仕)〈1〉
1.3550	平和〈1〉	안녕(安寧) 평화(平和)〈2〉
1.3551	競争 決勝 試合 戦争 戦い〈5〉	경쟁(競争) 전쟁(戦争)〈2〉
1.3560	攻撃 守備〈2〉	공격(攻撃)〈1〉
1.3570	勝ち 勝負 勝利 引き分け 負け 優勝〈6〉	승리(勝利)〈1〉
1.358	〈0〉	국방(国防) 군사(軍事) 남침(南侵) 침략(侵略)〈4〉

分類	日本語	韓国語
1.3600	指揮 支配 政治〈3〉	건국(建国) 공산(共産) 관리(管理) 독재(独裁) 사변(事変) 의거(義挙) 임진왜란(壬辰倭亂)(文禄の役) 정치(政治) 지배(支配) 지휘(指揮)〈10〉
1.3611	裁判〈1〉	재판(裁判)〈1〉
1.3620	経営〈1〉	국립(国立)〈1〉
1.3630	推薦 選挙 投票〈3〉	선거(選挙)〈1〉
1.3640	教育 躾(しつけ) 指導 授業 体育〈5〉	가르침(教え) 교육(教育) 교훈(教訓) 수업(授業) 체육(体育)〈5〉
1.3641	忠告〈1〉	〈0〉
1.3650	応援 御陰 恩(おん) 介抱 看病 救助 世話 手伝い 保護〈9〉	도움(助け) 상부(相扶)(相扶：相互に扶助すること) 상조(相助)(互助) 위문(慰問) 은혜(恩恵) 혜택(惠澤)(恵み)〈6〉
1.3660	募集 要求〈2〉	〈0〉
1.3670	違反 禁止 制限 注文 命令〈5〉	강제(強制) 명령(命令) 보장(保障) 해방(解放)〈4〉
1.368	〈0〉	대우(待遇)〈1〉
1.3681	仕返し 失礼 礼〈3〉	〈0〉
1.3682	賞 罰 褒美〈3〉	벌(罰) 상(賞) 야단(惹端)(叱り) 칭찬(賞賛)〈4〉
1.3700	横取り〈1〉	〈0〉

分類	日本語	韓国語
1.3701	占領 貯金〈2〉	몫(分け前) 예금(預金) 저금(貯金) 저축(貯蓄)〈4〉
1.3710	会計 経済 収入〈3〉	가계(家計) 경제(経済) 소득(所得) 소비(消費) 수입(収入) 지출(支出)〈6〉
1.3711	籤(くじ)〈1〉	〈0〉
1.3720	税金〈1〉	세금(税金)〈1〉
1.3721	金(かね) 財産〈2〉	돈(お金) 외화(外貨) 유산(遺産) 자본(資本) 재산(財産)〈5〉
1.3730	価値 小遣い 定価 値打ち 値段 費用 物価 無駄〈8〉	가치(価値) 값(値段) 비용(費用) 용(用) 돈(小遣い)〈4〉
1.3740	運賃 給料 月給 代金 料金〈5〉	이자(利子)〈1〉
1.3750	損 損害 為(ため) 得 利益〈5〉	공익(公益) 손해(損害) 이익(利益)〈3〉
1.3760	取り引き 貿易 輸出 輸入〈4〉	무역(貿易) 수출(輸出)〈2〉
1.3761	買物〈1〉	〈0〉
1.3770	贈り物 寄付 プレゼント〈3〉	선물(膳物)(贈り物)〈1〉
1.3771	頂戴 配達〈2〉	〈0〉
1.3780	弁償〈1〉	〈0〉
1.3790	倹約 贅沢 節約 繁盛 貧乏〈5〉	가난(貧しさ) 공영(共栄) 융성(隆盛) 절약(節約)〈4〉
1.3800	事業 事務 職業〈3〉	사업(事業) 직업(職業)〈2〉

分類	日本語	韓国語
1.3801	工業 商業 商売〈3〉	공업(工業) 상업(商業) 수산(水産) 수산업(水産業) 어업(漁業) 장사(商売)〈6〉
1.3802	生産〈1〉	분업(分業) 산업(産業) 생산(生産)〈3〉
1.3810	収穫 農業〈2〉	농사(農事) 농사(農事)일(農事) 농사(農事)짓기(耕作) 농업(農業) 모내기(田植え) 벼농사(-農事)(稲作)〈6〉
1.3811	プリント 漁・猟〈2〉	고기잡이(漁猟)〈1〉
1.3820	細工〈1〉	〈0〉
1.3821	印刷〈1〉	〈0〉
1.3822	建設 工事〈2〉	개발(開発) 개척(開拓) 건설(建設) 공사(工事) 발전(発電)〈5〉
1.3823	建築〈1〉	건축(建築)〈1〉
1.3830	交通 郵便〈2〉	교통(交通) 우편(郵便)〈2〉
1.3831	手術 消毒 注射 治療〈4〉	주사(注射) 치료(治療)〈2〉
1.3832	出演 出版 発行 編集 夕刊〈5〉	판(版)〈1〉
1.3840	編物〈1〉	가사(家事)〈1〉
1.3841	裁縫〈1〉	금수(錦繍) 바느질(針仕事) 수(繍)(刺繍)〈3〉
1.3842	洗濯〈1〉	빨래(洗濯)〈1〉
1.3843	炊事 料理〈2〉	〈0〉
1.3844	後片付け 掃除〈2〉	청소(清掃)〈1〉

分類	日本語	韓国語
1.3850	作業 始末 修繕 修理 照明 処理 設備 暖房 手当て 手入れ 冷房〈11〉	꾸미기(飾り) 손질(手入れ) 시설(施設) 작업(作業)〈4〉
1.3851	撮影 録音〈2〉	발사(発射) 색칠(色漆)(色塗り) 크레파스칠(-漆)(クレパス塗り)〈3〉
1.3852	応用 利用〈2〉	사용(使用) 쓰임(使われ) 이용(利用)〈3〉
1.3860	加工 缶詰 工作 人工 製作 製造〈6〉	만들기(作ること) 보따리(包み) 인공(人工)〈3〉
1.4000	品(しな) 品物 名物〈3〉	물건(物件)(品物) 부품(部品) 예술품(芸術品)〈3〉
1.4010	獲物 落し物 形見 景品 商品 賞品 土産 忘れ物〈8〉	상품(商品) 위문품(慰問品)〈2〉
1.4020	作物〈1〉	농산물(農産物) 농작물(農作物) 제품(製品)〈3〉
1.4030	貨物 小包 荷物〈3〉	짐(荷物)〈1〉
1.4040	札(さつ)〈1〉	동전(銅貨)〈1〉
1.4100	紙屑 原料 塵・芥(ごみ) 材料 資源〈5〉	글감(文の素材) 물자(物資) 쓰레기(塵) 원료(原料) 자원(資源) 재료(材料) 찌꺼기(屑) 톱밥(鋸屑)〈8〉

分類	日本語	韓国語
1.4110	折り紙 紙(かみ) 半紙〈3〉	도화지(図画紙)(画用紙) 모눈종이(方眼紙) 비닐(ビニール) 색(色)종이(色紙) 종이(紙) 종이판(-板)(厚紙) 창호지(窓戸紙)(障子紙) 판지(板紙) 휴지(休紙)(塵紙)〈9〉
1.4120	板(いた) ガラス 瓦 コンクリート 材木 丸太 煉瓦〈7〉	널빤지(板) 목재(木材) 벽(壁)돌(煉瓦) 비석(碑石) 시멘트(セメント) 원목(原木) 유리(琉璃)(ガラス) 판(板) 판자(板子)(板) 함석(トタン)〈10〉
1.4130	炭 燃料 マッチ〈3〉	거름(肥料) 밑거름(元肥) 비료(肥料) 성냥(マッチ) 성냥개비(マッチ棒) 숯(炭) 연료(燃料) 연탄(煉炭)〈8〉
1.4140	油 ゴム 糊〈3〉	고무(ゴム) 기름(油) 풀(糊)〈3〉
1.4150	軸(じく) タイヤ 竹籤(たけひご) 歯車 棒 輪〈6〉	고리(輪) 막대기(棒) 바퀴(車輪) 축(軸) 통(筒)〈5〉
1.4151	釘 螺子(ねじ) 鋲(びょう) ピン ボタン〈5〉	단추(ボタン) 못(釘) 핀(ピン)〈3〉
1.4152	杖 ハンドル〈2〉	손잡이(取っ手) 지팡이(杖) 팽이채(独楽の鞭)〈3〉
1.4153	スイッチ ぜんまい ばね〈3〉	가로대(バー) 스위치(スイッチ) 용수철(龍鬚鐵)(スプリング) 추(錘)(重り)〈4〉
1.4154	模型〈1〉	모형(模型)〈1〉

分類	日本語	韓国語
1.4160	鎖(くさり) コード 綱(つな) テープ 縄 針金 紐〈7〉	고무줄(ゴム紐) 고삐(手綱) 끈(紐) 노끈(紐) 전선(電線) 철사(針金)(針金) 테이프(テープ)〈7〉
1.4161	網〈1〉	그물(網)〈1〉
1.4170	飾り〈1〉	〈0〉
1.4200	糸 革 毛糸 綿(わた)〈4〉	가죽(革) 솜(綿) 실(糸) 연(鳶)줄(凧糸)〈4〉
1.4201	生地(きじ) 布(きれ) タオル 布(ぬの) 毛布 木綿〈6〉	무명(木綿) 비단(緋緞)(絹) 옷감(服地) 헝겊(布切れ)〈4〉
1.4210	着物 服 洋服〈3〉	양복(洋服) 옷(服) 의복(衣服) 한복(韓服)〈4〉
1.4220	背広 寝巻き パジャマ 水着〈4〉	〈0〉
1.4230	上着 オーバー コート 下着 シャツ ジャンパー スカート ズボン セーター ワイシャツ〈10〉	갑(甲)옷(鎧) 바지(ズボン) 저고리(上着) 치마(スカート)〈4〉
1.4240	袖 ポケット〈2〉	옷자락(裾) 주머니(ポケット) 호주머니(ポケット)〈3〉
1.4250	鉢巻 防災頭巾 帽子〈3〉	모자(帽子) 왕관(王冠)〈2〉
1.4251	エプロン 帯 靴下 グローブ 手袋 ネクタイ ベルト〈7〉	양말(洋襪)(靴下) 장갑(掌匣)(手袋)〈2〉
1.4260	上履 運動靴 靴 下駄 スリッパ 履物〈6〉	구두(靴) 신(履き物) 운동화(運動靴) 털신(防寒靴)〈4〉

分類	日本語	韓国語
1.4261	傘〈1〉	우산(雨傘)(傘)〈1〉
1.4270	座布団 蒲団 枕〈3〉	이불(蒲団)〈1〉
1.4280	財布 雑巾 ハンカチ 風呂敷 包帯 リボン〈6〉	걸레(雑巾) 목걸이(ネックレス) 손수건(-手巾)(ハンカチ)〈3〉
1.4300	餌 おかず 御馳走 食品 食物 食料 食べ物 弁当〈8〉	도시락(弁当) 먹이(餌) 모이(餌) 반찬(飯饌)(おかず) 식량(食糧) 식품(食品) 양식(糧食) 음식(飲食)(食べ物) 음식물(飲食物)(食べ物)〈9〉
1.4310	御飯 コロッケ サンドイッチ スープ スパゲッティー パン 飯(めし) 餅(もち)〈8〉	국수(麺) 꿀편(餅) 떡(餅) 밥(飯) 빵(パン) 송(松)편(餅) 찌개(汁物)〈7〉
1.4320	穀物 米(こめ)〈2〉	곡물(穀物) 곡식(穀食)(穀物) 밀가루(小麦粉) 쌀(米)〈4〉
1.4321	〈0〉	김장(キムチの漬け込み) 김치(キムチ)〈2〉
1.4323	牛肉 刺身 ソーセージ 肉 ハム〈5〉	고기(肉) 생선(生鮮)(生魚)〈2〉
1.4330	砂糖 塩 醤油 チーズ バター 味噌〈6〉	각설탕(角砂糖) 간장(-醤)(醤油) 꿀(蜜) 된장(-醤)(味噌) 설탕(雪糖)(砂糖) 소금(塩)〈6〉

分類	日本語	韓国語
1.4340	アイスクリーム 飴 菓子 カステラ ガム キャラメル ケーキ 煎餅 チョコレート〈9〉	과자(菓子) 사탕(砂糖)(飴) 얼음사탕(-砂糖)(アイスクリーム)〈3〉
1.4350	紅茶 コーヒー 酒 ジュース タバコ 茶 飲み物〈7〉	담배(煙草) 술(酒) 차(茶)〈3〉
1.4360	薬 薬品〈2〉	농약(農藥) 세제(洗劑) 약(藥) 화약(火藥)〈4〉
1.4370	クリーム 石鹸〈2〉	비누(石鹸)〈1〉
1.4400	住宅 城 巣 墓〈4〉	뒷집(後隣の家) 묘(墓) 무덤(墓) 부잣집(富者-)(金持ちの家) 산소(山所)(墓) 성(城) 앞집(前にある家) 옆집(隣の家) 이웃집(隣の家) 주택(住宅)〈10〉
1.4410	倉 小屋 車庫 倉庫 建物 燈台 ビル〈7〉	강당(講堂) 건물(建物) 광(物置) 등대(燈台) 비닐-하우스(ビニールハウス) 식당(食堂) 외양간(-間)(牛小屋) 탑(塔)〈8〉
1.4420	階段 囲い 塀 門〈4〉	교문(校門) 담(塀) 대문(大門) 문(門) 울타리(垣根)〈5〉
1.4430	押し入れ 玄関 室 台所 茶の間 トイレ 床(とこ) 部屋 便所 保健室 廊下〈11〉	공중변소(公衆便所) 도서실(図書室) 방(房)(部屋) 변소(便所) 복도(複道)(廊下) 부엌(台所) 이층(二層)(二階) 지하실(地下室)〈8〉

分類	日本語	韓国語
1.4440	煙突 壁 天井 土台 柱 窓 屋根 床(ゆか)〈8〉	기둥(柱) 마루(床) 벽(壁) 삼각(三角)기둥(三角柱) 유리창(琉璃窓)(ガラス窓) 전봇대(電報-)(電柱) 지붕(屋根) 창(窓) 창문(窓門)(窓)〈9〉
1.4450	棚(たな) 戸棚 舞台 ベッド〈4〉	무대(舞台) 발판(-板)(踏み台) 온상(温床) 침대(寝台)〈4〉
1.4460	カーテン 畳(たたみ) テント 戸(と) ドア 扉(とびら) 襖(ふすま) マット〈8〉	막(幕) 방문(房門)(部屋の戸)〈2〉
1.4470	椅子 家具 ガス焜炉 腰掛け 火燵 ストーブ ソファー 箪笥 机 梯子 ヒーター 風呂 ベンチ 冷蔵庫〈14〉	가구(家具) 난로(暖炉) 옷장(-欌)(箪笥) 의자(椅子) 책상(冊床)(机)〈5〉
1.4500	金物 器具 宝 道具〈4〉	고려자기(高麗磁器) 국보(国宝) 기구(器具) 도구(道具) 도자기(陶磁器) 문화재(文化財) 보물(宝物) 연모(道具) 용구(用具) 주사기(注射器)〈10〉
1.4510	入れ物 器 蓋〈3〉	그릇(器) 뚜껑(蓋) 마개(蓋) 용기(容器)〈4〉
1.4511	花瓶 皿 水筒 壷 鉢 瓶〈6〉	꽃병(-瓶)(花瓶) 두레박(釣瓶) 병(瓶) 상(床)(膳) 시험관(試験管) 어항(魚缸)(金魚鉢) 유리병(琉璃瓶)(ガラス瓶) 쟁반(錚盤)(お盆) 접시(皿) 화분(花盆)(植木鉢)〈10〉
1.4512	バケツ〈1〉	물통(-桶)(水桶) 수조(水槽)〈2〉

分類	日本語	韓国語
1.4513	ケース 箱 引き出し 筆箱〈4〉	갑(匣)(箱) 벌통(-桶)(蜂蜜の巣箱) 상자(箱子)(箱) 필통(筆筒)(筆箱)〈4〉
1.4514	浮袋 鞄 封筒 袋 ランドセル〈5〉	가방(鞄) 배낭(背囊) 봉지(封紙)(袋) 봉투(封套)(封筒) 책(冊)가방(鞄)〈5〉
1.4515	籠(かご) 笊(ざる) 俵(たわら) 塵取り〈4〉	가마니(かます) 바구니(籠)〈2〉
1.4520	釜 コップ 匙 食器 ストロー スプーン 茶碗 丼 鍋 箸 フォーク フライパン 薬缶〈13〉	냄비(鍋) 비이커(ビーカー) 솥(釜) 잔(盞)(杯) 젓가락(箸) 주전자(酒煎子)(薬缶) 컵(コップ)〈7〉
1.4530	インク 絵の具 鉛筆 クレヨン 消しゴム 黒板 コンパス 硯 スタンプ 墨 算盤 チョーク 判(はん) 筆 文房具 ペン ボールペン〈17〉	각도기(角度器)(分度器) 먹(墨) 먹물(墨汁) 물감(絵の具) 받침(下敷き) 붓(筆) 삼각(三角)자(三角定規) 수판(数板)(算盤) 연필(鉛筆) 자(定規) 지우개(消しゴム) 칠판(漆板)(黒板) 크레용(クレヨン) 크레파스(クレパス) 펜(ペン) 학용품(学用品) 활자(活字)〈17〉
1.4540	アイロン 団扇 鍵 金槌 櫛 シャベル ジョウロ スコップ 針 ブラシ 箒 罠〈12〉	바늘(針) 부채(扇) 열쇠(鍵)〈3〉
1.4550	刀 剃刀 ナイフ 鋸 刃 鋏 包丁 ミルク〈8〉	가위(鋏) 금(金)도끼(金の斧) 낫(鎌) 도끼(斧) 송곳(錐) 창(槍) 칼(刃物) 톱(鋸) 톱니(鋸の歯)〈9〉
1.4551	鉄砲 爆弾 武器 矢〈4〉	대포(大砲) 무기(武器) 총(銃) 화살(矢) 활(弓)〈5〉

分類	日本語	韓国語
1.4560	オルガン カスタネット 楽器 鐘 サイレン 鈴 太鼓 タンバリン チャイム トライアングル ハーモニカ バイオリン ピアノ 笛 ベル 木琴 喇叭 レコード〈18〉	가야금(伽倻琴) 나팔(喇叭) 방울(鈴) 북(太鼓) 실로폰(シロフォン) 악기(楽器) 오르간(オルガン) 장구(鼓) 종(鐘) 큰북(太鼓) 탬버린(タンバリン) 피리(笛) 피아노(ピアノ)〈13〉
1.4570	玩具 カルタ シャボン玉 滑り台 凧 積木 鉄棒 飛び箱 人形 バット 花火 風船 ぶらんこ ボール 雪達磨〈15〉	공(ボール) 구슬(ビー玉) 그네(ぶらんこ) 놀잇감(おもちゃ) 눈사람(雪達磨) 동상(銅像) 뜀틀(飛び箱) 미끄럼틀(滑り台) 바람개비(風車) 상(像) 연(鳶)(凧) 인형(人形) 장난감(おもちゃ) 종이배(紙船) 종이비행기(-飛行機)(紙飛行機) 철봉(鉄棒) 콩주머니(お手玉) 탈(仮面) 팽이(独楽) 평균대(平均台) 풍선(風船) 후우프(フープ)〈22〉
1.4580	看板 国旗 ダイヤル 地球儀 名札 旗 的(まと)〈7〉	국기(国旗) 기(旗) 배턴(バトン) 지구본(-本)(地球儀) 태극기(太極旗) 포스터(ポスター) 훈장(勲章)〈7〉
1.4590	絵葉書 カード 切手 切符 手帳 ノート 葉書 票 付録 名刺〈10〉	공책(空冊)(ノート) 노우트(ノート) 알림표(-票)(通知票) 엽서(葉書) 우표(郵票)(切手) 카아드(カード) 표(票)〈7〉
1.4600	明かり 提灯 電灯 灯(ひ) ランプ 蝋燭〈6〉	등(燈) 불(燈火) 불빛(明かり) 전구(電球) 전등(電灯) 초(蝋燭) 촛불(蝋燭の火)〈6〉
1.4610	鏡 カメラ 顕微鏡 フィルム 望遠鏡 虫眼鏡 眼鏡 レンズ〈8〉	거울(鏡) 돋보기(虫眼鏡) 렌즈(レンズ) 안경(眼鏡) 현미경(顕微鏡)〈5〉

分類	日本語	韓国語
1.4620	アンテナ テレビ 電池 マイク ラジオ〈5〉	건전지(乾電池) 라디오(ラジオ) 전자석(電磁石) 전지(電池) 텔레비전(テレビ)〈5〉
1.4630	エンジン 機械 扇風機 装置 ポンプ ミシン モーター ロボット〈8〉	기계(機械) 물레방아(水車) 엔진(エンジン) 장치(裝置) 전동기(電動機) 피스톤(ピストン)〈6〉
1.4640	時計 秤 物差〈3〉	나침반(羅針盤) 시계(時計) 온도계(温度計) 저울(秤) 측우기(測雨器)(雨量計)〈5〉
1.4650	エスカレーター エレベーター オートバイ 機関車 汽車 車(くるま) ケーブルカー 三輪車 自転車 自動車 車(しゃ) 消防自動車 タクシー 地下鉄 鉄道 電車 特急 トラック 乗り物 バス 列車〈21〉	기차(汽車) 마차(馬車) 버스(バス) 수레(車) 썰매(橇) 열차(列車) 자동차(自動車) 자전거(自転車) 전차(電車) 차(車) 철도(鉄道) 택시(タクシー) 탱크(タンク) 트럭(トラック)〈14〉
1.4660	船 ボート ヨット〈3〉	거북선(-船)(龜甲船) 기선(汽船) 배(船) 보트(ボート)〈4〉
1.4670	飛行機 ヘリコプター ロケット〈3〉	비행기(飛行機) 우주선(宇宙船) 헬리콥터(ヘリコプター)〈3〉

分類	日本語	韓国語
1.4700	運動場 運動場 花壇 グラウンド 公園 校庭 水田 砂場 田(た) 田圃(たんぼ) 庭 畑 広場 プール 牧場 遊園地〈16〉	경기장(競技場) 공원(公園) 과수원(果樹園) 꽃밭(花畑) 논(田) 논밭(田畑) 농장(農場) 농지(農地) 농토(農土)(農地) 뜰(庭) 마당(庭) 모래밭(砂場) 목장(牧場) 못자리(苗代) 묘지(墓地) 밭(畑) 시가(市街) 운동장(運動場) 잔디밭(芝生) 터(敷地) 풀장(-場)(プール) 해수욕장(海水浴場) 화단(花壇)〈23〉
1.4710	横断歩道 交差点 高速道路 車道 水道 線路 通路 鉄橋 道路 通り トンネル 橋 踏切 歩道 歩道橋 道〈16〉	거리(通り) 건널목(踏切り) 골목(路地) 골목길(小道) 길(道) 길거리(通り) 다리(橋) 도로(道路) 산(山)길(山道) 철로(鉄路) 한길(大通り)〈11〉
1.4720	井戸 空港 ダム 堤防 土手 溝 飛行場 噴水 港〈9〉	공항(空港) 댐(ダム) 둑(土手) 우물(井戸) 저수지(貯水池) 항구(港口)(港)〈6〉
1.5000	刺激〈1〉	〈0〉
1.5010	影 暗闇 光線 艶 日光 反射 日陰・日蔭 光り 闇〈9〉	그림자(影) 달빛(月光) 빛(光) 어둠(暗闇) 응달(日影) 햇볕(日光) 햇빛(日光) 햇살(日差し)〈8〉
1.5020	青 赤 色 黄 黄色 黒 白 茶色 緑 紫 桃色〈11〉	검정(黒) 금(金)빛(金色) 노랑(黄色) 녹색(緑色) 빛깔(色彩) 빨강(赤) 색(色) 색(色)깔(色彩) 초록(草緑)(緑) 초록(草緑)빛(緑色) 파랑(青)〈11〉
1.5030	音(おと) 音(おん) 木霊(こだま) 地響き ドレミファソラシド メロディー〈6〉	가락(節) 메아리(こだま) 소리(音) 음(音) 타령(打令)(節)〈5〉

分類	日本語	韓国語
1.5040	香り 匂い〈2〉	냄새(匂い)〈1〉
1.5050	味〈1〉	맛(味)〈1〉
1.5100	気体 粉(こ) 個体 粉(こな) 自然 電気 電波〈7〉	가루(粉) 기체(気体) 무기질(無機質) 물질(物質) 물체(物体) 분자(分子) 액체(液体) 용액(溶液) 자연(自然) 전기(電気) 전류(電流) 천연(天然)〈12〉
1.5110	金(きん) 銀(ぎん) 金属 酸素 鉄 銅〈6〉	구리(銅) 금(金) 금속(金属) 산소(酸素) 알코올(アルコール) 염산(塩酸) 은(銀) 이산화탄소(二酸化炭素) 철(鉄) 탄수화물(炭水化物)〈10〉
1.5111	石 岩 滓(かす) 煙 鉱物 磁石 砂利 砂 石炭 石油 土 泥 粘土 宝石 埃〈15〉	돌(石) 돌멩이(石ころ) 먼지(埃) 모래(砂) 바위(岩) 석유(石油) 석탄(石炭) 암석(岩石) 연기(煙氣)(煙) 원유(原油) 자갈(砂利) 진흙(泥土) 찰흙(粘土) 화석(化石) 흙(土)〈15〉
1.5120	ガス 空気〈2〉	가스(ガス) 공기(空気) 수증기(水蒸気)〈3〉
1.5130	泡 下水 氷 雫(しずく) 湿気 飛沫 霜 霜柱 水分 露 水 湯 湯気〈13〉	강(江)물(川水) 냇물(川水) 더운물(温水) 물(水) 물기(-氣)(水分) 바닷물(海水) 빗물(雨水) 빗방울(雨の雫) 샘물(湧き水) 소금물(塩水) 수돗물(水道-)(水道水) 수분(水分) 습기(湿気) 시냇물(川水) 아지랑이(陽炎) 얼음(氷) 이슬(露) 증기(蒸気) 찬물(冷や水)〈19〉

分類	日本語	韓国語
1.5140	大水 雷 洪水 地震 雪崩〈5〉	지진(地震) 홍수(洪水)〈2〉
1.5150	気候 気象 寒さ〈3〉	기압(気圧) 기후(気候) 더위(暑さ) 추위(寒さ)〈4〉
1.5151	風 台風 竜巻〈3〉	바람(風) 봄바람(春風)〈2〉
1.5152	霧 雲 入道雲 飛行機雲〈4〉	구름(雲) 안개(霧) 흰구름(白雲)〈3〉
1.5153	雨 霰(あられ) 梅雨 雹(ひょう) 吹雪 霙(みぞれ) 夕立 雪〈8〉	눈(雪) 봄비(春雨) 비(雨) 소나기(にわか雨) 장마(長雨)〈5〉
1.5154	嵐 曇り 天気 天候 虹 晴れ 夕焼け〈7〉	가뭄(旱魃) 날씨(天気) 맑음(晴れ) 무지개(虹) 일기(日氣)(天気)〈5〉
1.5155	潮 波〈2〉	물결(波) 밀물(満ち潮) 썰물(引き潮) 파도(波濤)(波)〈4〉
1.5160	結晶 蒸発 爆発 沸騰〈4〉	오염(汚染)〈1〉
1.5161	火災 火事 消火 火(ひ) 炎(ほのお)〈5〉	불(火) 불꽃(火花) 화재(火災)〈3〉
1.5170	熱〈1〉	열(熱)〈1〉
1.5200	宇宙 空(そら) 天(てん)〈3〉	우주(宇宙) 하늘(空)〈2〉
1.5210	御日様 太陽 月(つき) 星(ほし) 夕日〈5〉	달(月) 달님(お月さま) 별(星) 보름달(満月) 아기별(星) 위성(衛星) 태양(太陽) 해(太陽) 해님(お日さま) 행성(行星)(遊星)〈10〉
1.5230	地球〈1〉	지구(地球) 지층(地層)〈2〉

分類	日本語	韓国語
1.5240	丘 崖 火山 高原 坂 山脈 大陸 谷 峠 土地 野 野原 山 陸(りく)〈14〉	강산(山川) 고개(峠) 고원(高原) 고지(高地) 골짜기(谷) 굴(窟)(洞窟) 기슭(麓) 내륙(内陸) 대륙(大陸) 동산(小山) 뒷산(裏山) 들(野) 들판(野原) 땅(地) 땅굴(-窟)(洞窟) 벌판(野原) 산(山) 산(山)골짜기(山峽) 산(山)마루(尾根) 산지(山地) 언덕(丘) 육지(陸地) 지형(地形) 토지(土地) 평야(平野) 풀밭(草地) 화산(火山)〈27〉
1.5250	池(いけ) 温泉 川 川原 滝 沼 湖〈7〉	강(江)(川) 못(池) 시내(川) 연(蓮)못(蓮池) 호수(湖水)(湖)〈5〉
1.5260	海 海岸 岸 島 浜〈5〉	남해(南海) 돌섬(石島(石の多い島)) 동해(東海) 바다(海) 섬(島) 유역(流域) 해안(海岸) 해양(海洋)〈8〉
1.5270	砂漠·沙漠 ジャングル 森林 林 名所 森〈6〉	광산(鉱山) 국토(国土) 사막(砂漠) 산간(山間) 산림(山林) 수풀(茂み) 숲(林)〈7〉
1.5280	南極 北極〈2〉	북극(北極) 열대(熱帯) 온대(温帯)〈3〉
1.5290	景色 情景 眺め 風景〈4〉	경치(景致)(景色) 광경(光景) 배경(背景) 풍경(風景)〈4〉
1.5500	栄養 雄 生物 毒 雌 養分〈6〉	녹말(緑末)(澱粉) 생물(生物) 섬유(繊維) 양분(養分) 영양(栄養) 영양분(栄養分) 영양소(栄養素)〈7〉

分類	日本語	韓国語
1.5510	植木 木 草 植物 並木 野菜〈6〉	나무(木) 사과(沙果)나무(林檎の木) 식물(植物) 약초(薬草) 채소(菜蔬)(野菜) 풀(草)〈6〉
1.5520	朝顔 苺 稲 芋 梅 オレンジ カーネーション 柿 黴 南瓜 菊 キャベツ 胡瓜 栗 クローバー 桜 サボテン ジャガ芋 西瓜 蕎麦 大根 竹 玉葱 蒲公英 チューリップ とうもろこし トマト 茄子 人参 海苔 パイナップル バナナ 薔薇 向日葵 葡萄 松 豆 蜜柑 麦 百合 林檎 レモン〈42〉	가지(茄子) 감(柿) 감자(じゃが芋) 강낭콩(隠元豆) 개나리(連翹) 고구마(薩摩芋) 고추(唐辛子) 곰팡이(黴) 귤(橘)(蜜柑) 김(海苔) 나팔(喇叭)꽃(朝顔) 느티나무(欅) 대나무(竹) 도라지(桔梗) 딸기(苺) 무궁화(無窮花)(槿) 무우(大根) 밀(小麦) 바가지(ひさご) 박(ひさご) 밤(栗) 배(梨) 배추(白菜) 벼(稲) 보리(麦) 복숭아(桃) 봉숭아(鳳仙花) 사과(沙果)(林檎) 상추(レタス) 소나무(松) 수박(西瓜) 알밤(栗) 옥수수(とうもろこし) 잔디(芝) 제비꽃(菫) 진달래(躑躅) 참외(真桑瓜) 철쭉꽃(躑躅) 코스모스(コスモス) 콩(豆) 토마토(トマト) 파(葱) 포도(葡萄) 해바라기(向日葵) 호박(かぼちゃ)〈45〉

分類	日本語	韓国語
1.5530	枝 落葉 株 茎 草花 果物 桜ん坊 種 蕾(つぼみ) 刺(とげ) 根 葉 花 花びら 房・総 節 実 幹 芽 紅葉 藁(わら)〈21〉	가지(枝) 개나리꽃(連翹の花) 과일(果物) 꼬투리(莢) 꽃(花) 꽃가루(花粉) 꽃송이(花房) 꽃씨(花の種) 꽃잎(花びら) 나뭇가지(枝) 나뭇잎(木の葉) 낙엽(落葉) 단풍(丹楓)(紅葉) 단풍(丹楓)잎(紅葉) 덩굴(蔓) 도토리(団栗) 떡잎(双葉) 마디(節) 모(苗) 묘목(苗木) 볍씨(種籾) 빨강꽃(赤い花) 뿌리(根) 새싹(新芽) 송이(房) 수수깡(黍の茎) 싹(芽) 씨(種) 씨앗(種) 열매(実) 은행(銀杏)잎(銀杏の葉) 이삭(穂) 잎(葉) 줄기(茎) 포기(株) 풀잎(草葉) 화초(花草)(草花)〈37〉
1.5600	生き物 人類 動物〈3〉	동물(動物) 인류(人類)〈2〉
1.5610	犬 兎 牛 馬 怪獣 家畜 河馬 狐 麒麟 鯨 熊 獣 コアラ 猿 鹿 縞馬 象 狸 チンパンジー 虎 猫 鼠 パンダ 豚 山羊・野羊 ライオン 駱駝 栗鼠〈28〉	가축(家畜) 강아지(小犬) 개(犬) 검둥이(黒犬の愛称:くろ) 고래(鯨) 고양이(猫) 곰(熊) 늑대(狼) 다람쥐(栗鼠) 당(唐)나귀(驢馬) 돼지(豚) 말(馬) 사슴(鹿) 사자(獅子)(ライオン) 산(山)토끼(野兎) 소(牛) 송아지(子牛) 양(羊) 어미토끼(親兎) 얼룩송아지(斑の子牛) 여우(狐) 염소(山羊) 원숭이(猿) 조랑말(小形の馬) 쥐(鼠) 짐승(獣) 코끼리(象) 토끼(兎) 호랑(虎狼)이(虎)〈29〉

分類	日本語	韓国語
1.5620	家鴨 鶯 鷲鳥 カナリア 烏 孔雀 小鳥 雀 鷹 燕 鶴 鳥 鶏 鳩 雛 ペンギン 〈16〉	공작(孔雀) 까마귀(烏) 까치(かささぎ) 꾀꼬리(鶯) 꿩(雉) 날짐승(鳥類) 닭(鶏) 독(禿)수리(禿鷹) 백로(白鷺) 백조(白鳥) 병아리(雛) 비둘기(鳩) 뻐꾸기(閑古鳥) 산(山)새(山鳥) 새(鳥) 새끼(雛) 수탉(雄鳥) 오리(家鴨) 제비(燕) 종달새(雲雀) 참새(雀) 철새(渡り鳥) 파랑새(青い鳥)〈23〉
1.5630	御玉杓子 蛙 亀 鰐〈4〉	개구리(蛙) 거북이(亀) 공룡(恐竜) 두꺼비(ひき蛙) 뱀(蛇) 청(青)개구리(青ガエル)〈6〉
1.5640	金魚 魚 目高〈3〉	물고기(魚) 붕어(鮒) 숭어(鯔) 잉어(鯉) 조기(いしもち)〈5〉
1.5650	青虫 蟻 螳螂 毛虫 蟋蟀 昆虫 蝉 蝶々 とんぼ 蜂 虫〈11〉	개미(蟻) 곤충(昆虫) 귀뚜라미(蟋蟀) 꿀벌(蜜蜂) 나비(蝶) 누에(蚕) 매미(蝉) 메뚜기(ばった) 모기(蚊) 물벼룩(微塵子) 번데기(蛹) 벌(蜂) 벌레(虫) 베짱이(馬追虫) 애벌레(幼虫) 여치(きりぎりす) 잠자리(とんぼ) 짱아(とんぼ) 파리(蝿)〈19〉
1.5660	烏賊 貝 蝸牛 蟹 蜘蛛 蛸 黴菌〈7〉	가재(ざりがに) 게(蟹) 굴(牡蠣) 용(龍) 우렁이(田螺) 조개(貝) 지렁이(蚯蚓)〈7〉

分類	日本語	韓国語
1.5700	体 裸 身〈3〉	기관(器官) 몸(体) 몸뚱이(体) 몸집(体付き) 신체(身体) 온몸(全身)〈6〉
1.5710	顎 頭 顔 口 嘴 唇 首 舌 喉 鼻 額 瞳 頬 瞼 耳 目·眼〈16〉	고개(首) 귀(耳) 낯(顔) 눈(眼) 뒤통수(後頭) 머리(頭) 목(首) 볼(頬) 얼굴(顔) 이마(額) 입(口) 코(鼻) 혀(舌)〈13〉
1.5720	尾 御腹 肩 腰 尻尾 尻 背(せ) 背中 胴 腹 臍 胸 脇〈13〉	가슴(胸) 꼬리(尻尾) 등(背中) 배(腹) 어깨(肩) 엉덩이(尻) 허리(腰)〈7〉
1.5730	足 腕 踵 拳骨 脛 翼 爪先 手 掌 跣(はだし) 膝 肘 股 指 両手〈15〉	다리(足) 뒷다리(後ろ足) 무릎(膝) 발(足) 발길(足) 발끝(爪先) 발목(足首) 발바닥(足の裏) 손(手) 손가락(指) 손목(手首) 손바닥(手の平) 손발(手足) 양(両)팔(両手) 오른발(右足) 오른손(右手) 왼발(左足) 왼손(左手) 주먹(拳骨) 팔(腕)〈20〉
1.5740	胃 筋肉 神経 心臓 腸 脳 肺 膜〈8〉	근육(筋肉) 살(肉) 신경(神経) 심장(心臓) 작은창자(小腸) 허파(肺臓) 힘살(筋肉)〈7〉
1.5750	髪 髪の毛 皮 毛 膚·肌 羽·羽根 髭 皮膚 眉〈9〉	껍질(皮) 날개(羽) 비늘(鱗) 살갗(膚) 수염(鬚髥)(髭) 털(毛)〈6〉
1.5760	殻 角 爪 歯 骨〈5〉	껍데기(殼) 뼈(骨) 뼈대(骨格) 이(歯)〈4〉

分類	日本語	韓国語
1.5770	汗 脂 膿 牛乳 血液 大便 血 乳 唾 涙 〈10〉	눈물(涙) 단백질(蛋白質) 땀(汗) 똥(糞) 비타민(ビタミン) 오줌(小便) 우유(牛乳) 젖(乳) 지방(脂肪) 피(血)〈10〉
1.5780	卵〈1〉	달걀(卵) 알(卵)〈2〉
1.5800	命 寿命 生命〈3〉	목숨(命) 생명(生命)〈2〉
1.5810	成長 誕生〈2〉	〈0〉
1.5820	死亡〈1〉	죽음(死)〈1〉
1.5830	欠伸 息 嚔(くしゃみ) 呼吸 消化 咳 体温〈7〉	기침(咳) 소화(消化) 숨(呼吸) 호흡(呼吸)〈4〉
1.5840	傷 怪我 健康 火傷〈4〉	건강(健康) 상처(傷処)(傷)〈2〉
1.5850	伝染 病気〈2〉	병(病) 전염병(伝染病) 질병(疾病)〈3〉
1.5860	風邪 下痢 中毒〈3〉	감기(感氣)(風邪) 천연두(天然痘)〈2〉
2.104	〈0〉	대신(代身)하다(代わる) 대표하다(代表する)〈2〉
2.1110	関する 対する 就く 基づく 役立つ 役立てる 拠る〈7〉	관계되다(関係する) 관하다(関する) 대하다(対する) 속하다(属する) 의(依)하다(因る) 인(因)하다(因る)〈6〉
2.1120	合う 当てはまる 食い違う 異なる 違う 似る 反する〈7〉	닮다(似る) 맞다(合う) 어긋나다(食い違う)〈3〉

分類	日本語	韓国語
2.1130	浴びる 覆う 抱える 囲う 囲む 担ぐ 被せる 被る 背負う 背負う 抱く 着ける 包む 取り巻く 脱ぐ 含む 含める 混ざる 混じる 混ぜる〈20〉	감싸다(包む) 대응하다(対応する) 덮다(覆う) 덮이다(覆われる) 둘러싸다(取り囲む) 둘러싸이다(取り囲まれる) 띠다(帯びる) 메다(担ぐ) 벗기다(脱がす) 벗다(脱ぐ) 섞다(混ぜる) 섞이다(混ざる) 싸다(包む) 쓰다(被る) 씌우다(被せる) 안기다(抱かれる) 안다(抱く) 업다(背負う) 이다(戴く) 젓다(掻き混ぜる) 지다(負う)〈21〉
2.1131	〈0〉	연결되다(連結される) 연결하다(連結する)〈2〉
2.1200	有る いらっしゃる 居る(いる) 居る(おる) 御座います〈5〉	계시다(いらっしゃる)　있다(在る・居る)〈2〉
2.1210	現わす 現われる 隠す 隠れる〈4〉	감추다(隠す) 나타나다(現われる) 나타내다(現わす) 드러나다(現われる) 발생하다(発生する) 발휘하다(発揮する) 숨기다(隠す) 숨다(隠れる) 실현하다(実現する)〈9〉
2.1211	〈0〉	등장하다(登場する)〈1〉
2.1220	起こる 出来上がる 出来る 成り立つ 成る 湧く〈6〉	되다(成る) 생기다(生じる) 솟다(湧く) 솟아오르다(湧き上がる) 이루어지다(成り立つ) 큰일나다(大変なことになる) 편리해지다(便利になる) 확립하다(確立する)〈8〉
2.1230	仕上がる〈1〉	완성하다(完成する)〈1〉

分類	日本語	韓国語
2.1240	失う 消える 消す 尽きる 尽くす 無くす 無くなる 残す 残る 滅びる 滅ぶ 滅ぼす〈12〉	남기다(残す) 남다(残る) 다하다(尽くす) 망(亡)하다(滅びる) 사라지다(消える) 없애다(無くす) 없어지다(無くなる) 잃다(失う) 잃어버리다(失う) 지우다(消す)〈10〉
2.1250	要る 棄てる 保つ 除く 省く 略する〈6〉	버려지다(棄てられる) 버리다(棄てる) 보전(保全)하다(保つ) 보존하다(保存する) 유지되다(維持される) 유지하다(維持する)〈6〉
2.1300	備える 揃う 揃える 散らかす 散らかる 整う 整える 乱す 乱れる〈9〉	갖추다(揃える) 갖추어지다(揃う) 다듬다(整える) 차리다(整える)〈4〉
2.1310	利く〈1〉	못하다(出来ない) 잘하다(よくする)〈2〉
2.1320	荒らす 外す 外れる〈3〉	구성되다(構成される) 조직하다(組織する)〈2〉
2.1330	叶う 叶える 釣り合う 適する 似合う〈5〉	〈0〉
2.1340	混む 締める 弛む 張る 緩む 緩める〈6〉	치다(張る)〈1〉
2.1341	〈0〉	조절하다(調節する)〈1〉
2.1350	差し支える〈1〉	비다(空く)〈1〉

分類	日本語	韓国語
2.1500	変える 変わる 化ける〈3〉	달라지다(変わる) 바꾸다(変える) 바뀌다(変わる) 변(変)하다(変わる)〈4〉
2.1501	入れ替わる 代える・換える 代わる 切り替える 取り換える 直る 乗り換える 遣り直す〈8〉	갈다(替える) 나아지다(良くなる) 변화시키다(変化させる) 변화하다(変化する) 좋아지다(良くなる)〈5〉
2.1502	終わる 片付く 片付ける 仕舞う 済ます 済む 始まる 始める 止む 止める〈10〉	그만두다(止める) 그치다(止む) 끝나다(終わる) 끝내다(終える) 마치다(終える) 말다(止める) 말리다(止めさせる) 멈추다(止む) 비롯하다(始まる) 치우다(片付ける)〈10〉
2.1503	繰り返す 継ぐ 続く 続ける〈4〉	거듭하다(繰り返す) 되풀이하다(繰り返す) 이어받다(受け継ぐ)〈3〉
2.1505	〈0〉	시작(始作)되다(始まる) 시작(始作)하다(始める)〈2〉
2.1507	〈0〉	계속되다(継続される) 계속하다(継続する)〈2〉
2.1510	動かす 動く〈2〉	움직이다(動く)〈1〉
2.1511	振る 震える 回す 回る 揺する 揺れる よろける〈7〉	돌다(回る) 돌리다(回す) 떨다(震わす) 떨리다(震える) 펄럭이다(はためく) 휘두르다(振り回す) 흔들다(揺らす) 흔들리다(揺れる)〈8〉
2.1512	立ち止まる 留まる 止まる 止める 取り止める〈5〉	머무르다(留まる)〈1〉

分類	日本語	韓国語
2.1513	起きる 起こす 聳える 立ち上がる 立つ 立てる 靡く 寝転ぶ 伏せる〈9〉	고정시키다(固定させる) 눕다(横たわる) 눕히다(横たえる) 서다(立つ) 세우다(立てる) 일어나다(起き上がる) 일어서다(立ち上がる) 일으키다(起こす) 자리잡다(定着する) 휘날리다(なびく)〈10〉
2.1514	傾く 転がす 転がる 転ぶ 倒す 倒れる 引っ繰り返す 引っ繰り返る〈8〉	구르다(転がる) 굴리다(転がす) 기울다(傾く) 기울어지다(傾く) 기울이다(傾ける) 넘어지다(倒れる) 뒤집다(引っ繰り返す) 쓰러뜨리다(倒す) 쓰러지다(倒れる)〈9〉
2.1515	置く 掛ける 構える 支える 敷く 掬う 垂らす 垂れる 吊る 吊るす 引っ掛かる 引っ掛ける ぶら下がる ぶら下げる〈14〉	걸다(掛ける) 걸리다(掛かる) 걸치다(掛ける) 깔다(敷く) 놓다(置く) 놓이다(置かれる) 달다(掛ける) 달리다(ぶら下がる) 두다(置く) 매달다(ぶら下げる) 매달리다(ぶら下がる) 받치다(支える)〈12〉
2.1516	埋める 漬ける 投げる 挟まる 挟む 嵌まる 嵌める 抛る〈8〉	끼다(挟まる) 담그다(浸す) 던지다(投げる) 묻다(埋める) 묻히다(埋もれる) 잠기다(浸る) 파묻히다(埋もれる)〈7〉

分類	日本語	韓国語
2.1521	移す 移る 送る 越える 超す ずらす ずれる 逸らす 逸れる 達する 辿る 着く 出掛ける 退かす 退く 退ける 届く 届ける 乗り越える 引っ越す 寄越す 渡す 渡る〈23〉	가져가다(持って行く) 가져오다(持って来る) 건너가다(渡る) 건너다(渡る) 기어가다(這って行く) 끼치다(及ぼす) 넘기다(渡す) 넘다(越える) 넘어가다(越える) 넘어오다(越える) 다다르다(至る) 달려가다(駆け付ける) 도착하다(到着する) 뛰어가다(駆け付ける) 뛰어넘다(飛び越える) 뛰어오다(駆け付ける) 몰려오다(押し掛ける) 보내다(送る) 비키다(退く) 옮겨지다(移される) 옮기다(移す) 이동하다(移動する) 이르다(至る) 착륙하다(着陸する) 출발하다(出発する)〈25〉
2.1523	掻き回す 滑る 漂う 飛ばす 飛ぶ 流す 流れる 這う 弾く 走る 弾む 跳ねる 引き摺る 見回る 巡る〈15〉	기다(這う) 날다(飛ぶ) 날리다(飛ばす) 날아다니다(飛び回る) 달리다(走る) 돌아다니다(歩きまわ) 떠내려가다(流れる) 뛰다(走る) 미끄러지다(滑る) 튀다(跳ねる) 헤매다(さ迷う) 흐르다(流れる) 흘러가다(流れる) 흘러내리다(流れる) 흘리다(流す)〈15〉
2.1524	通す 通る 横切る〈3〉	꿰다(通す) 보급되다(普及される) 통과하다(通過する)〈3〉

分類	日本語	韓国語
2.1525	追い掛ける 追い越す 追い出す 追い付く 追い抜く 追い払う 追う 通う 過ぎる 擦れ違う 通じる 逃がす 逃げる〈13〉	내쫓다(追い出す) 놓치다(逃す) 다니다(通う) 달아나다(逃げる) 도망(逃亡)가다(逃げる) 도망(逃亡)치다(逃げる) 몰다(追う) 몰리다(追われる) 벗어나다(逃れる) 앞서다(先立つ) 앞세우다(先に立たせる) 지나가다(通り過ぎる) 지나다(過ぎる) 쫓기다(追われる) 쫓다(追う) 쫓아가다(追い掛ける) 추진하다(推進する) 통(通)하다(通じる)〈18〉
2.1526	進む 進める〈2〉	나아가다(進む) 물러가다(退く) 물러서다(退く) 물리치다(退ける) 진행되다(進められる)〈5〉
2.1527	行く 帰す 返る 帰る 来る 溯る 去る 取り戻す 参る 戻す 戻る 遣って来る 行く〈13〉	가다(行く) 갔다오다(行って来る) 걸어가다(歩いて行く) 걸어오다(歩いて来る) 날아가다(飛び去る) 날아오다(飛来する) 다녀오다(行って来る) 달려오다(走って来る) 돌아가다(帰る) 돌아오다(帰る) 따라가다(付いて行く) 따라오다(付いて来る) 소풍(逍風)가다(遠足に行く) 오다(来る)〈14〉
2.1528	〈0〉	왕래(往来)하다(行き来する)〈1〉

分類	日本語	韓国語
2.1530	入れる 差し出す 出す 出る 飛び出す 取り入れる 取り出す 入る 食み出す 引き出す 引っ込む 引っ込める 放り出す〈13〉	꺼내다(取り出す) 나가다(出る) 나다(出る) 나서다(出る) 나오다(出る) 내놓다(取り出す) 내다(出す) 내밀다(差し出す) 내보내다(送り出す) 넣다(入れる) 대다(引き入れる) 드나들다(出入りする) 들다(入る) 들어가다(入る) 들어서다(立ち入る) 들어오다(入る) 들이다(入れる)〈17〉
2.1531	納める 込む 込める 突っ込む 詰まる 詰め込む 詰める 飛び込む 抜かす 抜く 抜ける〈11〉	끼우다(差し込む) 뛰어들다(飛び込む) 박다(打ち込む) 빠지다(抜ける) 빼다(抜く) 뽑다(引き抜く) 뽑히다(抜かれる)〈7〉
2.1532	汲む 濾す 寵る 染みる 浸かる 注ぐ 閉じ込める 潜る(もぐる) 漏らす 漏る 漏れる〈11〉	가두다(閉じ込める) 갇히다(閉じ込められる) 긷다(汲む) 새다(漏れる) 스며들다(染み入る) 흡수되다(吸収される)〈6〉
2.1533	〈0〉	포함(包含)되다(含まれる)〈1〉
2.1540	上がる 上げる 落ちる 落とす 下る 溢す 零れる 下がる 下げる 飛び上がる 上る 引き上げる 持ち上げる〈13〉	끌어올리다(引き上げる) 날뛰다(跳ね上がる) 들다(挙げる) 들리다(持ち上げられる) 떨다(落とす) 떨어뜨리다(落とす) 떨어지다(落ちる) 뛰어오르다(飛び上がる) 붓다(注ぐ) 쏟다(注ぐ) 오르다(登る) 올라가다(登る) 올라오다(登る) 올리다(上げる) 지다(落ちる) 쳐들다(持ち上げる) 퍼붓다(降り注ぐ)〈17〉

分類	日本語	韓国語
2.1541	浮かぶ 浮かべる 浮く 降りる 降ろす 潜る(くぐる) 沈む 乗せる 乗る〈9〉	가라앉다(沈む) 내려가다(降りる) 내려오다(降りる) 내리다(降りる) 떠오르다(浮かび上がる) 뜨다(浮かぶ) 띄우다(浮かべる) 싣다(載せる) 실리다(載せられる) 얹다(載せる) 타다(乗る) 태우다(乗せる)〈12〉
2.1550	合わせる 絡まる 絡む 組み立てる 組む こんがらかる 解かす 解く 解ける 放す 放れる 綻びる 解く 解ける 縺れる〈15〉	맞추다(合わせる) 짜다(組み立てる) 풀다(解く) 풀리다(解ける) 합(合)치다(合わせる) 합(合)하다(合わせる)〈6〉
2.1551	組み合わせる 纏まる 纏める〈3〉	간추리다(纏める) 챙기다(取り纏める) 통일하다(統一する)〈3〉
2.1552	散らす 散らばる 散る 散撒く 撒く 分かれる 分ける〈7〉	나누다(分ける) 나누어지다(分けられる) 나뉘다(分けられる) 분리하다(分離する) 뿌리다(撒く) 헤치다(掻き分ける) 흩어지다(散らばる)〈7〉
2.1553	開く 開ける 閉まる 閉める 瞑る 閉じる 開く〈7〉	감다(瞑る) 다물다(噤む) 닫다(閉める) 뜨다(開ける) 벌리다(開く) 벌어지다(開く) 열다(開ける) 열리다(開く) 펴다(開く) 퍼지다(開く)〈10〉
2.1554	重なる 重ねる 縛る 繋がる 繋ぐ 積む 積もる 結び付ける 結ぶ 盛る〈10〉	겹쳐지다(重なる) 겹치다(重ねる) 담기다(盛られる) 담다(盛る) 매다(結ぶ) 맺다(結ぶ) 묶다(束ねる) 쌓다(積む) 쌓이다(積もる) 엮다(結う) 이어지다(繋がる) 잇다(繋ぐ)〈12〉

分類	日本語	韓国語
2.1555	集まる 集める 群がる〈3〉	모여들다(集まる) 모으다(集める) 모이다(集まる)〈3〉
2.1556	連れる 出合う 飛び付く〈3〉	데리다(連れる)〈1〉
2.1560	くっつく くっつける 触る しがみつく 接する 迫る 近付く 近寄る 付く 付ける 取り付ける 貼る 寄せる 寄る〈14〉	가까와지다(近付く) 끌어당기다(引き寄せる) 다가가다(近付く) 다가오다(近付く) 달려들다(飛び付く) 닿다(接する) 덤벼들다(飛び付く) 덤비다(飛び掛かる) 두르다(巻き付ける) 들르다(立ち寄る) 만지다(触る) 묻다(付く) 묻히다(付ける) 붙다(付く) 붙이다(付ける) 찍다(付ける)〈16〉
2.1561	取れる 離す 離れる〈3〉	떠나다(離れる) 떼다(離す) 뜯다(離す)〈3〉
2.1562	並ぶ 並べる 凭れる〈3〉	기대다(寄り掛かる) 늘어놓다(並べる) 늘어서다(並ぶ)〈3〉
2.1563	当たる 当てる 打つ 叩く 殴る 叩く 打つ ぶつかる ぶつける〈9〉	당(当)하다(当たる) 대다(当てる) 두드리다(叩く) 두들기다(叩く) 때리다(殴る) 얻어맞다(殴られる) 예방하다(予防する) 쬐다((日・火に)当たる) 치다(打つ)〈9〉
2.1564	押さえる 押す 擦る 擦る 突く 突く 引く 引っ張る〈8〉	긋다((線を)引く) 끌다(引く) 끌려가다(引っ張られる) 끌리다(引かれる) 누르다(押さえる) 당기다(引く) 문지르다(擦る) 밀다(押す) 밀리다(押される) 비비다(擦る) 스치다(擦れる) 잡아당기다(引っ張る) 짚다((杖を)突く) 쪼다(突つく)〈14〉

分類	日本語	韓国語
2.1565	遮る 締め切る 支える 塞がる 塞ぐ 防ぐ〈6〉	가리다(遮る) 막다(塞ぐ) 막히다(塞がる)〈3〉
2.1570	折る 折れる 屈む 締まる 反る 畳む 捩じる 捩じれる 捻る 曲がる 巻く 捲くる 曲げる 捲る 歪む〈15〉	감다(巻く) 개다(畳む) 구부리다(曲げる) 굽다(曲がる) 굽히다(曲げる) 꺾다(折る) 말다(捲く) 부러지다(折れる) 접다(折る) 젖히다(反らす)〈10〉
2.1571	痛める 刈る 刻む 切る 切れる 崩す 崩れる 砕く 削る 壊す 壊れる 裂く 裂ける 刺す 擦り剥く 千切る 千切れる 潰す 潰れる 剥がす 剥がれる 剥げる 掘る 剥く 破る 破れる 割る 割れる〈28〉	가르다(割る) 갈라지다(割れる) 깎다(削る) 깨다(砕く) 깨뜨리다(打ち砕く) 깨지다(砕ける) 꽂다(刺す) 끊다(切る) 끊어지다(切れる) 다치다(痛める) 뚫다(穿つ) 무너지다(崩れる) 물어뜯다(噛み千切る) 베다(刈る) 부서지다(壊れる) 상(傷)하다(傷む) 새기다(刻む) 썰다(切る) 오리다(切り抜く) 자르다(切る) 찌르다(刺す) 찢다(裂く) 찢어지다(裂ける) 캐다(掘る) 터뜨리다(破裂させる) 터지다(破裂する) 파다(掘る)〈27〉
2.1573	剃る〈1〉	〈0〉
2.1580	溢れる 余る 加える 足す 溜まる 溜める 付け加える 増える 増やす 減らす 減る〈11〉	가열하다(加熱する) 괴다(溜まる) 넘치다(溢れる) 늘다(増える) 늘리다(増やす) 늘어나다(増える) 더하다(加える) 덜다(減ずる) 많아지다(多くなる) 불어나다(増す) 줄다(減る) 줄어들다(減る) 줄이다(減らす) 차다(満ちる) 채우다(満たす)〈15〉

分類	日本語	韓国語
2.1581	縮まる 縮む 縮める 伸ばす 伸びる〈5〉	늘이다(伸ばす) 뻗다(伸びる) 작아지다(小さくなる) 짧아지다(縮まる) 커지다(大きくなる)〈5〉
2.1582	高まる 高める 窄める 早める 広がる 広げる 広まる 広める 膨らます 膨らむ 膨れる〈11〉	낮추다(低める) 넓히다(広げる) 높아지다(高まる) 높이다(高める) 드높이다(高める) 벌이다(繰り広げる) 퍼지다(広まる) 펼쳐지다(広げられる) 펼치다(広げる)〈9〉
2.1583	強まる〈1〉	〈0〉
2.1584	〈0〉	발달되다(発達する) 발달시키다(発達させる) 발달하다(発達する) 발전되다(発展する) 발전시키다(発展させる) 발전하다(発展する) 향상시키다(向上させる)〈7〉
2.1600	明ける 急ぐ 遅れる 暮れる 過ごす 経つ 延ばす 延びる 捗る 間に合う〈10〉	거치다(経る) 미루다(延期する) 배치하다(配置する) 서두르다(急ぐ) 잇달다(相次ぐ) 저물다(暮れる)〈6〉
2.1700	俯く 区切る 仕切る 背く 向かう 向く 向ける〈7〉	돌아보다(振り向く) 돌아서다(振り返る) 맞서다(立ち向かう) 숙이다(俯く) 엎드리다(うつ伏せる) 향(向)하다(向く)〈6〉
2.1800	尖らす 凹む 丸める〈3〉	〈0〉
2.1900	限る 足りる〈2〉	모자라다(足りない) 지나치다(度が過ぎる)〈2〉

分類	日本語	韓国語
2.3000	飽きる 痛む 構う 感じる 草臥れる 狂う 覚ます 覚める 疲れる 眠る 寝る 酔う〈12〉	꾸다(夢見る) 느껴지다(感じられる) 느끼다(感じる) 신나다(浮かれる) 자다(寝る) 잠들다(寝付く) 잠자다(寝る) 졸다(まどろむ) 주무시다(お休みになる) 지치다(疲れる) 질리다(飽きる)〈11〉
2.3010	焦る 慌てる 怒る 恐れる 落ち着く 驚かす 驚く 悲しむ 苦しむ 拘る 困る 懲りる 楽しむ 照れる 慰める 悩む 喜ぶ〈17〉	괴롭히다(苦しめる) 기뻐하다(喜ぶ) 놀라다(驚く) 두근거리다(どきどきする) 시달리다(苦しむ) 어리둥절하다(面食らう) 재미나다(面白くなる) 즐기다(楽しむ)〈8〉
2.3012	〈0〉	걱정하다(心配する)〈1〉
2.3020	愛する 仰ぐ 憧れる 甘える 甘やかす 恨む 可愛がる 嫌う 懐く 憎む 妬む〈11〉	받들다(敬う) 사랑하다(愛する) 싫어하다(嫌う) 아끼다(惜しむ) 위로하다(慰労する) 정(情)들다(馴染む) 좋아하다(好む)〈7〉
2.3021	〈0〉	감사하다(感謝する) 감상하다(鑑賞する) 숭상(崇尚)하다(崇める) 존경하다(尊敬する) 존중하다(尊重する)〈5〉
2.3030	唸る 囀る 顰める 泣く 吹き出す 吠える 微笑む 笑う〈8〉	감탄하다(感歎する) 울다(泣く) 울리다(泣かす) 웃다(笑う)〈4〉
2.3040	頑張る 躊躇う 努める 励ます 励む 張り切る〈6〉	견디다(堪える) 고생(苦生)하다(苦労する) 공부(工夫)하다(勉強する) 노력하다(努力する) 망설이다(躊躇う) 북돋우다(励ます) 참다(堪える) 힘쓰다(尽力する)〈8〉

分類	日本語	韓国語
2.3041	諦める 祈る 祝う 願う 望む 求める 欲張る〈7〉	구(求)하다(求める) 뉘우치다(悔いる) 바라다(望む) 빌다(祈る) 원(願)하다(願う) 자랑하다(自慢する)〈6〉
2.3042	威張る 己惚れる 気取る 拗ねる 出しゃばる 惚ける 誇る〈7〉	뽐내다(威張る) 실망하다(失望する)〈2〉
2.3043	〈0〉	부탁(付託)하다(願う) 축하하다(祝賀する)〈2〉
2.3044	〈0〉	반성하다(反省する)〈1〉
2.3050	覚える 思い出す 倣う 習う 慣れる 学ぶ 真似る 見習う 忘れる〈9〉	겪다(経験する) 배우다(習う) 본(本)받다(見習う) 생각나다(思い出す) 연습하다(練習する) 외다(暗記する) 잊다(忘れる) 흉내내다(真似る)〈8〉
2.3051	〈0〉	경험하다(経験する) 기념하다(記念する) 기억하다(記憶する)〈3〉
2.3060	疑う 思う 考え込む 考え付く 考える 知る 知れる 信じる 認める 分かる〈10〉	깨닫다(悟る) 마음먹다(思い立つ) 모르다(知らない) 믿다(信じる) 알다(知る) 알려지다(知られる) 여겨지다(思われる) 여기다(思う)〈8〉
2.3061	選ぶ 比べる 譬える 採る 見分ける〈5〉	가리다(選ぶ) 고르다(選ぶ) 비하다(比する) 생각되다(思える) 생각하다(思う) 의심(疑心)하다(疑う) 택(択)하다(選ぶ)〈7〉

分類	日本語	韓国語
2.3062	数える 探す 探る 調べる 確かめる 試す 測る 見失う 見落とす 見付かる 見付ける 見逃す 診る 目掛ける 目指す〈15〉	살피다(探る) 세다(数える) 알아보다(調べる) 엿보다(窺がう) 유의하다(留意する) 이해하다(理解する) 재다(測る) 조심(操心)하다(用心する) 주의하다(注意する) 찾다(探す) 찾아다니다(探し回る) 찾아보다(探す) 해결하다(解決する) 확인하다(確認する)〈14〉
2.3063	打ち消す 決まる 決める 迷う 見抜く 見破る〈6〉	구별하다(区別する) 구분하다(区分する) 분류하다(分類する) 비교하다(比較する) 선택하다(選択する) 정(定)하다(定める) 정(定)해지다(定まる) 정리하다(整理する)〈8〉
2.3064	〈0〉	계산하다(計算する) 셈하다(計算する)〈2〉
2.3065	〈0〉	관찰하다(観察する) 발명되다(発明される) 발명하다(発明する) 연구하다(研究する) 조사하다(調査する)〈5〉
2.3066	〈0〉	결심하다(決心する) 상상하다(想像する) 짐작(斟酌)하다(推し量る) 판단하다(判断する)〈4〉
2.3067	〈0〉	결정하다(決定する)〈1〉
2.3070	取り消す 直す 間違う 間違える 見違える〈5〉	고치다(直す) 뜻하다(意味する) 바로잡다(正す) 잘못되다(間違う) 잘못하다(誤る) 틀리다(間違える)〈6〉

分類	日本語	韓国語
2.3073	〈0〉	뒷받침하다(裏付ける)〈1〉
2.308	〈0〉	주장하다(主張する)〈1〉
2.3083	〈0〉	대비(対備)하다(備える) 마련되다(用意 される) 마련하다(用意する) 준비하다 (準備する)〈4〉
2.3084	〈0〉	계획하다(計画する)〈1〉
2.3090	眺める 狙う 除く 見上げる 見える 見下ろす 見掛ける 見詰める 見惚れ る 見直す 見守る 見回す 見る 見渡 す〈14〉	내다보다(眺める) 내려다보다(見下ろ す) 노리다(狙う) 둘러보다(見回す) 들 여다보다(覗く) 바라보다(眺める) 보다 (見る) 보이다(見える) 살펴보다(見回 す) 쳐다보다(見上げる)〈10〉
2.3091	指す 見せびらかす 見せる〈3〉	가리키다(指す) 견학하다(見学する) 구 경하다(見物する) 발견되다(発見され る) 발견하다(発見する) 보이다(見せ る)〈6〉
2.3092	聞く 聞こえる〈2〉	듣다(聞く) 들리다(聞こえる)〈2〉
2.3093	嗅ぐ〈1〉	지정되다(指定される) 표시되다(表示さ れる) 표시하다(表示する)〈3〉
2.3100	歌う 呼び掛ける 呼ぶ〈3〉	부르다(呼ぶ) 불리다(呼ばれる)〈2〉
2.3103	〈0〉	표현하다(表現する)〈1〉

分類	日本語	韓国語
2.3120	表わす 言う 叫ぶ 囁く 喋る 知らせる 黙る 伝える 伝わる 呟く 怒鳴る 申す 言う〈13〉	소리치다(叫ぶ) 속삭이다(囁く) 알리다(知らせる) 외치다(叫ぶ) 이르다(申す) 전(伝)하다(伝える) 전(伝)해지다(伝えられる) 중얼거리다(呟く) 지르다(叫ぶ) 퍼뜨리다(広める)〈10〉
2.3121	〈0〉	인사(人事)하다(挨拶する)〈1〉
2.3130	伺う 語る 答える 尋ねる 問い合わせる 述べる 話し合う 話し掛ける 話す〈9〉	답(答)하다(答える) 따지다(問い詰める) 말씀드리다(申し上げる) 말씀하다(おっしゃる) 말하다(話す) 묻다(問う) 여쭈다(申し上げる) 이야기하다(話す)〈8〉
2.3132	〈0〉	대답(対答)하다(答える)〈1〉
2.3133	〈0〉	의논하다(議論する) 토의하다(討議する)〈2〉
2.3136	〈0〉	설명하다(説明する)〈1〉
2.3140	〈0〉	발표하다(発表する) 타이르다(言い聞かせる)〈2〉
2.3150	書く 記す〈2〉	낭독하다(朗読する) 쓰다(書く) 쓰이다(書かれる) 적다(書き記す)〈4〉
2.3151	読む〈1〉	기록하다(記録する) 읽다(読む)〈2〉
2.3200	著わす 写す 写る〈3〉	그려지다(描かれる) 그리다(描く) 작곡하다(作曲する) 창조하다(創造する)〈4〉

分類	日本語	韓国語
2.321	〈0〉	노래하다(歌う)〈1〉
2.3231	〈0〉	연주하다(演奏する)〈1〉
2.3300	流行る 恵まれる〈2〉	〈0〉
2.331	〈0〉	이름나다(有名になる)〈1〉
2.3320	稼ぐ サボる 勤める 怠ける 働く 休む〈6〉	벌다(稼ぐ) 벌어들이다(稼ぐ) 쉬다(休む) 일하다(働く) 종사하다(従事する)〈5〉
2.3330	着替える 着せる 着る 暮らす 住む 食べる 泊まる 泊める 履く〈9〉	깨다(覚める) 먹다(食べる) 먹이다(食べさせる) 먹히다(食われる) 묵다(泊まる) 생활하다(生活する) 신다(履く) 입다(着る) 입히다(着せる) 잡수시다(召し上がる) 잡아먹다(食べる) 지내다(暮らす)〈12〉
2.3334	〈0〉	세수(洗手)하다(洗面する)〈1〉
2.334	〈0〉	입학하다(入学する) 졸업하다(卒業する)〈2〉
2.3360	祭る〈1〉	〈0〉
2.3370	遊ぶ 踊る 泳ぐ じゃれる 弾く ふざける 舞う〈7〉	까불다(ふざける) 놀다(遊ぶ) 뛰놀다(遊ぶ) 추다(舞う) 춤추다(踊る)〈5〉
2.3371	〈0〉	여행하다(旅行する)〈1〉
2.3373	〈0〉	숨바꼭질하다(隠れん坊をする)〈1〉

分類	日本語	韓国語
2.3374	〈0〉	수영(水泳)하다(泳ぐ) 운동하다(運動する) 헤엄치다(泳ぐ)〈3〉
2.3380	騒ぐ はしゃぐ〈2〉	떠들다(騒ぐ)〈1〉
2.3390	肯く 拝む 捕まえる 捕まる 捕らえる 睨む〈6〉	끄덕이다(肯く) 잡히다(捕まえる) 품다(抱く)〈3〉
2.3391	暴れる 腰掛ける しゃがむ 座る〈4〉	꿇다(跪く) 앉다(座る) 주저앉다(座り込む)〈3〉
2.3392	歩く 駆ける 蹴飛ばす 蹴る 躓く 踏む 跨る 跨ぐ〈8〉	걷다(歩く) 밟다(踏む) 차다(蹴る)〈3〉
2.3393	弄る 掻く 擦る 摩る 絞る 掴む 抓る 抓む 摘む 撫でる 握る 引っ掻く 捨う 毟る 揉む〈15〉	긁다(掻く) 따다(摘む) 붙들다(掴む) 붙잡다(掴む) 쓰다듬다(撫でる) 잡다(取る) 주무르다(揉む) 줍다(拾う) 쥐다(握る) 집다(抓む)〈10〉
2.3394	齧る 〔鼻を〕かむ 噛む 銜える しゃぶる 吸う 舐める 飲み込む 飲む 吐く 吹く〈11〉	들이마시다(飲み込む) 마시다(飲む) 물다(噛む) 물리다(噛まれる) 불다(吹く) 삼키다(飲み込む) 피우다(吸う)〈7〉
2.3420	行う 為る〈2〉	굴다(振る舞う) 그러다(そうする) 그리하다(そうする) 무릅쓰다(冒す·押し切る) 삼다(〜にする) 시키다(させる) 애쓰다(骨折る) 어찌하다(どのようにする) 위(爲)하다(為にする) 이러다(こうする) 이루다(成す) 이룩하다(成し遂げる) 이리하다(このようにする) 저지르다(犯す) 하다(する) 해내다(成し遂げる) 힘들다(骨が折れる)〈17〉

分類	日本語	韓国語
2.343	〈0〉	행동하다(行動する)〈1〉
2.344	〈0〉	실시하다(実施する) 실천하다(実践する)〈2〉
2.345	〈0〉	활동하다(活動する) 활약하다(活躍する)〈2〉
2.347	〈0〉	달성하다(達成する) 성공하다(成功する)〈2〉
2.3500	付き合う 交わる〈2〉	사귀다(付き合う) 어울리다(交わる)〈2〉
2.3501	〈0〉	싸움하다(争う)〈1〉
2.3510	会う 誘う 訪ねる 待ち合わせる 待つ 招く 見送る 迎える 持て成す 別れる〈10〉	기다리다(待つ) 만나다(会う) 맞다(迎える) 맞이하다(迎える) 찾아가다(訪れる) 찾아오다(訪れる) 헤어지다(別れる)〈7〉
2.3511	〈0〉	참석(参席)하다(出席する)〈1〉
2.3520	訴える 裏切る 応える 断る 頼む 誓う 強請る 引き受ける 申し込む 許す〈10〉	달라다(求める) 맡다(引き受ける) 받아들이다(受け入れる) 방문하다(訪問する) 안내하다(案内する) 조르다(せがむ) 청(請)하다(請う) 초대하다(招待する)〈8〉
2.3523	〈0〉	소개하다(紹介する)〈1〉

分類	日本語	韓国語
2.3530	争う 討つ 襲う 勝つ 避ける 攻める 戦う 負ける 守る 揉める 遣っ付ける 敗れる 避ける〈13〉	겨루다(競う) 다짐하다(誓う) 다투다(争う) 무찌르다(撃ち破る) 싸우다(争う) 약속하다(約束する) 어기다(破る) 이기다(勝つ) 지다(敗れる) 지켜지다(守られる) 지키다(守る) 쳐들어오다(攻め寄せる) 피(避)하다(避ける)〈13〉
2.3531	〈0〉	당부(当付)하다(頼む) 의지(依支)하다(頼る)〈2〉
2.3532	〈0〉	반대하다(反対する) 용서(容恕)하다(許す)〈2〉
2.354	〈0〉	단결하다(団結する) 참가하다(参加する) 참여하다(参与する) 협동하다(協同する) 협력하다(協力する)〈5〉
2.3541	〈0〉	봉사하다(奉仕する)〈1〉
2.3560	〈0〉	공격하다(攻撃する) 대항하다(対抗する)〈2〉
2.3580	〈0〉	침략하다(侵略する)〈1〉
2.3600	治める〈1〉	다스리다(治める)〈1〉
2.3620	〈0〉	설치하다(設置する)〈1〉
2.3630	雇う〈1〉	모시다(仕える)〈1〉
2.3640	教える 教わる 導く 養う〈4〉	가르치다(教える) 계발하다(啓発する) 깨우치다(諭す) 이끌다(導く) 지도하다(指導する)〈5〉

分類	日本語	韓国語
2.3650	庇う 救う 助かる 助ける 手伝う 恵む〈6〉	구(救)하다(救う) 돌보다(世話する) 돕다(助ける) 보살피다(世話する) 보호하다(保護する)〈5〉
2.3670	言い付ける 禁じる 従う 仕向ける 勧める 任せる〈6〉	권(勸)하다(勧める) 따르다(従う) 맡기다(任せる) 명령하다(命令する) 재촉하다(催促する)〈5〉
2.3681	謝る 責める 頼る〈3〉	보답(報答)하다(報いる)〈1〉
2.3682	煽てる 懲らしめる 叱る 誉める〈4〉	칭찬하다(称讚する)〈1〉
2.3683	苛める 労る 脅かす からかう 誤魔化す 騙す 宥める 冷やかす〈8〉	놀리다(からかう) 속다(騙される)〈2〉
2.3700	占める 貯える 手放す 取り上げる 取り返す 取る 盗む 持つ〈8〉	가지다(持つ) 거두다(収める) 되찾다(取り返す) 빼앗기다(奪われる) 빼앗다(奪う) 얻다(得る) 지니다(持つ) 취(取)하다(取る) 훔치다(盗む)〈9〉
2.3701	〈0〉	간직하다(保管する) 보관하다(保管する) 예금하다(預金する) 저금하다(貯金する) 저축하다(貯蓄する) 차지하다(占める)〈6〉
2.3710	賭ける 払う〈2〉	치르다(支払う)〈1〉
2.3750	供える 儲かる 儲ける〈3〉	이바지하다(資する)〈1〉
2.3760	売り切れる 売る 売れる 買う〈4〉	사다(買う) 사들이다(買い込む) 사오다(買って来る) 수입하다(輸入する) 수출되다(輸出される) 수출하다(輸出する) 팔다(売る)〈7〉

分類	日本語	韓国語
2.3770	頂く 受け取る 受ける 贈る 下さる 配る 呉れる 差し上げる 授かる 授ける 貰う 遣る 譲る 割り当てる〈14〉	내주다(渡す) 누리다(享受する) 드리다(差し上げる) 물려주다(譲り渡す) 바치다(捧げる) 받다(受ける) 선사(善事)하다(贈る) 주고받다(遣り取りする) 주다(与える) 주어지다(与えられる) 타다(貰う)〈11〉
2.3780	預ける 返す 貸す 借りる〈4〉	갚다(返す) 꾸다(借りる) 빌다(借りる) 빌리다(借りる)〈4〉
2.3790	栄える 賑わう〈2〉	절약하다(節約する)〈1〉
2.3802	〈0〉	생산되다(生産される) 생산하다(生産する)〈2〉
2.3810	植える 飼う 耕やす 釣る 蒔く〈5〉	가꾸다(培う) 낚다(釣る) 농사(農事)짓다(耕作する) 심다(植える) 일구다(耕す) 재배하다(栽培する) 치다(飼う)〈7〉
2.3820	築く 鍛える 刷る 建つ 建てる〈5〉	빚다(醸す) 세워지다(建つ)〈2〉
2.3822	〈0〉	개발되다(開発される) 개발하다(開発する) 건설하다(建設する)〈3〉
2.3830	漕ぐ 運ぶ〈2〉	나르다(運ぶ) 부치다(送る) 운반하다(運搬する)〈3〉
2.3831	〈0〉	치료하다(治療する)〈1〉
2.3840	編む 洗う 炒める 濯ぐ 炊く 煮る 縫う 掃く 拭く 濯ぐ〈10〉	감다(洗う) 닦다(拭く) 빨다(洗う) 쓸다(掃く) 씻다(洗う) 찧다(搗く)〈6〉
2.3844	〈0〉	청소하다(清掃する)〈1〉

分類	日本語	韓国語
2.3850	飾る〈1〉	꾸미다(飾る) 부리다(操る) 손질하다(手入れをする) 처리하다(処理する)〈4〉
2.3851	撃つ 捏ねる 梳かす 研ぐ 綴じる 撮る 塗る 練る 彫る 磨く〈10〉	갈다(磨く) 바르다(塗る) 색칠(色漆)하다(色を塗る) 쏘다(射る) 칠(漆)하다(塗る)〈5〉
2.3852	扱う 使い分ける 使う 用いる〈4〉	쓰이다(使われる) 다루다(扱う) 사용되다(使用される) 사용하다(使用する) 쓰다(使う) 이용되다(利用される) 이용하다(利用する) 활용하다(活用する)〈8〉
2.3860	作り出す 作る〈2〉	꾸리다(荷造りする) 만들다(作る) 만들어지다(作られる) 짓다(作る)〈4〉
2.5010	映す 映る 輝く 煌く 差す・射す 透き通る 光る 閃く 目立つ〈9〉	띠다(目に付く) 반사하다(反射する) 반짝이다(きらめく) 밝아지다(明るくなる) 밝히다(明るくする) 빛나다(輝く) 빛내다(輝かす)〈7〉
2.5020	汚す 汚れる〈2〉	더러워지다(汚れる) 더럽히다(汚す) 물들다(染まる)〈3〉
2.5030	静まる 鳴らす 鳴る 響く〈4〉	구르다(踏み鳴らす) 떨치다(轟かす) 소리나다(音がする)〈3〉
2.5040	匂う〈1〉	〈0〉
2.5060	固まる 固める 凝る 澄ます 澄む 濁る 粘る〈7〉	뭉치다(固める)〈1〉
2.5130	乾かす 乾く 湿る 滲む 濡らす 濡れる 乾涸びる 干す〈8〉	마르다(乾く) 말리다(乾かす) 번지다(滲む) 젖다(濡れる)〈4〉

分類	日本語	韓国語
2.5150	曇る 照らす 照る 晴れる 降る〈5〉	개다(晴れる) 그늘지다(陰る) 불다(吹く) 비추다(照らす) 비치다(照る) 쏟아지다(降り注ぐ) 휩쓸다(荒らす) 흐리다(曇る)〈8〉
2.5160	凍る 溶かす 溶ける〈3〉	녹(緑)슬다(錆びる) 녹다(溶ける) 녹이다(溶かす) 얼다(凍る) 오염되다(汚染される) 용해되다(溶解する)〈6〉
2.5161	焙る 焦がす 焦げる 焚く 点く 蒸す 燃える 燃す 燃やす 焼く 焼ける 茹でる〈12〉	굽다(焼く) 꺼지다(消える) 끄다(消す) 때다(焚く) 삶다(茹でる) 켜다(点す) 켜지다(点る) 타다(燃える) 태우다(燃やす)〈9〉
2.5170	暖める 冷ます 冷める 涼む 熱する 冷える 冷やす 沸かす 沸く〈9〉	끓다(沸く) 끓이다(沸かす) 식다(冷める) 식히다(冷ます)〈4〉
2.5810	生きる 生まれる 産む 孵る 咲く 茂る 熟す 育つ 育てる 蕾む 生る 生える 禿げる 太る 実る 痩せる〈16〉	기르다(育てる) 길러지다(育てられる) 까다(孵す) 낳다(産む) 늙다(老いる) 돋다(生える) 되살리다(蘇らせる) 뿌리박다(根付く) 살다(生きる) 살리다(生かす) 살아가다(生きる) 열리다(生る) 우거지다(生い茂る) 익다(熟する) 익히다(熟させる) 자라나다(育つ) 자라다(育つ) 크다(成長する) 키우다(育てる) 타고나다(生まれ付く) 태어나다(生まれる) 트다(芽ぐむ) 피다(咲く) 피어나다(咲く) 피우다(咲かせる)〈25〉
2.5820	溺れる 枯れる 殺す 萎れる 萎びる 死ぬ 萎む〈7〉	죽다(死ぬ) 죽이다(殺す)〈2〉

分類	日本語	韓国語
2.5830	渇く 腐る〈2〉	굶주리다(飢える) 누다(排泄する) 배다(孕む) 쉬다(呼吸する) 썩다(腐る)〈5〉
2.5850	掠れる 凍える 痺れる 治す 治る 腫れる〈6〉	고치다(治す) 낫다(治る) 앓다(患う) 해(害)치다(害する)〈4〉
3.1000	ああ あの あんな 各 この こんな 主 要 純粋 諸 そう その その他 それぞれ そんな そんなに どう どの どんな 別 別々〈20〉	각(各) 각각(各々) 그(その) 그까짓(それしきの) 그냥(そのまま) 그대로(そのまま) 그러하다(そうだ) 그런(そんな) 그렇게(そのように) 그리(そのように) 내(我が) 네(君の) 달리(別に) 따로(別に) 따로따로(別々に) 딴(別の·他の) 무슨(どの) 아무렇다(然々だ) 아무리(どんなに) 어느(どの) 어떠하다(どうだ) 어떤(どんな) 어떻게(どう) 웬(どんな·どうした) 이(この) 이러하다(こうだ) 이런(こんな) 이렇게(こう) 이리(このように) 이리저리(あれこれ) 일일(一一)이(一々) 저(あの) 저렇게(ああ) 저리(あのように) 제(私の) 제각기(-各其)(銘々) 주(主)로(主に) 주요(主要) 하나하나(一々)〈39〉
3.1010	当たり前だ 実は 正式 正しい 当然 本当 誠に まともだ〈8〉	당연하다(当然だ) 바로(正に) 바르다(正しい) 억울(抑鬱)하다(無実だ) 올바르다(正しい) 옳다(正しい) 정(正)말(本当に) 참답다(真だ) 참되다(真正だ)〈9〉

分類	日本語	韓国語
3.1040	〈0〉	대표적(代表的)〈1〉
3.1100	どうして 何故〈2〉	어째(どうして) 어째서(どうして) 어찌(どのように) 왜(どうして)〈4〉
3.1110	一緒に 直接 ばらばら〈3〉	더불어(一緒に) 밀접하다(密接だ) 저마다(ひとりひとり) 직접(直接) 함께(一緒に)〈5〉
3.1112	〈0〉	효과적(効果的)〈1〉
3.1120	同じ 共通 的 等しい 紛らわしい〈5〉	같다(同じだ) 같이(同じく) 거꾸로(逆に) 다르다(異なる) 다른(異なる) 똑같다(同じだ) 똑같이(同じく) 번(番)갈아(代わる代わる) 비슷하다(似たり寄ったりだ) 서로(互いに) 서로서로(相互いに) 틀림없다(間違いない)〈12〉
3.1130	ちゃんと 不規則〈2〉	고루(均等に) 고르다(均等だ) 골고루(均等に) 나란히(並んで) 일정하다(一定している)〈5〉
3.1140	侭 まるで〈2〉	듯이(ように) 마치(まるで)〈2〉
3.1200	空 空っぽだ 絶対に 全然 無い 稀だ 珍しい 滅多に〈8〉	결(決)코(決して) 도저(到底)히(到底) 아니/안(不) 아니다(〜でない) 없다(無い) 없이(無しで) 절대로(絶対に) 제대로(碌に) 좀처럼(中々) 차마(とても)〈10〉
3.1210	仮に 偶然 仕方が無い 必要 不必要 不要〈6〉	틀림없이(間違いなく) 필요(必要) 필요하다(必要だ)〈3〉

分類	日本語	韓国語
3.1230	適わない 容易い 難い 不可能 難しい 易しい 易い〈7〉	못(不可) 쉽다(易しい) 어렵다(難しい)〈3〉
3.1300	色々 簡単 単純 複雑 面倒 厄介〈6〉	간단하다(簡単だ) 간단히(簡単に) 복잡하다(複雑だ)〈3〉
3.1310	一般に 最低 非常 普通〈4〉	보통(普通)〈1〉
3.1320	重大 特殊 独特 特に 特別 とんでもない 不自然 変だ〈8〉	고유하다(固有だ) 독특하다(独特だ) 신기하다(新奇だ) 엉뚱하다(突飛だ) 이상하다(異常だ) 특(特)히(特に) 특별(特別) 특별하다(特別だ) 특별히(特別に)〈9〉
3.1330	良い 行けない 適切 適当 手頃だ 相応しい 良い 良く 悪い〈9〉	곧잘(良く) 나쁘다(悪い) 낫다(良い) 딱(ぴったり) 못지않다(劣らない) 못하다(劣る) 알맞다(程よい) 잘(良く) 적당하다(適当だ) 좋다(良い) 착하다(善良だ) 최선(最善)〈12〉
3.1340	危ない 安全 きちんと 結構 素敵だ 素晴らしい 大丈夫だ 駄目だ 無事 見事だ 立派だ〈11〉	괜찮다(大丈夫だ) 뛰어나다(優秀だ) 안녕하다(安寧だ) 안녕히(安寧に) 안전(安全) 안전하다(安全だ) 우수하다(優秀だ) 위험하다(危険だ) 장(壯)하다(立派だ) 제법(結構) 편(便)찮다(安らかでない) 편(便)하다(安らかだ) 편(便)히(安らかに) 편안(便安)하다(無事だ) 훌륭하다(立派だ)〈15〉

分類	日本語	韓国語
3.1400	荒い きつい しっかり 凄い 凄まじい 強い 激しい 酷い 猛烈 物凄い 弱い 〈11〉	강(強)하다(強い) 거세다(強い) 굉장(宏壯)하다(物凄い) 굉장(宏壯)히(物凄く) 꼭꼭(しっかり) 꽉(しっかり) 세다(強い) 세차다(激しい) 약(弱)하다(弱い) 힘세다(力強い) 힘차다(力強い) 〈11〉
3.1500	自然に 積極的 ひとりでに 不自由 もりもり 〈5〉	괜히(何となく) 성(盛)하다(盛んだ) 자연스럽다(自然だ) 저절로(自ずから) 활발하다(活発だ) 〈5〉
3.1501	ぐんぐん どんどん 〈2〉	〈0〉
3.1503	ぴたり 〈1〉	〈0〉
3.1511	じっと ぶらぶら 〈2〉	가만히(じっと) 〈1〉
3.1512	〈0〉	빙글빙글(くるくる) 팽팽(くるくると) 〈2〉
3.1513	むっくり 〈1〉	깡총깡총(ぴょんぴょん) 벌떡(すっくと) 〈2〉
3.152	〈0〉	무럭무럭(すくすく) 휙(すっと) 〈2〉
3.1540	はらはら 〈1〉	〈0〉
3.1560	ぴったり 〈1〉	〈0〉
3.1600	何時も しばしば 暫く 度々 偶に 時々 〈6〉	가끔(たまに) 끊임없이(絶え間なく) 내내(始終) 늘(何時も) 때때로(時々) 때로는(時には) 밤낮(朝な夕な) 언제나(何時も) 영원히(永遠に) 자꾸(頻りに) 자주(しばしば) 잠깐(暫く) 잠시(暫時)(暫く) 줄기차다(弛み無い) 하필(何必)(選りに選って) 한참(暫く) 항상(恒常)(常に) 흔히(よく) 〈18〉

分類	日本語	韓国語
3.1610	早速 直ぐ 忽ち 段々 途端に 咄嗟に 間も無く もうじき やがて〈9〉	곧(直ぐ) 당장(当場)(直ちに) 얼른(直ぐ) 이윽고(間も無く) 점점(漸漸)(段々) 점차(漸次) 즉시(即時)(直ちに) 차차(次次)(段々)〈8〉
3.1620	一度 一斉に 序でに 久し振り 毎 又〈6〉	날마다(日毎) 또(また) 또한(また) 매년(毎年) 매일(毎日) 일제히(一斉に) 한꺼번에(一遍に) 해마다(毎年)〈8〉
3.1640	今に その内 只今 近頃 元々〈5〉	금방(今方)(只今) 아까(先程) 요새(近頃) 원래(元来)〈4〉
3.1650	相変わらず 結局 つい 遂に 到頭 どうにか 取り敢えず 初めて 先ず 未だ 真っ先に もう やっと 漸く〈14〉	겨우(漸く) 결국(結局) 그제야(漸く) 끝내(遂に) 다시(再び) 덜(未だ) 도로(再び) 드디어(遂に) 마침내(遂に) 먼저(先に) 미리(前もって) 미처(未だ) 벌써(既に) 비로소(始めて) 아직(未だ) 아직도(未だに) 어느덧(いつの間にか) 여전(如前)히(依然として) 우선(于先)(先ず) 이미(既に) 이어서(引き続き) 인제(もう) 일찍(曾て) 처음(初めて) 첫(初)〈25〉
3.1660	早い 若い〈2〉	길이(長らく) 새로(新たに) 새롭다(新ただ) 어리다(幼い) 오래(長らく) 오래다(久しい) 오랜(長年の) 이르다(早い) 일찍기(早く) 젊다(若い)〈10〉
3.1661	新しい 古い〈2〉	낡다(古い) 새(新) 옛(昔の) 헌(古)〈4〉
3.1670	その後 元〈2〉	동시에(同時に)〈1〉

分類	日本語	韓国語
3.171	〈0〉	마주(向かい合って)〈1〉
3.1800	具体的〈1〉	구체적(具体的)〈1〉
3.1820	粗い ぐったり 険しい 垂直 水平 鋭い ぞろぞろ 平らだ 凸凹 なだらかだ 滑らかだ 平たい 平べったい 真っ直ぐ 丸い 緩い〈16〉	곧다(真っ直ぐだ) 날카롭다(鋭い) 동그랗다(丸い) 둥글다(丸い) 똑바로(真っ直ぐに) 미끄럽다(滑っこい) 반듯하다(真っ直ぐだ) 수직(垂直) 수평(水平) 졸졸(ぞろぞろ) 판판하다(平たい) 평평(平平)하다(平らだ) 평행하다(平行だ) 험(険)하다(険しい)〈14〉
3.1920	浅い 窮屈 最高 狭い 高い 近い 遠い 長い 遥か 低い 広い 深い 細長い 短い 身近〈15〉	가까이(近く) 가깝다(近い) 길다(長い) 깊다(深い) 깊이(深く) 낮다(低い) 널리(広く) 넓다(広い) 높다(高い) 높이(高く) 멀다(遠い) 멀리(遠く) 얕다(浅い) 좁다(狭い) 짧다(短い) 최고(最高) 푹(深々と) 활짝(広々と)〈18〉
3.1921	厚い 薄い 大きい 大きな 細かい 細かだ 大 小さい 小さな 太い 細い〈11〉	가늘다(細い) 굵다(太い) 두껍다(厚い) 묽다(薄い) 얇다(薄い) 작다(小さい) 잘다(細かい) 조그마하다(やや小さい) 커다랗다(大きい) 크다(大きい)〈10〉
3.1930	重い 軽い〈2〉	가볍다(軽い) 경쾌하다(軽快だ) 무겁다(重い)〈3〉
3.1940	行き成り 遅い 急だ そろそろ 突然 鈍い のろのろ 速い ゆっくり 緩やかだ〈10〉	갑자기(いきなり) 고속(高速) 급(急)하다(急だ) 급(急)히(急に) 느리다(遅い) 느릿느릿(のろのろ) 늦다(遅い) 별안간(瞥眼間)(突然) 빠르다(速い) 빨리(速く) 빨리빨리(速く) 어서(速く) 천천히(ゆっくり)〈13〉

分類	日本語	韓国語
3.1950	一杯 多い ぎっしり 少ない 少し 沢山 多少 たっぷり ちょっと 豊富 満点 無数 豊かだ 僅か〈14〉	가득(一杯) 기름지다(油っこい) 네(四の) 두(二の) 많다(多い) 많이(多く) 몇(幾) 부족(不足)하다(足りない) 비싸다(高い) 서너(三四の) 석(三の) 세(三の) 수(数)많다(数多い) 수(数)없이(数多く) 싸다(安い) 얼마든지(いくらでも) 엄청나다(夥しい) 여러(多くの) 열두(十二の) 적다(少ない) 조금(少し) 좀(ちょっと) 풍부하다(豊富だ) 한(一の) 한두(一二の)〈25〉
3.1980	あらゆる 一応 一切 すっかり 全 そっくり 唯 たった 残らず〈9〉	그저(唯) 다(皆) 다만(唯) 단(単) 모두(皆) 모두모두(皆々) 모든(全ての) 모조리(悉く) 오직(唯) 온(全) 온갖(あらゆる) 전(全) 혼자(一人で)〈13〉
3.1990	十分 徹底的 成る可く 不十分 全く〈5〉	끝없이(限り無く) 넉넉하다(十分だ) 되도록(成るべく) 만(満) 완전히(完全に) 전(全)혀(全く) 충분(充分)히(十分に) 투철(透徹)하다(徹している) 한(限)없이(限り無く)〈9〉
3.1991	〈0〉	그만(其れ位に) 그만큼(其れ位) 얼마나(どれくらい) 이처럼(これほど·こんなに)〈4〉

分類	日本語	韓国語
3.1992	一番 凡そ 少なくとも ずっと せめて 大概 大体 大抵 殆ど 益々 もっと 最も 約 余計〈14〉	가장(最も) 거의(殆ど) 대강(大綱)(大体) 대개(大概) 대체(大体)로(概ね) 더(もっと) 더욱(一層) 맨(一番) 보다(より) 약(約) 제일(第一)(一番) 좀더(もう 少し) 한결(ひとしお) 한층(-層)(一層) 훨씬(ずっと)〈15〉
3.1993	あまり 極端 実に 随分 相当 大した 大して 大分(だいぶ) 大分(だいぶん) 大変 丁度 とても 中々 馬鹿に 非常 に 無闇に やたら 余程 割合に〈19〉	꽤(かなり) 너무(あんまり) 너무나(余 りにも) 대단하다(大変だ) 대단히(大層) 마구(無闇に) 마침(丁度) 막(丁度) 매우 (とても) 몹시(大層) 무척(とても) 별 (別)로(あまり) 비교적(比較的) 심(甚) 하다(甚だしい) 아주(とても) 여간(如 干)(よほど) 참(実に) 참으로(実に) 퍽 (随分) 하도(とても) 함부로(無闇 に)〈21〉
3.261	〈0〉	세계적(世界的)〈1〉
3.3000	痛い うっかり うっとり 痒い くす ぐったい 煙い ぞっと だるい 眠い 不機嫌 ふと へとへと ぼんやり 眩し い〈14〉	고프다(ひもじい) 눈부시다(眩しい) 따 갑다(痛い) 문득(ふと) 배고프다(ひもじ い) 아프다(痛い)〈6〉
3.3010	浮き浮き 嬉しい 可笑しい 面白い 堅 苦しい 気楽だ 心細い そわそわ 楽し い 詰まらない 伸び伸び 呑気だ のん びり びっくり ほっと 悠々 愉快 楽 わくわく〈19〉	궁금하다(気遣わしい) 기쁘다(嬉しい) 깜짝(びっくり) 반갑다(嬉しい) 상쾌하 다(爽快だ) 심심하다(退屈だ) 외롭다(心 細い) 우습다(可笑しい) 재미있다(面白 い) 즐겁다(楽しい) 흥(興)겹다(非常に 楽しい)〈11〉

分類	日本語	韓国語
3.3011	恐ろしい がっかり 悲しい 苦しい 恐い 寂しい 堪らない 辛い どきどき びくびく 無気味・不気味だ 惨め〈12〉	괴롭다(苦しい) 귀찮다(面倒臭い) 답답하다(重苦しい) 두렵다(恐ろしい) 무섭다(恐い) 슬프다(悲しい) 쓸쓸하다(寂しい) 안타깝다(切ない。遣る瀬無い)〈8〉
3.3012	苛々 惜しい 悔しい 残念だ 焦れったい 恥ずかしい 欲しい 待ち遠しい 申し訳ない 勿体無い 物足りない〈11〉	고맙다(有り難い) 마렵다((大小便が)したい) 미안(未安)하다(済まない) 부끄럽다(恥ずかしい) 분(憤)하다(悔しい) 아깝다(惜しい) 영광(榮光)되다(光栄だ) 자랑스럽다(誇らしい)〈8〉
3.3020	嫌だ 羨ましい 可愛い 可哀想だ 可愛らしい 気の毒 嫌いだ 親しい 好きだ 懐かしい 憎い 憎らしい〈12〉	가엾다(可哀相だ) 귀엽다(可愛い) 그립다(懐かしい) 놀랍다(驚くべきだ) 다정(多情)하다(睦まじい) 밉다(憎い) 부럽다(羨ましい) 불쌍하다(可哀相だ) 사이좋다(親しい) 싫다(嫌いだ) 정(情)답다(睦まじい) 친(親)하다(親しい)〈12〉
3.3030	くすくす しくしく にこにこ にっこり めそめそ〈5〉	빙그레(にっこり)〈1〉
3.3040	賢い そそっかしい 利巧〈3〉	똑똑하다(利口だ) 슬기롭다(聡明だ)〈2〉
3.3050	器用 上手だ 得意だ 苦手だ 下手だ 拙い〈6〉	낯설다(不慣れだ)〈1〉
3.3060	怪しい 好い加減だ 意外だ 確実 詳しい 正確 確かだ 不思議だ〈8〉	뻔하다(確かだ) 자세(仔細)하다(詳しい) 자세(仔細)히(詳しく) 정확하다(正確だ) 정확히(正確に)〈5〉

分類	日本語	韓国語
3.3074	〈0〉	과학적(科学的)〈1〉
3.308	〈0〉	민주적(民主的)〈1〉
3.3090	きょろきょろ じろじろ〈2〉	〈0〉
3.3100	大袈裟だ がやがや 内緒 ぶつぶつ べちゃくちゃ 無断 わいわい〈7〉	〈0〉
3.32	〈0〉	창조적(創造的)〈1〉
3.3300	下らない 地味 貴い・尊い 派手だ 華やかだ 有名〈6〉	귀(貴)하다(貴い) 단정하다(端正だ) 역사적(歴史的) 유명하다(有名だ) 화려하다(華麗だ)〈5〉
3.331	〈0〉	불행하다(不幸だ) 행복하다(幸福だ)〈2〉
3.3320	忙しい〈1〉	바쁘다(忙しい)〈1〉
3.3350	目出度い〈1〉	거룩하다(神々しい)〈1〉
3.3390	素早い てくてく とぼとぼ むしゃむしゃ よちよち〈5〉	꾹(ぎゅっと) 날쌔다(敏捷だ) 엉금엉금(のっそりのっそり) 재빠르다(素早い) 재빨리(素早く)〈5〉
3.3410	偉い けち 図々しい 狡い 無茶〈5〉	위대하다(偉大だ)〈1〉
3.3420	正直 慎重 不真面目 真面目だ 無邪気 無責任〈6〉	성실하다(誠実だ) 정직하다(正直だ)〈2〉
3.3430	頑固 気軽だ 生意気〈3〉	〈0〉
3.3440	卑怯 平気 勇敢〈3〉	용감하다(勇敢だ) 침착하다(沈着だ)〈2〉

分類	日本語	韓国語
3.3450	勇ましい 穏やかだ 大人しい 素直だ 堂々と 優しい〈6〉	명랑하다(明朗だ) 사납다(猛々しい) 씩씩하다(凛々しい) 얌전하다(大人しい)〈4〉
3.3460	うろうろ 勝手だ しょんぼり 折角 何とか まごまご もじもじ 態と 態々〈9〉	마음대로(勝手に) 스스로(自ら) 일부러(わざと) 조심조심(操心操心)(恐る恐る)〈4〉
3.3470	一生懸命 思い切って ぐずぐず しつこい 真剣だ せっせと 熱心 必死 本気〈9〉	꾸준히(倦まず弛まず) 마음껏(思い切り) 실컷(思う存分) 억지로(無理矢理に) 열심히(熱心に) 힘껏(精一杯)〈6〉
3.3480	だらしない〈1〉	게으르다(怠慢だ) 근면하다(勤勉だ) 부지런하다(勤勉だ) 부지런히(勤勉に) 소홀(疏忽)히(疎かに) 정성(精誠)껏(丹念に)〈6〉
3.3500	和やかだ〈1〉	평화롭다(平和だ)〈1〉
3.3550	〈0〉	평화적(平和的)〈1〉
3.3600	共同 厳重 公式 公平 平等 不公平〈6〉	공동(共同) 자유롭다(自由だ)〈2〉
3.3680	意地悪だ 厳しい 丁寧〈3〉	예절(礼節)바르다(礼儀正しい) 친절하다(親切だ)〈2〉
3.3700	貴重 質素 重要 大切だ 只 賑やかだ 不便 不利 便利 貧しい 無料 安い 有利〈13〉	가난하다(貧しい) 간이(簡易) 값지다(貴重だ) 경제적(経済的) 귀중하다(貴重だ) 불편(不便) 불편하다(不便だ) 소중(所重)하다(大切だ) 소중(所重)히(大切に) 유익하다(有益だ) 이(利)롭다(有益だ) 중요하다(重要だ) 편리하다(便利だ)〈13〉

分類	日本語	韓国語
3.5010	明るい 暗い ちらちら 透明 はっきり〈5〉	똑똑히(はっきり) 뚜렷하다(明らかだ) 반짝반짝(きらきら) 밝다(明るい) 번쩍(ぴかりと) 분명(分明)하다(明らかだ) 분명(分明)히(明らかに) 어둡다(暗い) 찬란(燦爛)하다(燦爛としている) 캄캄하다(真っ暗だ) 투명하다(透明だ) 환하다(明るい) 환히(明るく)〈13〉
3.5020	青い 赤い 美しい 黄色い 綺麗だ 黒い 白い 真っ赤だ 真っ暗だ 真っ黒だ 真っ青だ 真っ白だ 見苦しい みっともない 醜い〈15〉	검다(黒い) 곱다(綺麗だ) 까맣다(黒い) 노랗다(黄色い) 붉다(赤い) 빨갛다(赤い) 아름답다(美しい) 예쁘다(美しい) 파랗다(青い) 푸르다(青い) 하얗다(白い) 희다(白い)〈12〉
3.5030	うるさい こっそり 騒がしい 静かだ 騒々しい そっと ひっそり 喧しい〈8〉	고요하다(静かだ) 귀뚤귀뚤(蟋蟀の鳴き声) 깍깍(かあかあ) 맴맴(みんみん) 멍멍(わんわん) 몰래(こっそり) 빵빵(ぱんぱん) 요란(擾亂)하다(騒々しい) 조용하다((静かだ) 조용히((静かに) 짹짹(雀の鳴き声)〈11〉
3.5031	がたがた がちゃがちゃ〈2〉	쿵(どんと)〈1〉
3.5033	〈0〉	동동(ばたばた)〈1〉
3.5034	がさがさ〈1〉	〈0〉
3.5036	みしみし〈1〉	뽀드득(きいきい)〈1〉
3.5039	ざぶざぶ ざわざわ じゃぶじゃぶ ちょろちょろ〈4〉	따르릉(ちりりん) 땡땡(かんかん) 졸졸졸(ちょろちょろ)〈3〉

分類	日本語	韓国語
3.5040	臭い ぷんぷん〈2〉	〈0〉
3.5050	甘い 美味い 美味しい 辛い さっぱり 塩辛い 渋い しょっぱい 酸っぱい 苦い 不味い〈11〉	맛있다(美味しい)〈1〉
3.5060	堅い 頑丈だ 汚い 濃い さらさら 清潔 不潔 脆い 柔らかい 柔らかだ〈10〉	굳다(固い) 깨끗이(清潔に) 깨끗하다(清潔だ) 꽁꽁(かちかち) 단단하다(堅い) 더럽다(汚い) 맑다(清い) 부드럽다(柔らかい) 진(津)하다(濃い)〈9〉
3.5130	びっしょり〈1〉	뻘뻘(だらだら) 흠뻑(びっしょり)〈2〉
3.5150	暖かい 暖かだ 暑い 熱い 寒い 爽やかだ 清々しい 涼しい 冷たい 温い 長閑だ 蒸し暑い〈12〉	덥다(暑い) 따뜻하다(暖かい) 뜨겁다(熱い) 서늘하다(涼しい) 시원하다(涼やかだ) 잔잔하다(穏やかだ) 차갑다(冷たい) 차다(冷たい) 춥다(寒い)〈9〉
3.5500	〈0〉	해롭다(有害だ)〈1〉
3.5700	〈0〉	신체적(身体的)〈1〉
3.5810	〈0〉	무성(茂盛)하다(鬱蒼だ) 울창하다(鬱蒼だ)〈2〉
3.5840	生き生き 丈夫だ 新鮮 逞しい 生〈5〉	건강하다(健康だ) 신선하다(新鮮だ) 싱싱하다(瑞々しい) 어지럽다(目まいがする) 튼튼하다(丈夫だ) 튼튼히(丈夫に)〈6〉

分類	日本語	韓国語
4.1110	しかも そして その上 それから それに〈5〉	그래서(そうして) 그리고(そして) 그러다가(そうして) 그리고(そして) 더구나(その上に) 및(及び)〈6〉
4.1120	従って すると そこで それで それでは だから では〈7〉	그러니(だから) 그러니까(だから) 그러면(それでは) 그러므로(だから) 그러자(すると) 그럼(では) 따라서(従って) 이에(故に) 하여금(〜をして・(〜で)もって)〈9〉
4.1130	けれども それでも だが だけれども ところが〈5〉	그래도(それでも) 그러나(しかし) 그렇지만(でも) 불구(不拘)하고(拘わらず)〈4〉
4.1140	或いは それとも〈2〉	또는(または)〈1〉
4.1150	例えば 詰まり〈2〉	즉(即)(即ち)〈1〉
4.1170	ところで〈1〉	그런데(ところで)〈1〉
4.3010	〈0〉	아이(えいっ) 어여차(よいしょ) 에이(えい)〈3〉
4.3100	ああ あっ あれ〈3〉	글쎄(さあ) 아(ああ) 아차(あっ) 앗(あっ) 음(ええと) 참(ああ)〈6〉
4.3110	必ず きっと 多分 違いない まさか 勿論〈6〉	꼭(きっと・必ず) 물론(勿論) 반드시(必ず) 아마(恐らく) 어쩌면(もしかすると)〈5〉
4.3120	どうも 兎に角 兎も角 何しろ〈4〉	도대체(都大体)(一体) 오히려(却って)〈2〉

分類	日本語	韓国語
4.3130	さすが 成る程 やっぱり やはり〈4〉	과연(果然)(果たして) 역시(亦是)(やっぱり)〈2〉
4.3140	是非 どうぞ 宜しく〈3〉	제발(是非)〈1〉
4.3150	仮令 万一 若し 若しも〈4〉	만약(萬若)(若し) 만일(万一) 비록(たとえ) 혹시(或是)(若し)〈4〉
4.3160	どうやら 何だか 何となく〈3〉	어쩐지(何だか)〈1〉
4.3170	何て 何と〈2〉	〈0〉
4.3200	あのね もしもし〈2〉	야(やあ) 얘(やあ) 여보(おい) 자(さあ) 저기(あの) 차려(気を付け)〈6〉
4.3210	いいえ 一体 否 そう はい〈5〉	그래(うん・そう) 뭐(なに) 아니(いや・いいえ) 예(はい) 오냐(うん) 응(うん)〈6〉
4.33	〈0〉	만세(万歳)〈1〉
4.3310	有り難う御座います 頂きます 行っていらっしゃい 行って来ます いらっしゃいませ 御帰りなさい 御早よう御座います 御目出度う御座います 御休みなさい 御苦労様 御馳走様でした 御免なさい 今日は 今晩は さようなら 済みません 只今 バイバイ〈18〉	〈0〉
5	大- 不(ふ)- 不・無(ぶ)- 小- 御(お)- 御(おん)- 御(ご)- 長- 第-〈9〉	제(第)-〈1〉

分類	日本語	韓国語
7	-君 -達 -立て -目 -辛い -屋 -中(じゅう) -通り -様(さま) -様(さん)〈10〉	-감(材料) -대(代) -들(達·等) -들이(入り) -변(邊) -씨(氏)〈6〉
8	い か(並列助詞) か(終助詞) か(副助詞) が(格助詞) が(接続助詞) かい か な から(格助詞) から(接続助詞) き り くらい けど/けれど こそ さ さえ し しか ずつ ぞ だけ だって たり つ つ て で ては ても でも と(格助詞) と(並列助詞) と(接続助詞) どころか ところで として とも な なあ ながら など なんか なんて に(格助詞) に (並列助詞) ね の(準体助詞) の(格助詞) の(終助詞) ので のに は ば ばか り へ ほか ほど まで も もの ものの や よ より わ を〈65〉	(이)야 (이)야말로 같이 그려 까지 께 께서 대로 도 랑 마다 만 만큼 밖에 보다 부터 뿐 서 서 씩 아/야 에 에게/게 에게로 에게 서 에다 에서/서 와/과(格助詞) 와/과(接続助詞) 요 으로/로 으로부터/로부터 으로서/로서 으로써 은/는 은커녕/는커녕 을/를 의 이/가(主格助詞) 이/가(補格助詞) 이나/나 이나마 이니 이다 이든(지)/든(지) 이라도/라도 이며 조차 처럼 하고 하고 한테〈52〉
9	様だ う/よう せる/させる そうだ た だ たい です ない ぬ べき まい ます れる/られる〈14〉	〈0〉
10	〈0〉	대다(-し立てる) 듯하다(ようだ) 만하다(値する) 못하다(不可) 싶다(たい) 않다(〜しない) 체하다(ぶる)〈7〉

分類	日本語	韓国語
12	〈0〉	-(으)나 -(으)니 -(으)니까 -(으)ㄹ -(으)라 -(으)러 -(으)려면 -(으)려무나/(으)렴 -(으)며 -(으)면 -(으)면서 -(으)므로 -(으)세요 -(으)시- -거나 -거늘 -거니 -거든 -거라 -게(終結語尾) -게(連結語尾) -겠- -고(終結語尾) -고(連結語尾) -고서 -고자 -곤 -구나 -구려 -구먼 -군 -기 -ㄴ다면/다면/라면 -나 -너라 -네 -느라(고) -는구나/로구나 -는군 -는다/ㄴ다/다 -는지/ㄴ지 -니 -다(가) -다니(終結語尾) -다니(連結語尾) -담 -더구나 -더냐 -더니 -더라 -더라도 -더라면 -던 -던데 -던지 -도록 -되 -든(지) -듯(이) -ㄹ게 -ㄹ꼬 -라 -라니까 -랴 -렷다 -리(라) -마 -ㅂ시오 -세 -소 -습니까/ㅂ니까 -습니다/ㅂ니다 -아/어/여(終結語尾) -아/어/여(連結語尾) -아도/어도/여도/라도 -아라/어라/여라 -아서/어서/여서 -아야/어야/여야/라야 -았/었/였- -어다가 -오 -으냐/느냐/냐 -으니라/느니라/니라 -으려(고)/려(고) -으리라 -은/는/ㄴ -은가/는가/ㄴ가 -은데/는데/ㄴ데 -을걸 -을까/ㄹ까 -을수록/ㄹ수록 -을지/ㄹ지 -음/ㅁ -읍시다/ㅂ시다 -자(終結語尾) -자(連結語尾) -자마자 -지(終結語尾) -지(連結語尾) -지만 〈100〉

┃저자소개

申 玟 澈

韓南大学校 日語日文学科 卒業
名古屋大学大学院 文学研究科 博士前·後期課程 修了
文学博士(日本語学)
現在 韓南大学校 日語日文学科 教授

일본어와 한국어의 어휘비교연구

日本語と韓国語の語彙比較研究

초판 1쇄 발행일 2009년 7월 31일

지은이 신민철
펴낸이 박영희
표지 강지영
편집 이선희
교정·교열 이은혜
책임편집 강지영
펴낸곳 도서출판 어문학사
     132-891 서울특별시 도봉구 쌍문동 525-13
     전화: 02-998-0094 / 팩스: 02-998-2268
     홈페이지: www.amhbook.com
     e-mail: am@amhbook.com
     등록: 2004년 4월 6일 제7-276호

인 지 는
저 자 와 의
합 의 하 에
생 략 함

ISBN 978-89-6184-107-8 93730

정가 20,000원

※ 잘못 만들어진 책은 교환해 드립니다.